Omar Cabezas
Die Erde dreht sich zärtlich, Compañera

Zu diesem Buch

Omar Cabezas ist kein Literat im eigentlichen Sinne, und trotzdem ist sein Buch von der Kritik emphatisch gefeiert worden. Der große alte Mann der nicaraguanischen Literatur, José Coronel Urtecho, hat es eine neue Qualität von Literatur genannt. Und es stimmt: Dieses Buch ist anders als alles, was man zu lesen gewohnt ist. Omar Cabezas schreibt, wie ihm der Schnabel gewachsen ist. Ein liebenswertes Buch, das die große Menschlichkeit der Guerrilleros aus Nicaragua dokumentiert.
Ein junger Nicaraguaner, Guerrillakommandant der Befreiungsfront, erzählt, wie er dazu kam, sich dem Widerstand gegen die Diktatur des Tyrannen Somoza anzuschließen. Es beginnt mit der Teilnahme an Protestmärschen gegen die Menschenrechtsverletzungen, die Unterdrückung des Regimes, mit politischer Arbeit in den Armenvierteln von León, bis der junge Mann keine andere Möglichkeit mehr sieht, als in die Berge zu gehen und die Waffe in die Hand zu nehmen. Es wird deutlich, von welch tiefer Moral, Verantwortungsbewußtsein und großer Liebe zu ihrem Volk die jungen Männer und Frauen der Befreiungsfront FSLN getragen waren, als sie ihren Kampf begannen. Das Leben in den Bergen hat nur sehr wenig Abenteuerliches und Heroisches, es ist vor allem Entbehrung, eine große Schinderei, aber es birgt auch die Möglichkeit des Lernens von Solidarität, es ist die Vorbereitung des »Neuen Menschen«, den der Priester und Dichter Ernesto Cardenal in unzähligen Gedichten prophetisch entworfen hat.
»Als ich in die Berge ging, war ich in Claudia verliebt. Die Liebe zu ihr war für mich etwas, was - wie der Che es ausdrückt - weder Maß noch Bedingung kannte. In diese Beziehung hatte ich alles gelegt, was der Mensch an Gutem, Kreativem und Schönem nur finden kann. Claudia oder die Beziehung zu ihr wurde für mich in den Bergen zu einer Fahne in der erhobenen Faust, die mir nicht an Schlingpflanzen hängenblieb, mir nicht hinfiel, nicht naß wurde ...«

Omar Cabezas, geboren 1950, schloß sich schon Ende der sechziger Jahre dem Widerstand gegen die Somoza-Diktatur in Nicaragua an und nahm bis zum Sieg über die Nationalgarde im Juli 1979 am bewaffneten Kampf gegen das Regime teil. Er arbeitet heute im Innenministerium der sandinistischen Regierung des Nationalen Wiederaufbaus in Managua.

Omar Cabezas

Die Erde dreht sich zärtlich, Compañera

Autobiographischer Bericht aus Nicaragua

Aus dem nicaraguanischen Spanisch übersetzt
von Tom Koenigs
Mit einem Vorwort von Eduardo Galeano

Peter Hammer Verlag

Dialog Dritte Welt

Titel der Originalausgabe:
La montaña es algo más que una inmensa estepa verde

Lektorat: Lutz Kliche
Umschlaggestaltung: Alex Wick/Gerhard Steidl unter Verwendung eines Fotos von Susan Meiselas
Gesamtherstellung: Steidl, Göttingen

CIP-Kurztitelaufnahme der Deutschen Bibliothek

Cabezas, Omar:
Die Erde dreht sich zärtlich, Compañera : autobiograph. Bericht aus Nicaragua / Omar Cabezas. Aus d. nicaraguan. Span. übers. von Tom Koenigs. Mit e. Vorw. von Eduardo Galeano. – Wuppertal : Hammer, 1983.
(Dialog Dritte Welt; Bd. 15)
Einheitssacht.: La montaña es algo más que una inmensa estepa verde [dt.]
ISBN 3-87294-221-2

NE: GT

DIES BUCH

Dies Buch liest mich so, wie mich ein guter Wein trinkt. Dies Buch ist lebendig wie die Hand, die in seinen Seiten blättert. Es ist nicht von Omar Cabezas geschrieben noch diktiert, es *ist* vielmehr Omar Cabezas. Wer berichtet und die Wahrheit berichtet, der öffnet sich, vereinigt sich, kommuniziert, denn Erzählen ist sich Hingeben.
Dies Buch ist Omar Cabezas, und Omar Cabezas ist, ohne es zu wollen, ein Held; Dichter, ohne es zu wollen, und willentlich Nicaraguenser: Das will er so sehr, daß dies Buch auch Nicaragua ist. Nicaragua öffnet sich auf diesen Seiten als das Land, das gerade geboren werden will, durch den Mund seines Sohnes Omar Cabezas. Für dies Land kämpft er und aus ihm heraus, ganz aus seinem Inneren sagt er zu uns: »Das haben wir gemacht« und »So sind wir«, und das alles sagt er freundlich, lustig, frech und ganz in seiner Nica-Art, denn »alles passiert zum erstenmal »in der sandinistischen Revolution und ein lebendiges Buch macht lebendig, was es erzählt.
Dies Buch ist ein Fetzen aus Nicaraguas historischem Gedächtnis. Seine Worte sind wie die Kugeln, die der alte Guerrillero aus den Zeiten Sandinos in seiner elenden Hütte aufbewahrt hatte, die Kugeln, die er, wie in diesem Buch erzählt wird, jeden Tag herausgeholt hat, um sie an die Sonne zu legen, weil er wußte, daß Sandino irgendwann wiederkommen würde. Und Sandino kam wieder. Viele Jahre nach seinem Tod kam Sandino wieder und brachte diese Kugeln, die an der Sonne lebendig geblieben waren, wieder ans Licht und schlug mit ihnen die Mörder und Schergen. Die Worte dieses Buches kommen von weit her, genau wie diese Kugeln, und gehen in die Weite, denn in Nicaragua brauchen die Kräfte des Lebens Kugeln und Worte, um sich Raum zu verschaffen.
Dies Buch hat nichts mit den Lebensgeschichten der Heiligen Apostel im Stil des sozialistischen Realismus zu tun. Auf diesen Seiten gibt es nichts Versteinertes, Feierliches und Pomphaftes, überall zeigt sich das Teufelsschwänzchen der Schlauheit des Volkes. Wer könnte mehr Vertrauen verdienen als jemand, der in der

Lage ist, sich über sich selbst lustig zu machen? Omar Cabezas besitzt den Mut, von seiner Angst zu sprechen und über seine Angst zu lachen, so wie er darüber lacht, daß er einen Riesensatz gemacht hat, als er sich auf eine Schlange setzte. Und mehr noch: Der Guerrilla-Kommandant hat den Mut, zu erzählen, wie er in den Bergen masturbiert und daß ihm das gut getan hat, lauter Dinge, die, soweit ich weiß, in dieser Art von Literatur zum erstenmal erzählt werden. Willkommen sei dies Buch, denn es erzählt von Revolutionären und nicht von Bronze-Statuen. Seine Unkonventionalität ist Beweis dafür, daß es lebendig ist.

Dies Buch ist eine Liebeserklärung. Liebe zu den Bergen und dem heimlichen Liebhaber der Berge, jenem Compañero, der in den Bergen im Kampf gefallen und von ihnen beweint worden ist, und Liebe zu den Namenlosen, den Steinchen in der Menge und den vielen kleinen, lebenswichtigen Dingen, jener Bäuerin, die nicht wußte, daß die Erde rund ist und sich dreht, oder der wundersamen Orange, die genau im richtigen Moment da war und sich von dem Messer enthüllen ließ. Liebe, sage ich, und trotzdem Haß, denn es ist gewiß, daß, wer die Freiheit liebt, den Käfig haßt und wer das Opfer liebt, den Schergen.

Dies Buch macht, ohne es zu wollen, Poesie und macht sie deshalb vielleicht wirklich. In keinem Moment verfällt der Autor dem Irrtum, Rosen parfümieren zu wollen - wie es nach José Coronel Urtecho ein Franzose ausgedrückt hat. Es reicht ihm, die magischen Kräfte der Feuer bei den Versammlungen auf eine Weise zu beschwören, daß selbst die Blinden diese betörenden Flammen plötzlich aufflackern sehen, oder ganz einfach die Hitze in León mit so treffenden Bildern zu beschreiben, daß sich auch ein Eskimo ausziehen würde. Wer dies Buch liest, der *spürt* das Geheimnis des Waldes und erlebt die ersten Widrigkeiten des Guerrilleros vor der undurchdringlichen grünen Mauer am eigenen Leibe mit. Dann verwandelt er sich Schritt für Schritt mit ihm zusammen in einen Baum oder Stein, eine Schlange oder einen wütenden Tiger, und der Wald akzeptiert ihn, nimmt ihn auf. Diese Fähigkeit, sich mitzuteilen, und ihr fröhlich-maßloser Überschwang stammen aus einem Volk, das unter der Wirklichkeit leidet, sie aber auch zu feiern weiß, denn in Nicaragua, das hat Tomás Borge gesagt, »sind wir alle Arme und Dichter«.

Eduardo Galeano

Gewidmet der
Nationalen Leitung der *Frente Sandinista de Liberación Nacional*

Ich möchte einigen *compañeros*
danken, ohne die dies Buch nicht möglich gewesen wäre:

Pilar Arias
Nazarena Navas
Sergio Ramírez Mercado
Ernesto Cardenal
Lilliam Jirón Rivas
Rosario Murillo
Chichí Fernández
Lizandro Chávez
Julio Valle
Cruz Munguía
Fernando Silva
Luis Rocha
Marlene Chow
Javier Aguello
Gioconda Belli
und der schönsten Katze der Welt: meiner Frau

Ich weiß noch, irgendwann nach den Ferien bin ich zur *Frente* gegangen, nach meinem Abitur. Es war in der Trockenzeit im März oder April 68, jedenfalls nach dem Massaker vom Januar 1967. Ich weiß noch, ich bin mit ein paar Freunden die Straße entlanggegangen zur Schule, es war früh, ganz früh am Morgen, und plötzlich haben uns ein paar von diesen Scheiß-*Guardias* auf der Straße angehalten, an die Wand gestellt, mit allem Drum und Dran. Da war gerade das Massaker in Managua passiert, am Nachmittag oder am Abend vorher. Wir wußten von nichts, weil im Radio darüber nichts kam, in den Zeitungen auch nicht.
Als ich ein kleiner Junge war, gab es in meinem Stadtviertel eine Kneipe, die gehörte einer dicken Frau - sie schlug ihren Mann immer - Dimas Kneipe hieß die Wirtschaft. Wenn es da Schlägereien unter den Besoffenen gab, dann kam die *Guardia* und schlug die Besoffenen zusammen. Das war der erste Eindruck, den ich von der *Guardia* hatte. Sie prügelten auf sie ein und schlugen sie wie wild mit den Gewehrkolben ins Gesicht. Man sah das Blut fließen ..., das machte mir Angst. Ich hatte Angst vor dem Blut. Blut ist schlimm, wenn man klein ist, nicht? Also, ich hatte einen Horror vor den Besoffenen und den Prügeleien, obwohl mir die Prügeleien eigentlich gefielen, nur nicht, wenn die *Guardia* kam. Besoffene sind nämlich zum Lachen, wenn sie sich prügeln.
Meinen ersten Konflikt mit der *Guardia* hatte ich als Student an der Universität, aber das waren damals noch keine handgreiflichen Auseinandersetzungen, ich wäre ja vor Schreck schon gestorben. Mein Vater war größer als ich, und ich wußte, daß die *Guardia* stärker war als mein Vater. Aber nicht das hat mich dazu gebracht, in die *Frente* zu gehen. Da kamen verschiedene Sachen zusammen. Erstens stammte mein Vater aus einer Oppositionellen-Familie und war Mitglied der Konservativen Partei. Ich weiß noch, wie ein-

mal Aguero in unser Viertel kam und auf einer Versammlung auf den Tisch gestiegen ist und eine Rede gehalten hat. Aguero war ein alter Mann mit Glatze und hatte einen großen Adamsapfel. Damals stand mein Vater auch auf dem Tisch, wo Aguero redete und hielt ihm die Lampe, die an einer elektrischen Schnur hing, denn es war Abend; da ging plötzlich das Licht aus, und es wurde ganz dunkel. Mein Vater rief laut: »Das Licht soll anbleiben«, und alle Leute dort riefen dann auch: »Das Licht soll anbleiben, das Licht soll anbleiben!« Da fühlte ich mich als Sohn einer sehr wichtigen Persönlichkeit, denn die Leute wiederholten das, was er sagte, und dann ging das Licht wieder an.

Dann die Nähe zu Juan José Quezada. Wir kannten uns schon von der Oberschule her flüchtig, lernten uns aber erst richtig kennen, als wir zusammen im ersten Jahr an der Universität waren. Später fingen wir beide an, Jura zu studieren. Juan José war ein sehr merkwürdiger Mensch. Er war lang aber nicht schlacksig, sondern drahtig und sah wie ein Ausländer aus, wie ein Deutscher. Er war der Sohn eines Arztes, der nie zu Geld kam. Ich kannte die Praxis des alten Herrn in der Avenida Debayle in León, sie war ganz schäbig und hatte keine Sessel und keine so schönen Betten wie die von Dr. Alcides Delgadillo, wo ein Schild an der Tür hing: »Dr. Alcides Delgadillo, Approbierter praktischer Arzt und Chirurg, Universität Sorbonne, Paris.« Mein Vater hatte mir erzählt, daß dieser Mann mit dem Schiff zum Studieren nach Frankreich gefahren war, einen Monat lang über das Wasser, und daß er ein Arzt sei, der sehr viel wüßte.

Aber ich war gerade dabei zu erzählen, daß Juan José hochgewachsen war, aber nicht schlacksig, sondern ein sehniger Typ mit fremdem Aussehen wie ein Deutscher, Sohn dieses Doktors und einer armen Frau. Der Doktor stritt sich immer mit der Mutter, die Mutter war sehr arm. Aber er war groß, hellhäutig, hatte ganz feine Gesichtszüge, fast ein bißchen wie die griechischen Statuen, die klassischen, und gekräuseltes Haar, nicht blond, aber auch nicht schwarz; er war auf jeden Fall ein gutaussehender Typ. Aber seine Art sich zu kleiden war altmodisch. Er hatte einen ganz eigenartigen Körpergeruch, ich glaube, der kam von der Brilliantine (die haben sie dir damals in einem Stückchen Papier verkauft, sie war rot, grün oder blau, die Verkäuferin holte sie mit einem Holzstäbchen heraus und schmierte sie in das Papier).

Ich weiß noch, er war damals der einzige, der Hosen mit Bügelfalten trug, die waren da schon altmodisch (jetzt ist das die Mode von John Travolta). Außerdem waren seine Hosen aus Sackleinen, und er trug ganz weite Hemden, die er sich nur in die Hosen steckte, wenn wir auf ein Fest gehen wollten und ihm sagten, er sollte sie sich reinstecken; dann zog er sich die einzige andere Hose an, die er besaß, die war aus schwarzem Flanell und auf seine Figur zugeschnitten. Weil er immer mit schlotternden Hosen und Hemden herumlief, merkte man gar nicht, daß er so dürr war, bis man ihn dann nackt oder in der Badehose sah.
Ich bewunderte Juan José Quezada aus verschiedenen Gründen; zunächst einmal, weil er Karateka und Judoka war, er war einfach irre in Karate. Da bewunderte ich natürlich seine körperlichen Fähigkeiten, seine Zähigkeit. Bevor Juan José verschwand, um das Flugzeug der »La Nica« zu entführen, kam er zu mir nach Hause, um sich zu verabschieden, sagte aber nichts davon, daß er wegging. Er kommt einfach, um sich meinen Fotoapparat zu leihen und nimmt ihn auch mit; ich hatte schon einen leisen Verdacht, besser gesagt, ich wußte, daß er bei der *Frente* war, und daß er irgend etwas vorhatte, im Weggehen sagte er nämlich noch: »Also gut, dann Patria Libre o Morir«, das sagte er zu mir ... Ich dachte mir schon fast, daß er die Kamera behalten wollte, weil er irgendwie merkwürdig war, halb verrückt; er brauchte sie wohl für irgend etwas Merkwürdiges im Zusammenhang mit der *Frente,* verstehst du? Das war dann natürlich das letztemal, daß ich ihn sah, ihn und die Kamera auch. Er hängte sich nämlich die Kamera um, als er ins Flugzeug stieg, um sich so als Tourist zu tarnen. Ich erfuhr das dann später von Federico, der mit ihm im Flugzeug war. Juan José nahm die Kamera mit. Juan José war es, der mich für die *Frente* rekrutierte.

Frisch an der Universität höre ich schon immer zu und höre hin, und die Sache gefällt mir natürlich langsam, ich fange an, mit auf die Demonstrationen zu gehen und zu den Versammlungen, ohne zu irgendeiner politischen Studentenorganisation zu gehören. Zunächst einmal gefällt mir das jedenfalls oder zieht mich an, und dann war da noch die Sache mit meiner Klasse. Ich wußte genau, daß ich aus einer proletarischen Familie stammte, und wenn dann an der Universität von Ungerechtigkeit gesprochen wurde, von

Armut, dann dachte ich an meinen Stadtteil, das war ein armer Stadtteil. In meiner Straße gab es kaum mehr als sechs Häuser; einige waren aus Holz, andere aus Lehm, mit Kalk geweißt, so wie das Haus von Doña Lupe, zu der wir, weil sie so alt war, Doña Lupita sagten; sie war mit Don Cándido verheiratet. Einmal, als ihr Haus angestrichen wurde, patschten wir Buben mit den Händen daran und malten uns damit das Gesicht weiß, und weil wir so viel herumschrien und Unsinn machten und uns vollschmierten, kam Doña Lupita heraus und schlug mit einer Ochsenpeitsche nach uns. Sie war aber so alt, daß sie uns nicht erwischen konnte und ging dann zu meiner Mutter, um sich zu beschweren. Meine Mutter sagte dann zu uns, wir wären dumme Nichtsnutze, wie die herumstreunenden Hunde und sollten nach Hause kommen, sollten in den Hof gehen und ihn mit Wasser sprengen, damit es nicht so staubt. Die Straße war nämlich nicht gepflastert und auch nicht irgendwie anders befestigt, und in der Trockenzeit erhoben sich solche Staubwolken, daß sich beim Essen auf dem Teller eine kleine braune Staubschicht bildete; wir deckten die Hände darüber, aber der Staub lagerte sich trotzdem darauf ab, und wenn wir weiteraßen, knirschte es zwischen den Zähnen. Meine Mutter sagte dann: »Eßt, eßt schnell, sonst fällt euch noch mehr Zimt darauf.«
Deine Herkunft, die prägt dich natürlich. Und die revolutionäre Studentenfront FER hatte eine klassenbewußte Linie. Diese Klarheit gefiel mir. Das Paradoxe war, daß erst Juan José kommt und mich für die *Frente* rekrutiert und dann Edgard Munguía und mich für die FER, ohne dabei zu wissen, daß Juan José mich schon für die *Frente* rekrutiert hat.
Eines Tages kommt also Juan José und sagt zu mir: »Guck mal, mein Lieber... bist du... wärest du bereit, eine größere Verpflichtung für das Volk und die Organisation einzugehen?« »Herr Gott im Himmel!« habe ich gedacht, ich weiß schon, was das für eine Scheiße wird, ich weiß, worauf der Kerl hinauswill. Ich wußte ja schon, daß mir das eines Tages passieren mußte, denn ich hatte es unzählige Male gehört: Besonders die Christlich-Sozialen, die Professoren, die Papas, die sagten immer zu ihren Kindern, ihren Töchtern und Söhnen, die nach León zum Studieren kamen und in großen, vornehmen Häusern in León wohnten und die bei Mama Concha zu Mittag aßen, sie sagten zu ihnen, sie sollten sich

nicht in die Politik einmischen, denn bei der Politik da käme nur Gefängnis und Friedhof dabei heraus, denn die Politik sei etwas für Erwachsene, nicht für unreife Buben, die weder Beruf noch Einkommen hätten, sie sollten sich ja nicht mit denen von der FER und auch nicht mit denen von der CUUN einlassen, denn die wären Sympathisanten von den Russen und von Fidel Castro, und die Kommunisten wären außerdem Atheisten. Sie sollten sich nicht mit denen von der CUUN einlassen und nicht mit denen von der FER, denn die wären unterwandert von denen von der *Frente,* die Kommunisten wären, die kämen aus Rußland und Kuba und würden die Leute nur wie die Idioten in die Berge schicken und die Leute, die sich mit der CUUN einließen, würden später an die FER weitergegeben und von da aus an die *Frente,* um sie dann in die Berge zu schicken. Alles das ging mir durch den Kopf. Es ging mir durch den Kopf, daß Juan José, der doch so gut war ... wie konnte Juan José etwas damit zu tun haben? Aber dann sagte ich mir: Mensch, wenn Juan José da drin ist, heißt das, daß die, die dahinter stehen, nicht schlecht sein können! Unabhängig davon, ob sie nun gut oder schlecht waren, hatte ich Angst um mein Leben, und ich hatte insgeheim die Hoffnung, daß die Frage, die er mir stellen wollte, sich vielleicht doch nicht gerade darauf beziehen würde, woran ich dachte. Also sage ich: »Was meinst du, die CUUN oder die FER?« »Nein«, sagt er, »die *Frente* ...« Und dann sagt er noch etwas, das mich besonders nervös machte: »Nein, Mensch, die Kirche ...« Das war ein Deckname für die*Frente.* Es war meine erste große Entscheidung. Ich wußte, was mir passieren konnte, aber es würde mir ja nicht schon jetzt gleich passieren ... dafür stellst du dich irgendwie taub, so als wolltest du nicht daran denken. Es ist doch viel schöner, nicht daran zu denken ... Wenn du zu viel daran denkst, dann flattert dir das Herz, auch wenn das sonst niemand merkt, das Denken setzt dann einen Moment lang aus, und es kommt danach wieder Ruhe auf. So entwickelt sich ein innerer Widerspruch. Aber nach einer Zeit, dann überfällt dich der Gedanke wieder, manchmal sogar beim Vögeln.

Ich stellte mir vor, wenn ich ja sage, schicken sie mich zum Bombenlegen. Vor nicht langer Zeit hatte René Carrión eine Bombe am Haus der Mutter von Pancho Papi gelegt und war im Gefängnis umgebracht worden. Und dann die Berge ... Du mußt wissen, damals war gerade das Massaker von Pancasán gewesen. Ich malte mir so viele Sachen aus. Und je mehr ich mir ausmalte, desto größer wurde die Angst, aber ich blieb natürlich Juan José gegenüber völlig ernst und gefaßt, denn ich konnte doch vor ihm nicht als Feigling dastehen. Trotzdem dachte ich an das alles, aber ich dachte auch an mein Stadtviertel. Weißt du, ich hatte damals keine festgefügte Weltanschauung, ich war kein Theoretiker, nicht einmal ein Theoretiker; ich hatte ernsthaft Zweifel, ob der Marxismus nun gut oder schlecht war. Also sage ich mehr aus Vertrauen in ihn als aus Überzeugung: »Ist doch klar, Mensch, ganz bestimmt . . .«, denn das war schon fast eine Ehrensache. Das heißt: Ich war mir darüber im Klaren, was ich wollte: gegen die Diktatur kämpfen, aber ich war mir dabei nicht ganz sicher, und statt Sicherheit hatte ich eine gewisse Furcht, einen Zweifel oder was weiß ich, was ich hatte, ob ich eine solche Verpflichtung bis zu den letzten Konsequenzen erfüllen wollte.

Die politische Festigkeit kommt schrittweise. Natürlich, es gibt *compañeros,* deren Entwicklung anders ist, in meinem speziellen Fall war es eben so.

Juan José klopft mir auf die Schulter und lächelt mich an. »Gut«, sagt er, »dann werde ich dich mit jemandem zusammenbringen: dann und dann, da und da. An die Ecke gegenüber von der Zaragoza-Kirche kommt ein junger Mann, klein, so um die zwanzig Jahre alt, du kennst ihn vielleicht, lockiges, kurzes nach hinten gekämmtes Haar, Brille, die aussieht wie eine Schweißbrille mit goldenem Gestell. Der sagt zu dir: 'Bist du Omar Cabezas?' Du antwortest: 'Ja, ja, ja eben der aus San Ramón.'«

Ich war pünktlich. Der Typ kam und sagte: »Na, wie gehts, Omar?« – als ob wir alte Bekannte wären. Ich hatte ihn noch nie gesehen und war so erstaunt, daß ich nicht antwortete. Er hatte sich mehr verändert, als ich, deshalb erkannte ich ihn nicht wieder. Er war ein Schulkamerad von mir, den ich vom Colegio San Ramón, von der Grundschule her kannte; er ging später auf das Priesterseminar in Managua und nach Honduras, trat dann aus dem Seminar aus und ging in die Guerrilla: Leonel Rugama. Er war mein erster Verbindungsmann zur *Frente.*

II

In der Osterwoche ist meine Heimatstadt eine Geisterstadt mit ein paar mittelalterlichen Verzierungen. Die Ostertage in León sind heiß. Heiß ist das Pflaster, heiß ist der Staub, heiß sind die Sitze im Auto, heiß die Parkbänke, heiß ist sogar das Wasser aus der Leitung. In dieser Stadt ist an Ostern alles heiß. Sogar die Haare auf dem Kopf sind heiß, heiß die Ideen. Du mußt dir das klarmachen, daß es in León an Ostern heiß ist. Weißt du, es ist so heiß, daß fast keine Autos mehr auf der Straße sind. In der Innenstadt ist niemand, denn alle Leute fahren ans Meer, das heißt, die Bourgeoisie, die in der Innenstadt wohnt, wo die Straßen befestigt sind; da wohnen die Reichen, im Stadtzentrum. Wie heiß es ist, kannst du an den Hunden sehen, die ganz am inneren Rand des Bürgersteigs laufen, genau da, wo auch die Leute gehen, denn da fällt noch ein bißchen Schatten hin, aber der Schatten ist auch heiß. Man sieht viele Hunde mit glasigen Augen und Schaum vor dem Maul herumlaufen, Hunde, die Tollwut haben. Sie laufen auf der Straße, weil die Leute sie wegjagen, wenn sie auf dem Bürgersteig sind. Die Hunde laufen ziellos herum, rennen irgendwo hin und sehen weder nach rechts noch nach links, ich glaube, es ist ihnen zu heiß, um sich umzudrehen und nach den Seiten zu gucken, was weiß ich, wo sie schließlich landen, wenn sie durch die ganze Stadt gelaufen sind, diese tollwütigen Hunde. So heiß ist es in León. Alles war zu. Die Läden, sogar die Häuser. Das einzige, was auf hatte, war Prio an der Ecke vom Platz an der Kathedrale: ein Haus im Kolonialstil mit zweiflügeliger Ecktür, die immer sperrangelweit aufstand. Wenn ein bißchen Wind ging, wurde es durch die Bäume auf dem Platz etwas frischer, und die Luft war weniger heiß. (Ich möchte den, der diese Scheiße hier liest, davon überzeugen, daß es in León heiß ist, daß das keine Erfindung von mir ist – daß es heiß ist.)
Ich habe eben gesagt, die Kneipe von Prio war in einem zweistökkigen Haus im Kolonialstil mit Balkons zum Platz hin. Da standen vielleicht zehn Tische mit altmodischen Stühlen, und ich erinnere mich an eine veraltete Musikbox, die aber noch so laut war, daß man sie auf dem ganzen Platz hören konnte, wo sich normalerweise niemand aufhielt, nur manchmal saß hier oder da jemand

aus der Gemeinde auf irgendeiner Bank im Schatten eines Baumes. Meistens waren das Leute, die sich die Zeit damit vertrieben, den paar Autos nachzusehen, die vorbeifuhren: Bevor ein Auto an der Ecke auftauchte, hörte man es schon kommen und war gespannt, was für eins es war, und wenn es dann kam, richteten sich alle Blicke darauf, bis es um die Ecke bog und verschwand, und man es nur noch hören konnte; dann saß man da und wartete auf das nächste Auto, das vorbeikam um zu sehen, wer darin saß. Das war in meiner Heimatstadt lange Zeit eines der harmlosen Vergnügen in der Osterwoche.

Prio war berühmt, denn er hatte klassische Musik, außerdem gab es bei ihm ein sehr leckeres Fruchteis und delikate »Eselsmilch«, kleine Süßigkeiten, die einem auf der Zunge zergingen.

Für seine sechzig Jahre war Prio noch sehr rüstig, ein kleiner Mann mit weißer Haut, dem vorgeworfen wurde, er hätte etwas gegen die Kirche, weil er die Lieder von »Jesus Christ Superstar« immer in voller Lautstärke abspielen ließ. Der Film war im Gonzalez-Kino an der anderen Ecke des Platzes gelaufen; die Nönnlein aus dem Internat »Himmelfahrt Christi«, die drei Straßen weiter wohnten, waren in den Film gegangen und hatten die Vorstellung nach der Hälfte verlassen, weil sie das für Ketzerei und Respektlosigkeit hielten. Sie ärgerten sich natürlich über Prio, denn man konnte die Musik bis zu ihrer Schule hören, in die alle Internatsmädchen der Stadt gingen.

Prio wurde auch der »Capi« Prio genannt, und er brüstete sich damit, daß Rubén Darío in seinem Lokal beim Bier gesessen hatte und daß er einmal, als er kein Geld hatte, ein Gedicht geschrieben und damit bezahlt hatte, und jedesmal, wenn jemand wichtiges kam, holte er das Gedicht heraus und zeigte es ihm. Prio war also in León mehr als bloß ein Orientierungspunkt.

Sonst konnte man in den traurigen Osterwochen von León nur noch in den Billiardsaal von Lezama gehen, der eine Straße weiter war als Prio, auf dem Wege zur Universität, von der nur die Wände mit den Inschriften gegen die Diktatur übrig waren, die die Studenten gemalt hatten, von den Leuten selbst blieb keine Seele da. Und die kleine Bar von Doña Pastora hatte natürlich auch geschlossen.

Im Billiardsaal von Lezama kam alles aus den armen Stadtvierteln zusammen, Arbeiter und die Leute vom Land, die gekommen waren, um die Ostertage bei ihrer Familie in der Stadt zu verbringen. Oder sie wohnten bei ihren Verwandten, um irgendwelche Gelübde, die sie abgelegt hatten, auf der Prozession für den Heiligen Benito einzulösen oder bei der Heiligen Grablegung am Ostersamstag. Ich glaube manchmal, daß die Reichen ans Meer fuhren oder ihre Türen zumachten, um sich nicht unter diese Masse von armen Leuten mischen zu müssen, die da in Hemden, Hosen und bunten Trachten auf die Prozessionen gingen. Die Reichen dagegen kleideten sich immer ganz dezent.

Dann gingen der eine oder andere von diesen armen Leuten zur Stadtmitte, immer auf dem Bürgersteig, wo Schatten war, bis sie auf der Flucht vor den Staubwolken, die der Wind in den Armenvierteln aufwirbelte, zum Billiardsaal kamen. Wenn du dann bei Lezama ankamst, warst du schon verschwitzt, die Schuhe waren staubig, und wenn du dir die Hände riebst, lösten sich kleine schwarze Erdröllchen ab. Auch wenn manch einer irgendwo anders noch ein bißchen Unterhaltung gesucht hatte – unweigerlich landete er bei Lezama, als folgte er dem Gesetz der Schwerkraft.

Im Billiardsaal von Lezama standen sechs oder sieben Tische von denen einer für Karambolage war; der gleich am Eingang war für die besten Spieler. Der Raum maß fünfzehn Meter im Quadrat, von denen drei die Theke einnahmen, dahinter Lezama, ein dicker Mann, von dem ich mich nicht erinnern kann, ihn jemals lachen gesehen zu haben und zwei unfreundliche Frauen, die wie die Automaten bedienten, dann standen noch zwei Truhen mit Bier und Erfrischungsgetränken da und dieser oder jener Gegenstand, der eben zu solch einem Geschäft gehört, außerdem die Registrierkasse.

Zu Ostern hielten sich in dem Lokal mindestens hundertfünfzig Personen auf, die von der heißen Straße hereingekommen waren und die Luft in dem Lokal ganz dick und die Atmosphäre schwer machten. Du kamst von der Straße wie bei den Bars in den Cowboy-Filmen durch eine Schwingtür herein und spürtest im Gesicht und am Körper, wie dir die Hitze entgegenschlug, zusätzlich zu der, die du schon mitbrachtest, du warst benommen wie in der Sauna, aber es gab keine Rettung und keine Alternative: Entweder du bliebst in deinem staubigen und heißen Viertel und sahst dir dein Elend an und versankst in Langeweile oder, na ja, du nahmst

noch ein bißchen mehr Hitze in Kauf, spieltest Billard und trankst dein Bier, eisgekühlt und – was das Verlockendste war – ohne jeden Staub.
Du warst noch kaum in dem Raum drin, dann hatte dich schon diese ganze schwere Luft eingehüllt, du hörtest gleichzeitig in verschiedenen Tonlagen und Varianten das Klack, Klack, Plong, Bum, Bum der Billard-Stöcke und natürlich das Klick beim Fehlstoß. Am ersten Tisch unweigerlich Curro, der beste von allen, Meister der Karambolage mit zwei, drei oder vier Banden. Konzentriert und unbeirrbar in dem Wirbel, an den Armen, im Gesicht und auf dem Rücken verschwitzt, ein Schluck Bier pro Stoß, forderte er jeden, der wetten wollte, heraus oder pfiff irgendeinen Neuling zurück; auf jeden Fall hielten wir den Atem an, wenn Curro sich in aller Ruhe fertigmachte, um die Kugel zu treffen, denn die Wetten gingen über 50 Córdobas, und so wie wir lebten, von der Hand in den Mund, da war das schon eine Attraktion: mit einem Stoß fünfzig oder hundert Córdobas verlieren oder gewinnen. Lezama, der hinter dem Tresen stand, paßte immer heimlich und ohne zu lachen von der Seite her genau auf, wenn Curro an der Reihe war. Der Lärm an den anderen Tischen hörte dann nicht auf, und die Stimmen der Spieler übertönten das Geräusch von Dutzenden von Kugeln, wenn sie riefen: »eine schöne Bahn«, »guck mal an, wie die da hinkomt!« »Die fünfzehn ist ja hart!« »Nein, das ist nichts für Kinder!« »Schmeiß sie doch lieber gleich mit der Hand!« »Möchtest du wohl gern, mein Bester ...« »Ihr denkt wohl, ihr könnt pusten ...« »Hast es bisher wohl nur mit Schwächeren versucht ...« »Vorsicht, Vorsicht!« »Hats dir gefallen, Kleiner ...?« »Billard spielen! Billard spielen!« ... Dann machten sie die Tische wieder fertig. Daß vier Ventilatoren da waren, merktest du nur am Geräusch, denn mochten sie sich noch so schnell drehen und noch so heldenhaft anstrengen, du spürtest nicht den leisesten Luftzug; das Geräusch diente nur dazu, die vielfältigen Geräusche zu ordnen, die sich dort drängten, sich mischten, an den Wänden hängenblieben, vom Vorhang abprallten und dich schließlich noch heißer machten. Lezama, das war ein Turmbau zu Babel, ein Tollhaus mit hohen Temperaturen, viel Lärm und einem ekelhaften Gestank nach Pisse. Du kamst, weil du Unterhaltung suchtest, und am Ende gingst du wieder, du gingst mit absoluter Sicherheit wieder. Kannst du dir das vorstellen, in León

gab es nichts, wo man hingehen konnte. Denn die Puffs waren geschlossen, die Nutten bei uns in der Stadt waren schon immer sehr religiös, normalerweise waren es ganz fromme Frauen. Die Nutten in León schafften an Feiertagen nicht an, sag ich dir. Wenn du denkst, du kriegst in León am Karfreitag eine Nutte ... Die fangen erst wieder am Ostersamstag an. Also, die ganze Osterwoche waren die Nutten nicht auf der Straße, die Kneipen zu, die chinesischen Restaurants geschlossen, und der Gipfel war noch, daß du nicht einmal Ball spielen durftest, denn damit schlugst du den Herren und beleidigtest Ihn und ... was blieb dir dann anderes übrig? Zu Lezama und Billard spielen – es half nichts.

Ich kannte Leonel Rugama, erinnerte mich aber nicht an ihn und erfuhr erst definitiv, wer er war, als ein Genosse namens Manuel Noguera vorbeikam, ein großer Freund von mir mit einem hervorragenden Personengedächtnis, und wir an einem von diesen Ostertagen in León auf dem Rasen am Platz an der Kathedrale saßen und Eis aßen.
Wir wollten miteinander reden, Leonel und ich, aber nicht so öffentlich wie bei Prio. Ich ging nämlich zu Demonstrationen, mein Vater war ein Führer der Opposition und bei Lezama konnten wir auch nicht in Ruhe reden und in diesen glühendheißen Straßen herumlaufen wollten wir auch nicht, also blieb uns nichts anderes übrig, als auf den Platz zu gehen zum Reden und uns unter einen Baum in den Schatten auf den Rasen zu setzen, was für jemand, der kein Geld hatte, der kühlste Fleck in der ganzen Stadt war, denn in León gibt es sehr wenig Bäume und bei mir zu Hause war natürlich keine Klimaanlage, nur in der Universität gab es eine, und die war geschlossen, noch nicht einmal Don Víctor, der Hausmeister, war in der Osterwoche da. Kannst du dir das vorstellen? Wir saßen zum Reden auf dem Domplatz von Leon, weil Ostern war.
Und da ging zufällig Manuel vorbei, kam zu uns her, begrüßte mich, wandte sich dann an meinen Begleiter und sagte: »Na, Leonel!« – Und der hatte mir gesagt, er hieße Marcial Ocampo. »Was für ein Leonel?« fragte er, »Marcial heiße ich.« »Ach, mach doch keinen Scheiß, du bist Leonel Rugama, weißt du denn nicht mehr, wir sind zusammen aufs 'San Ramón' gegangen.« »Ach du liebe

Zeit«, sagte ich, »das ist ja Leonel Rugama, richtig, jetzt erinnere ich mich, der schuldet mir noch zwanzig Pesos für das Brot.« Er war Internatsschüler im Colegio San Ramón gewesen und weil ich Externer war, hatte er mich gebeten, ihm täglich für zwei Pesos Brot mitzubringen, von dem, das bei uns jeden Morgen vor dem Haus verkauft wurde, und zahlte mir das am Ende der Woche. Es war ein Freundschaftsdienst. Dann war er plötzlich vom San Ramón verschwunden, ohne mir die ausstehenden zwanzig Pesos für das Brot zu bezahlen.

Leonel visierte immer eine ganz bestimmte Sache an, und je weiter seine Persönlichkeit reifte, umso charakteristischer wurde dieser Zug an ihm. Leonel stellte dich vor die Frage, ein Mann zu werden, aber nicht in dem Sinn eines *macho,* sondern eines Mannes, der historische Verantwortung übernimmt, der eine Verpflichtung für die Mitmenschen eingeht, der alles für das Glück seiner Mitmenschen einsetzt. Leonels Star war hier natürlich der Comandante Ernesto »Che« Guevara, der erst ein paar Monate tot war. Meine Politisierung baute er damals hauptsächlich auf der Verpflichtung des Menschen auf, seine Mitmenschen von der Armut zu befreien, von der Ausbeutung, sich zu den revolutionären Werten hinzuentwickeln. Natürlich sprach er mit mir auch über den historischen Materialismus, über den ich schon etwas aus Broschüren und ähnlichem Material wußte, das ich in der Universität gelesen hatte, Kommuniqués, Studentenzeitschriften und so. Also zielte Leonel damals hauptsächlich darauf ab. Ich weiß noch genau, eines Tages gab es eine ideologische Diskussion an der Universität, ich ging zu einer der Gruppen, die sich gebildet hatten, hin: Leonel war Mittelpunkt der Diskussion. Leonel war Marxist, Leninist und antiklerikal. Ich weiß noch, wie er damals zu der Gruppe von Studenten, mit denen er diskutierte, mit gerunzelter Stirn sagte: »Man muß sein wie der Che ..., sein wie der Che ..., sein wie der Che ...« Seine Gesten und Handbewegungen, dieser Satz von ihm und die ganze Sprengkraft dessen, was darin steckte, trafen mich im Zentrum meiner Gedanken. »... sein wie der Che ... sein wie der Che ...« Ich verließ die Universität und wiederholte innerlich den Satz wie ein Tonband. Ich erinnere mich sogar noch in allen Einzelheiten an die Gesten und den Gesichtsausdruck, die Festigkeit, mit der Leonel das aussprach: »Sein wie der Che ..., sein wie der Che ...« Natürlich hätte ich mir damals nie vorstellen können, was für einen Einfluß das später auf mich haben sollte, denn danach fing ich erst an, den Che wirklich zu studieren. Und das ist jetzt etwas ganz Lustiges, ich schäme mich nicht, es zu sagen, im Gegenteil: ich kenne Sandino und komme zu ihm – über den Che, denn mir wird klar, daß man in Nicaragua Sandinist sein muß, um zu sein wie der Che. Das ist in Nicaragua der einzige Weg zur Revolution.

III

Also gut, ich habe angefangen zu arbeiten und seitdem nicht mehr aufgehört. Weißt du, wie ich mich da fühlte? Wie ein Kind, das zum erstenmal zur Schule gebracht wird; an dem Tag ist es, als hätte das Glück der Kindheit aufgehört, denn dann hast du zum erstenmal Verpflichtungen. Wenn du zur *Frente* gehst, passiert auf einer anderen Ebene etwas ähnliches, nicht, was das Glück angeht, sondern du wirst konsequent und gehst dann weiter, wenn die Organisation, in der du bist, revolutionär ist, und wenn die Revolution wahrhaftig ist – wie es der Che gesagt hat – dann gehst du bis zum Sieg oder bis in den Tod. Wenn du einmal darin bist, und wenn die Arbeit und die Verantwortung langsam wächst, dann ist es, als kämst du in einen Strudel. Oder wie in einer Spirale – Verstehst du? – in der es nur immer weitere Revolutionen gibt, eine ständige Fortentwicklung. Und du steckst darin, glücklicherweise, bis über die Ohren: Häuser besorgen, damit die Genossen im Untergrund überleben können, für Versammlungen, um Sachen aufzubewahren, für Korrespondenz; Autos besorgen, Werkstätten ... Informationen über Spitzel sammeln, die Häuser der Geliebten der *Guardias* auskundschaften. Mit der Zeit machte ich alles, was mir aufgetragen wurde, und wovon ich glaubte, daß ich es machen müßte. Zu der Zeit gab es keine großen Strukturen im Untergrund, aber die Arbeit, die jeder einzelne machte, als Einzelperson, war ganz wesentlich: den Grundstein legen für die spätere Fortentwicklung der Arbeit. In León bestand die *Frente* nur aus Leonel, Juan José, dem »Kater« Munguía und Camilo: man muß nämlich wissen, das war nach dem Rückzug von Pancasán, wirklich in einem sehr schwierigen Moment. Wenn jemand zu der Zeit die Entscheidung getroffen hat, in die *Frente* zu gehen, ist das – von jetzt, von heute aus gesehen – glaube ich, ein außerordentliches Verdienst. Bei der Entscheidung, zu der Zeit in die *Frente* zu gehen – das 'zu der Zeit' klingt wie das Evangelium – hat, glaube ich, auch die Abschottung für mich eine gewisse Rolle gespielt. Keiner der Genossen besaß Informationen über die ganze Organisation und das Wort *Frente,* das klang ... es gab Inschriften an den Straßen, an den Wänden, Überfälle wurden gemacht, und im Radio sprach alles von Überfällen, und sie versetzen das ganz Land in Spannung mit ihrem pi-ri-pi-pi, den berühmten Blitzmeldungen; der Raum, den diese Nachrichten einnahmen, die Fata Morgana der Publizität führte dazu, daß wir selbst an diese Illusion von der riesigen Realität glaubten. Das war schön. Ich ging in die Kathedrale von León zur Messe, nur um die Kommentare zu hören, die die Leute in der Vorhalle machten, wenn die Messe zu Ende war; dieselben Kommentare konntest du im Stadion hören, bevor das Spiel anfing, auf den Treppen im Haus der Wissenschaft und Kunst, an der Universität und in den Autowerkstätten, oder du hörst beim Haareschneiden, wie der Frisör die Sache mit dem Kunden im Stuhl neben dir bespricht. Und im Grunde deines Herzens denkst du dann: »Wenn die wüßten, daß ich bei der *Frente* bin.« Da gibt es einen interessanten Aspekt dabei, der ist, daß die bewaffneten Aktionen jeder revolutionären Avantgarde nicht nur die Massen moralisch und politisch bestärken, das heißt, nicht nur nach außen wirken, sondern auch nach innen moralisch und politisch bestärken, die Kampfbereitschaft der Organisation steigern. Das ist eine sehr schöne Sache, die man selbst erlebt haben muß, um sie ganz begreifen zu können. Du fühlst dich insgeheim und im Stillen: Avantgarde.

Das Echo der Propaganda kam zu uns von den Massen zurück, und dann glaubten wir manchmal selbst, auch als Ergebnis der Abschottung, sage ich nochmal – die *Frente* wäre eine machtvolle Organisation. Bei mir ging da etwas vor sich, bei dem ich nicht weiß, ob das anderen Genossen auch so gegangen ist: Manchmal wußte ich zwar rational – sei es aus Mißtrauen, Spekulation, Gewissenhaftigkeit oder einfach aus Realitätsbewußtsein –, daß wir nur einige wenige waren, ein kleines Grüppchen, wie die *Guardia* sich damals ausdrückte. Da wurde die Abschottung zu einer

Art Auspuff, um den Träumen die Zügel schießen zu lassen, den Wünschen ... so ist es: die Abschottung, die es dir erlaubt, ein kleines bißchen Hoffnung aufzubewahren. Da wurde es dir doch etwas leichter, auf das Abenteuer oder die Herausforderung einzugehen, weniger gefährlich, verstehst du? Die Abschottung macht es dir möglich, bei Tage zu träumen, man hatte dafür eine Rechtfertigung. Und ich möchte sagen, das war ein Gefühl, das die meisten von uns hatten, und es wurde auch jeden Tag stärker. Somoza mit seinen 45 Jahren Diktatur war noch ein Faktor, der dabei mitspielte, daß das Volk sich eisern an diese Hoffnung klammerte, verstehst du? Bestimmt, es ist einfach so, das Volk und die *Frente* dachten immer dasselbe ... Trotzdem bleibt es nicht aus, daß es dich etwas herunterzieht, wenn du in deiner täglichen Arbeit, in der Praxis, der Realität also dann handfest bestätigt bekommst, daß du träumst, daß du ganz offensichtlich nur ein Grüppchen bist, aber gleich danach findest du wieder Zuflucht darin oder Glauben oder was du willst, daß hinter der Abschottung ein Meer von Dingen liegt, daß es da Leute, Pläne und Material gibt, von denen du eben nur nichts weißt. Und dieser Gemütszustand – oder wie du es nennen willst – war unser täglich Brot damals. Bis sich mit der Zeit die Sache dann Stück für Stück entwickelt hat. Und wenn du dann halb oder schon ganz im revolutionären Krieg drinnen bist, wenn du schon ziemlich stark bist, dann findest du eine große persönliche innerliche Befriedigung darin, daß du ein »Machetero der Revolution« bist, wie Modesto sagt, ein Landarbeiter der Revolution mit der Machete.

Weißt du ... du mußt das verstehen, es ist dann schon schwierig oder macht einen traurig, wenn man sich langsam in die Organisation und die Arbeit integriert und einem mit der Zeit immer mehr klar wird: Verdammte Scheiße! Die *Frente* ist doch nicht so gewaltig. Die *Frente,* das sind ein paar Leute und die vielleicht auch nur in León, Managua und Estelí, ein paar kühne Helden, die die Herausforderung angenommen haben. Tapfere Männer, die die Herausforderung der Geschichte angenommen und mit der Arbeit angefangen haben. Die, wie Tomás über Carlos Fonseca sagt, gleichzeitig Ameisen waren und Hammer, trotzig und eigensinnig von Geburt auf. Und es wurden Überfälle gemacht, Hinrichtungen, von denen die Presse berichtete, denn das waren direkte Aktionen gegen die Diktatur; eine Verwegenheit ohne Grenzen,

politische Ketzerei in den Augen der bürgerlichen Parteien, der konservativen und der liberalen und natürlich auch der christlichsozialen und der sozialistischen Partei. Die letztere bezeichnete uns als Abenteurer und Kleinbürger und in den Versammlungen an der Universität lasen sie uns ganze Abschnitte aus dem Buch von Lenin »Der Linksradikalismus, die Kinderkrankheit des Kommunismus« vor. Aber ich will jetzt darauf hinaus, daß auch wir davon beeinflußt wurden, wenn Zeitungen, Radio und Fernsehen über die Taten der *Frente* berichteten, mir jedenfalls ging das so. Die Abschottung und das, was ich hier gerade beschreibe, waren wie das leckerste Bonbon. Aber wie jedes Bonbon, es reicht nur für einen Augenblick. Dann kommt die verfluchte Wirklichkeit. Du machst dir klar, daß nichts daran ist, und dann bleibt es nicht aus, daß du ein bißchen Angst kriegst, wenn du die Zukunft betrachtest. Ich hatte nur daran gedacht, daß in der Zukunft irgendwann einmal viele ihr Leben lassen müßten. Aber wie sollte ich jetzt die Vermutung oder die Sicherheit loswerden, daß wir so lange, bis dieser Kampf auf Massenebene geführt wurde und wir ihn in einen Krieg der bewaffneten Massen verwandelt hatten, wir selber die Toten der unmittelbaren Zukunft stellen mußten, wir, die wir jetzt am Leben waren und arbeiteten. In so einer Zeit hast du viel Angst vor dem Tod, denn - magst du auch noch so viel riskieren - solange du legal lebst, riskierst du nicht so viel wie im Untergrund. Ich würde sagen, je weniger du mit dem Tod spielst, desto mehr Angst hast du vor ihm und umgekehrt.
Das heißt, du gehst in die *Frente,* weil du ihre politische Linie richtig findest. Mit allem und all deinen Ängsten, entweder ganz oder gar nicht. Aber es beeinflußt einen weiter, ob man glaubt, daß die *Frente* Somoza stürzen kann und die *Guardia* von Somoza, und ob man glaubt, daß man selbst dann noch einer von den Leuten ist, die Somoza verjagen. Und das geht dir nicht nur so, wenn du in die *Frente* kommst: Auch als ich nach sechs Jahren legaler Arbeit in die Berge ging, hatte ich die Vorstellung, die Berge wären eine Macht, denn es gab den Mythos von den Genossen in den Bergen, das war etwas mysteriöses, etwas unbekanntes, Modesto da oben. Und in der Stadt sprachen wir, die Legalen und die im Untergrund, von den Bergen als etwas mythischem, wo die Kraft liegt und sogar die Waffen, das unsinkbare Schiff, damit man nicht im tiefen Wasser der Herrschaft der Diktatur untergeht, die Ent-

schlossenheit, nicht aufzugeben; die Sicherheit, daß es nicht so bleiben kann, daß Somoza nicht sein ganzes Leben lang weiter befehlen kann, daß man die Unbesiegbarkeit der *Guardia* nicht akzeptieren muß. Und dann kommt natürlich der Schock, die Realität, das ist fast schon Demoralisierung, wenn du in die Berge kommst und findest dann nur Modesto mit fünfzehn Männern vor, in winzig kleine Gruppen verteilt. Fünfzehn Männer oder was weiß ich denn wieviele, jedenfalls waren damals keine 20 Guerrilleros in den Bergen. Da kriegst du Lust, gleich wieder abzuhauen. »Ach du liebe Zeit«, sagst du, »so ein Scheißdreck ist das also und wann ...« Du gehst fast so weit und sagst dir: »Ach Gott, ach Gott, da habe ich die schlechteste Entscheidung meines Lebens getroffen.« Du denkst, du bist in ein Unternehmen eingestiegen, das keine Zukunft hat.

Ich habe schon gesagt, daß die *Frente* in León aus Leonel, Juan José, Edgard Munguía und Camilo bestand, später kam ich noch dazu. In León gab es nicht einen einzigen Illegalen. Mindestens einer, von dem man noch wußte, war in Managua: Julio Buitrago. Später erfuhr ich, daß es in Managua ein oder zwei kleine Abteilungen gegeben hatte, ich kriegte das mit, als die *Guardia* sie umbrachte, denn die *Guardia* gab die Namen und Lebensgeschichten durch das Radio bekannt. Somoza nannte den revolutionären Lebenslauf der Genossen »kriminelle Vorgeschichte«. Julio Buitrago war damals der Chef der Sandinisten in Nicaragua. Es heißt, er war gut, ich selbst habe ihn nie kennengelernt, aber Leonel meinte das auch. In der Zeit bildeten sich in der *Frente* große Freundschaften heraus. Der »Kater« Munguía und ich zum Beispiel und Leonel wurden sehr enge Freunde. Ich weiß noch, am Wochenende fuhren alle Studenten, die nicht aus León waren, nach Hause. Da wir nie Geld hatten, fuhren wir per Anhalter ans Meer und die Leute drehten sich nach uns um, denn wir waren verrufen. Ich weiß noch, daß wir gerne die bürgerlichen Mädchen fragten, ob sie uns nicht mitnehmen wollten und uns dann über sie lustig machten. Wir stiegen hinten ein und dann beobachtete uns das Mädchen im Rückspiegel, und wir lachten sie an und steckten ihr die Zunge heraus; sie wurde rot, sah schnell vom Rückspiegel weg und guckte uns nicht mehr an. Aber dann, nach einer Weile schaute sie wieder hin und immer, wenn sie nach uns sah, guckten wir sie schon wieder im Spiegel an. Es war ein richtiges Spiel mit den Blicken, ein Zusammentreffen von Blicken; wir sahen gern ihre Haut, ihre Art, die Lippen zu bewegen, wir betrachteten ihre Fingernägel beim Schalten, ihre Hände waren richtig schön, da kriegtest du Lust, daß dich solche Hände mal streicheln; und wenn die Fenster auf waren und der Wind ging, dann wehte ihr Haar, und die Haare waren dicht vor uns auf der Rücklehne des Sitzes. Wir freuten uns daran, ihr Haar anzusehen. Ich weiß noch, daß Leonel einmal ein Gedicht geschrieben hat, das von der »Wut deines Haares« sprach.

Am Meer stiegen wir dann irgendwo aus, aber meistens hatten wir keine Badehose dabei. Zusammen hatten wir drei vielleicht zwanzig Pesos mit, damit gingen wir zum Hotel Lacayo oder zum »Vater« Salinas und bestellten ein Pepsi-Cola für jeden und betrachteten all die bourgeoisen Mädchen, die hereinkamen; die waren richtig schön. Sie kamen in Shorts: weiße, rote, blaue; in abgeschnittenen Blue-Jeans, bis zum Oberschenkel, ganz oben, das haute mich richtig um, und wenn ich sie dann von hinten sah, war es noch schlimmer. Es gab welche mit langen Haaren, mit kurzen Haaren, manche hatten braune, manche weiße Haut; sie kamen in Gruppen, man wußte gar nicht, wo man zuerst hinsehen sollte. Alle waren sie nämlich schön. Manche kamen ganz rot herein, ganz rot, mit Sonnenbrand. Der »Kater« Munguía sagte: »Die müssen doch irgendwo noch einen kleinen weißen Fleck haben.« Und Leonel meinte: »Um so besser, da kann man genau zielen.«

Wenn der Nachmittag zu Ende ging, fuhren wir nach León zurück, wieder per Anhalter, jeder zu sich nach Hause und am nächsten Tag, am Montag morgen, waren wir unweigerlich um 8 Uhr früh wieder in den Räumen der CUUN, in der Cafeteria der Universität, im Büro der Studentenvereinigung der sprachwissenschaftlichen oder der juristischen Fakultät, aber wir waren da, bei der Arbeit ...

Die Arbeit war ziemlich hart, denn es war ja ganz am Anfang. Die Tatsache, wenige zu sein, zwingt dich dazu, mehr zu arbeiten. Und wenn man sich einarbeitet, entwickelt sich etwas Neues, du lernst allerhand und dabei entdeckst du dann wieder neue Sachen. Da mußt du Improvisationsfähigkeit entwickeln, Lösungen finden, besser Bescheid wissen ... Die Situation zwang mich dazu, mich relativ schnell zu qualifizieren, so daß ich nach kurzer Zeit im Rahmen der organisierten Studentenbewegung der UNAN relativ viel Verantwortung hatte.

Zuerst war ich in einem Studienzirkel, den Leonel leitete. Nach drei Monaten fing ich an, nach den Anweisungen von Leonel und dem »Kater« Munguía selbst Studienzirkel in der FER abzuhalten, und hatte dabei gleichzeitig den Auftrag, die besten Leute von da für die *Frente* zu gewinnen. Schließlich leitete ich bis zu sieben Studienzirkeln. Am Abend war ich völlig erschöpft, geistig müde. Ich weiß noch, daß der Text, den wir benutzten, ein Buch von Marta Harnecker war, das hieß: »Grundkonzepte des historischen Materialismus.« Ich konnte es nach so vielen Wiederholungen auswendig. Abends arbeiteten wir im Universitätsclub, machten Spruchbänder, Plakate und druckten Broschüren bis zum frühen Morgen.
Da wir Angst hatten, im Morgengrauen nach Hause zu gehen, schliefen wir in der CUUN auf Ping-Pong-Platten oder Feldbetten, bis es Tag wurde. Und je mehr Tage vergingen, desto größer wurde die FER – sie wuchs, und heute weiß ich, daß auch wir an Persönlichkeit wuchsen. Denn auch die FER bestand am Anfang nur aus vier Leuten. Sie war keine Organisation, hatte keine Strukturen, war eine Gruppe von vier oder fünf Genossen, die durch ein Geschenk Gottes und der Jungfrau Maria die Fähigkeit besaßen zu reden und die auf den Versammlungen sprachen. Damals war die FER, die *Frente* – in León – im wesentlichen nur eine politische Linie, ein gerechter Kampf und gerade deshalb gefährlich. Und genau deswegen hatte sie auch am Anfang wenig Anhänger.

IV

1970 mußte ich für sechs Monate in den Untergrund gehen; das war nach dem Tod des Comandante Julio Buitrago, der gefallen war, weil er in einer konspirativen Wohnung in Managua zusammen mit den Genossinnen Doris Tijerino und Gloria Campos entdeckt worden war. Der Sicherheitsdienst erkannte ihn, und die *Guardia* zog um das Haus herum eine Militäroperation auf, wie es sie bis dahin in Nicaragua noch nicht gegeben hatte. Sie umzingelten erst das Haus, dann den Block und dann das ganze Stadtviertel in einem dritten Kreis. Julio griff die *Guardia* an. Er fiel allein nach stundenlangem Widerstand in dem Haus. Er war einer der Größten unter den Großen der FSLN. Er war einer von denen, die die große Legende der Unbesiegbarkeit der *Frente Saninista* im Volk geschaffen haben, das heißt, das Volk hat diese Legende von der *Frente* geschaffen. Die Legende geht von konkreten historischen Tatsachen aus. Die erste konkrete historische Tatsache in neuerer Zeit war der heldenhafte Kampf von Julio Buitrago am 15. Juli 1969.

Und die *Guardia* beging den Fehler, den Kampf im Fernsehen zu übertragen; wir saßen im Universitätsclub von León vor dem Fernseher und sahen auf dem Bildschirm, wie eine Menge *Guardias,* die in verschiedenen Gruppen an unterschiedlichen Stellen postiert waren, zu zweit oder zu dritt hinter den Bäumen oder den Fahrzeugen standen, auf der Erde hinter den Mauern knieten oder im Liegen auf das Haus schossen. Die Reportage war ohne Ton, wir sahen voll Spannung, wie die automatischen Waffen mit großer Geschwindigkeit die Hülsen auswarfen, wir sahen ganz genau hin und entdeckten, wie die Stückchen vom Beton absprangen, Mörtel, Holz, Scheiben, Farbe, hunderttausend Kugeln schlugen in dem Haus ein. Und wir sahen auch, wenn der Lauf der Maschinenpistole von Julio aus dem Balkonfenster kam und sahen den Rauch der Schußsalven, mit denen Julio antwortete. Von Zeit zu Zeit sahen wir ihn im Parterre an dem Fenster darunter auftauchen oder an einem anderen Fenster im selben Stockwerk oder an der Balkontür zur Straßenseite hin im zweiten Stock. Plötzlich sahen wir, daß Julio nicht mehr auftauchte, aber die *Guardia* rührte sich nicht, und wir sahen, daß niemand mehr schoß und daß es so eine Art Treffen der Chefs der *Guardia* draußen gab, und dann ging die *Guardia* langsam vor, auf das Haus zu, und plötzlich erschien Julio und schoß von überall da, wo ich dir schon gesagt habe, und die *Guardias* rannten zurück, und wir freuten uns, denn man konnte sehen, daß die *Guardia* vor den Schüssen von Julio Angst hatte. Und wenn wir sahen, wie Julio einen *Guardia* traf, schrien wir wütend: »Ihr Schweine! so braucht ihrs . . .« Dann kam ein Panzer, und man sah, wie sie sich bei der *Guardia* freuten. Der Panzer stellte sich vor dem Haus auf, ungefähr fünfzehn Meter davor; niemand schoß, weder die *Guardia* noch Julio. Ich weiß noch, daß es Nachmittag war und die *Guardias* sich mit Taschentüchern den Schweiß abwischten. Es entstand eine große Stille.

Dann schoß der Panzer. Wir rissen die Augen auf, als wir sahen, daß der Panzer die Wand in Stücke zerspringen ließ, und sagten: »Vielleicht treffen sie ihn nicht ... vielleicht treffen sie ihn nicht...« Nach dem Schuß des Panzers sah man, wie die Chefs den Soldaten zuschrien, sie sollten auf das Haus vorrücken. Von dem Haus aus beantwortete niemand das Feuer, und als die *Guardia* ganz nahe herangekommen war, schoß Julio wieder von drinnen, und die *Guardias* rannten wieder weg, nochmal nach hinten. Der Panzer schoß zum zweitenmal, und es passierte dasselbe. Es folgte dann ein langes Schweigen, schließlich tauchte ein Flugzeug auf, und alle *Guardias* fingen an, auf das Haus zu schießen; der Panzer schoß pausenlos, und das Flugzeug, das das Haus fast streifte, schoß, und dann sahen wir, wie sie das Haus in Sekundenschnelle in Trümmer legten. Es flogen Eisenstücke durch die Luft, Blech, Holzbalken, große und kleine Mauerstücke, Glasscherben spritzten überallhin. Wir konnten uns nicht vorstellen, wie Julio da noch am Leben sein sollte, wir sahen aber, daß die *Guardia* in Dekkung ging, und die Schüsse, die Julio abfeuerte, schlugen neben den *Guardias* ein; wir sahen, wie *Guardias* verwundet wurden, und dann kam etwas, was uns alle bewegte: Wir sehen, wie Julio durch die Vordertür des Hauses kommt, er läuft und schießt in Salven auf die *Guardia* und dann, Sekunden später, knickt Julio langsam ein, schießt weiter, knickt noch mehr ein und schießt immer noch weiter und noch mehr, bis er zu Boden fällt. Wir hätten heulen können, gleichzeitig spürten wir, daß unsere Kraft unbesiegbar war. So fiel der Vater des städtischen Widerstandes der *Frente Sandinista*. Natürlich hatte das jeder gesehen, der in Nicaragua Fernsehen hatte. Und die, die kein Fernsehen hatten, sahen es auch, denn Somoza beging die Torheit, es mehrere Tage im Fernsehen zu zeigen und die Nachbarn, die keinen Fernseher hatten, kamen zu denen nach Hause, die einen hatten, um das zu sehen. Sie hörten, wie Julio durch die Megaphone aufgefordert wurde, sich zu ergeben; die Panzer, denn eben fällt mir ein, daß noch ein zweiter kam. Das Flugzeug und die Hubschrauber. Und dann Julio, er ganz allein ...

Nach dem Tod von Julio übernahm Efraín Sánchez Sancho die Führung der Organisation, ein Mann, der weder moralisch vertrauenswürdig war noch große politische Fähigkeiten besaß. Seinetwegen mußte ich sechs Monate lang in den Untergrund gehen.

Wegen eines Fehlers von ihm bei den Sicherheitsmaßnahmen; er war illegal und wurde von einem Leutnant, der für den Sicherheitsdienst von Somoza arbeitete, entdeckt, als er ihm im Auto entgegenkam. Die Frau des Leutnants, die im selben Wagen saß, erkannte die Begleiterin von Sánchez Sancho, weil sie eine Nachbarin des Leutnants war. Und als der Leutnant zu ihr hinsah, sah er auch Sánchez Sancho und erkannte ihn. Im Wagen saßen außer ihnen noch zwei weitere Genossen. Bei der Schießerei, die anfängt, wird der Leutnant getroffen und seine Frau identifiziert die Nachbarin als María Esperanza Valle, »La Tita«, eine gute Freundin von mir. Die Frau des *Guardia* achtete in der Aufregung nicht genau auf die anderen beiden Genossen, die in dem Wagen fuhren und gab als gesichert zu Protokoll - ein reines Ergebnis ihrer Einbildung - ich wäre einer von denen, die in dem Wagen gesessen hatten. Das hieß für mich, ich mußte in den Untergrund. Das bedeutet, daß man sich schon in der Illegalität bewegt, verborgen vor aller Welt, vor der *Guardia,* den Spitzeln, den Neutralen, den Freunden und der Familie. Du bewegst dich getarnt, lebst in konspirativen Häusern, bist bewaffnet und übernimmst andere Aufgaben.
Aber ich wurde gleichzeitig in der Studentenbewegung gebraucht wegen der Erfahrung, die ich bis dahin schon gesammelt hatte. Im Untergrund war ich die reinste Verschwendung, und die Verantwortlichen entschieden, ich solle wieder nach León in die Legalität zurückkehren, wieder an die Universität. Ich war sehr jung, körperlich eher schwächlich und ohne jede militärische Ausbildung; es gab auch keine Möglichkeit, irgendeinen Vorbereitungskurs zu machen, sodaß ich im Untergrund eher eine Belastung war.
Also wurde beschlossen, mich mit einem Trick wieder nach León zurückzubringen: der Besuch beim Chef des Roten Kreuzes von Nicaragua in Managua, um die bessere Behandlung der politischen Gefangenen zu fordern. Damals arbeitete Bayardo Arce, der Mitglied der *Frente* war, als Parlaments-Redakteur bei der Tageszeitung »La Prensa«. Dann gab es noch William Ramírez als Direktor der Nachrichtensendung »Extra«, die »Radio Mundial« morgens um 6 Uhr und abends um 6 Uhr ausstrahlte. Weil gerade eine große Kampagne zur Befreiung der politischen Gefangenen lief, wurde beschlossen, eine Kommission der CUUN zu bilden, die hingehen und darüber verhandeln sollte, wie man eine bessere Behandlung der politischen Gefangenen erreichen könnte. Dazu

hatten wir noch den Erzbischof und mehrere angesehene Rechtsanwälte eingeladen, und dann ging die Kommission der CUUN eines morgens um 10 Uhr zum Roten Kreuz, und mich bringen sie direkt von der konspirativen Wohnung vor die Tür des Roten Kreuzes, damit ich mich da mit der Kommission der CUUN treffe. Die stellt mich an ihre Spitze, und wir gehen in das Gebäude. Reines Theater! Ein Lotteriespiel, denn ich stehe so da, als wäre ich nie im Untergrund gewesen. Und die Journalisten? Die Journalisten tun so, als wüßten sie von nichts, machen lauter Fotos von mir - klick - klick - klick - und stellen mir Fragen über die Sache, wegen der wir gekommen sind. Am Nachmittag erscheint dann mein Bild auf der ersten Seite der »Prensa«, neben dem Bischof und meinen Genossen von der CUUN, wie ich gerade vor dem Präsidenten des Roten Kreuzes stehe und gestikuliere. Als Unterschrift steht unter dem Foto: »Der Student Omar Cabezas, Delegierter der CUUN, bittet den Bischof und das Rote Kreuz von Nicaragua, als Vermittler zu General Somoza im Sinne einer besseren Behandlung der politischen Gefangenen tätig zu werden.« Das war der offensichtliche Beweis dafür, daß ich nie im Untergrund und nicht auf der Flucht war, und wenn sie mich in León nicht gesehen hatten, so deshalb, weil ich bei der CUUN in Managuaa arbeitete. Am folgenden Tag ging ich frühzeitig zur juristischen Fakultät, um mich in die Vorlesung über römisches Recht zu setzen. Was für ein Leben, nicht wahr?

Kurz danach fingen wir an, mit dem »Kater« in der CUUN zu arbeiten. Der »Kater« Munguía wurde schließlich der erste Präsident der CUUN, der aus der FER hervorging, und der die Linie der FSLN vertrat. Die FER hatte von 1960 bis 64 die Macht in der CUUN gehabt, aber ihre Kandidaten für den Vorsitz hatten nie öffentlich erklärt, daß sie Mitglieder der FER und noch viel weniger, daß sie Marxisten waren. Von 1964 bis 1970 hatten die Christlich-Sozialen die Führung in der Studentenschaft, der »Kater« war der erste Vorsitzende, der in jedem Hörsaal wiederholte, daß er Kommunist und Sandinist war und Mitglied in der FER, das war 1970. Die Wahl vom »Kater« beziehungsweise die Wahlkampagne für den Vorsitz der CUUN war sehr aufregend. Die FER hatte schon fast hundert Mitglieder, die meisten aus dem Grundstudienjahr. Der Gegenkandidat von »Kater« war ein Christlich-

Sozialer, der sich als Adonis aufbaute, aber der »Kater« war auch nicht häßlich, selbst darin machten wir ihnen Konkurrenz. Der »Kater« hatte auch blaue Augen; mich beunruhigte nur, daß seine Lippen etwas wulstig waren, also sagte ich zu ihm: »Kater, versteck dein Kußmaul«, und er mußte lachen und zeigte die Vorderzähne, die waren groß und kräftig. Nein, jetzt erinnere ich mich, der »Kater« hatte natürlich grüne Augen. Und am Tag der Wahl zog er sich ein grünes Hemd an. Vom vielen Ansehen und Zuhören und Beifall klatschen, wenn er auf irgendeiner der vielen Wahlveranstaltungen gesprochen hatte, fand ich ihn schließlich sogar hübscher als seinen Gegenkandidaten. Und wir haben gewonnen. Ich weiß noch, daß die Auszählung früh morgens fertig war. Wir sprangen auf, schrien, weinten, beschimpften die Verlierer, rissen ihnen die Plakate ab, die sie in der Universität geklebt hatten und nahmen den »Kater« auf die Schultern. Das war unsere gemeinsame Sache. Umarmungen, Küsse, Seufzen, offene Arme und endlich, zum erstenmal kriegten wir die Macht an der Universität. »Es lebe die *Frente Estudiantil Revolucionario!* Es lebe die FSLN! Es lebe Carlos Fonseca! Es lebe der Comandante Julio Buitrago!« – bis wir heiser waren, übernächtigt wie wir ja waren vom vielen Spruchbänder malen, Plakate machen, Parolen erfinden, mögliche Antworten auf Fragen vorbereiten, die die Gegner bei den Wahlveranstaltungen stellen könnten; müde vom Üben mit dem Kater, wie er im Auditorium dastehen, wie das Mikrofon fassen sollte, die Handbewegungen, die er machen mußte, wenn sie ihm böswillige Fragen stellten oder beim Begrüßen der weiblichen Wähler, müde vom Nicht-Schlafen und Tagträumen mitten in der Nacht, am Mittag, am frühen Morgen; müde von der Liebe unserer Freundinnen, mit denen wir in den Pausen schliefen, fast ohne Stimme vom vielen Schreien. Aber an dem Morgen, als der Wind um drei Uhr früh durch die Hallen des Universitätsgebäudes »Rubén Darío« von Managua blies, da waren wir, die wir einmal drei oder vier gewesen waren, fast fünfhundert, und wir, diese drei oder vier, waren die Anführer von einem ganzen Haufen von jungen Leuten, von denen viele genauso wie wir, viele, sehr viele bis zum Sieg oder bis in den Tod gehen sollten.

Dieser Wahlsieg ist – sagen wir mal – ein qualitativer Sprung, der Höhepunkt einer ganzen Epoche und Anfang einer neuen. Der Sieg der FER bei den Wahlen in der CUUN verschaffte uns große

Vorteile für die Entwicklung der politisch-organisatorischen Arbeit, denn die Tatsache allein, daß wir die Büroräume der CUUN besaßen, hieß, daß wir erstmal schon einen Raum hatten, wo wir uns treffen konnten, der nicht unser Haus oder ein gemietetes Studentenzimmer war, hieß, daß wir Schreibmaschinen, daß wir Kopiergeräte, daß wir Vervielfältigungsmaschinen hatten zum Drucken und, was noch wichtiger war: GELD. Der Aufstieg der FER zur CUUN erlaubte uns also, die legalen und öffentlichen Strukturen der Universität zu benutzen, um die Arbeit der FSLN, der FER und die Arbeit der CUUN zu machen. Bis dahin hatten wir die FER mit den Beiträgen, die wir wöchentlich entrichteten, unterhalten, und das war zu wenig. Dort stellte sich damals für uns ein Problem im kleinen, das sich heute in Nicaragua für uns im Großen stellt. Obwohl uns Kader für die Arbeit der FER fehlten, mußten wir Leute von der FER dazu abstellen, in der CUUN zu arbeiten; unser erster Mann, der Kater, der Erfahrenste und der Älteste der FER, mußte sich der CUUN widmen, eine ganz eigenständige politische Arbeit aufbauen, mußte sich aber auch an die Spitze der wichtigsten Forderungen der Studenten stellen, damit die Studenten zufrieden waren mit unserer Arbeit, damit die Studenten einen Vorteil und etwas Positives darin sehen konnten, daß die FER in der Universität an der Macht war, damit sie uns im nächsten Jahr wieder wählten. Für uns war das eine Notwendigkeit, denn durch die Kämpfe um die studentischen Forderungen der CUUN konnten wir die Genossen für die FER gewinnen, die sich dort am meisten hervortaten. Und weil uns das erlaubte, die legalen Strukturen und wirtschaftlichen Mittel der CUUN zu nutzen und sie in Propaganda, nicht nur der CUUN und der FER, sondern auch der FSLN zu stecken.
Davor hatten wir in der Universität klauen müssen; wir gingen in die Verwaltungsbüros; die Taschen der *compañeras* waren begehrt, denn da hinein warfen wir Hefter, stapelweise Papier und Stifte, um Plakate zu malen, wir klauten uns Leim und Büroklammern. Alles, was wir uns klauen konnten, klauten wir. Und was meinst du, wie wir uns gefreut haben, wenn wir zweihundert Córdobas bekamen, um Spraydosen zu kaufen, Pappschilder und Spruchbänder zu machen und Parolen an die Wände in der Universität und in der Stadt zu sprühen. Die Macht in der CUUN zu behalten bedeutete, Geld für all das zu haben.

Nachdem die FER an der Universität gesiegt hatte, wurde sehr viel weniger geklaut in der Alma Mater. Eben fällt mir noch ein, daß wir die Taschen der *compañeras* außerdem auch noch für andere Sachen brauchten: zum Klauen in den Supermärkten. Und ich weiß auch noch, daß wir sie außerdem für etwas brauchten, von dem ich nicht weiß, ob das so einigen Puritanern gefallen wird: das war eine richtige Pärchenwirtschaft bei uns, und wir befürchteten ständig, daß die *compañeras* schwanger werden könnten. Aber wie sollte einer das denn aushalten, wenn die *compañera* ihre fruchtbaren Tage hatte? Die Antibabypille war die Lösung. Weil die aber sehr teuer war, fanden wir heraus, daß in einer Apotheke eine Straße hinter Prio, in der Balladares-Apotheke die Pillen ganz an der Seite in der vordersten Schublade lagen. An derselben Ecke der Theke war auch ein Zeitschriftenständer: Vanidades, Ecran, Siete Días, Das Beste aus Readers Digest und lauter solche Literatur. Jedenfalls Pillen klauen war die Devise! Die Aktion lief folgendermaßen ab: Zwei oder drei Paare gingen hin, nie nur ein einziges; da wir schlau waren, wußten wir schon, zu welcher Tageszeit am wenigsten Personal in der Apotheke war: am Mittag, zur Essenszeit. Da war nur eine Frau da, kurzes Haar, weiß gekleidet, mit einem großen, ganz gelangweilten Gesicht – mehr als gelangweilt: sauer! Wenn wir kamen, machte ein Paar ein Ablenkungsmanöver: Wir fragten sie nach einem Medikament, von dem wir wußten, daß es auf der entgegengesetzten Seite ganz oben lag, so daß die Frau, um es zu holen, auf einen Stuhl steigen mußte und der Schublade, in der die Pillen lagen, ganz den Rücken zuwandte. Dann stellte sich das andere Paar so hin, als würde es sich Zeitschriften ansehen und – zack – machte einer die Schublade auf. Ich weiß noch, als ich an der Reihe war, spreizte ich die Hand so weit ich konnte, bis die Finger gestreckt waren, legte die ganze Hand auf die Schachteln und packte so viele ich konnte. Die *compañera* stand schon hinter mir, um mich für alle Fälle zu decken und gleichzeitig die Frau zu beobachten, die auf der anderen Seite die Arznei holte. Ich warf die Schachteln in ihre Handtasche, und die Aktion war beendet. Ich weiß noch, daß es diesmal irgendwelche Spritzen, die einen Monat lang wirkten, waren. Kannst du dir vorstellen, was das heißt? Einen Monat lang ohne Sorgen, ohne Spannung. Dann gingen wir raus, faßten uns bei der Hand, machten dem anderen Paar ein Zeichen und verschwanden alle ganz glücklich, wir warteten noch nicht einmal, bis wir in unser Zimmer kamen, um nachzusehen, wie viel wir uns geholt hatten. Lachen, Küßchen auf die Wange, auf der Straße. Ich glaube, wir strahlten damals richtig vor Jugend. Ich weiß nicht warum, aber jetzt finde ich, daß die Studenten schon nicht mehr dieselben sind. Sie sind nicht wie früher, sind nicht, wie wir waren, ich glaube, ihnen fehlt der Glanz, der Schwung, von den beiden fehlt ihnen etwas ... oder werde ich vielleicht alt?

Im selben Jahr 1970 konzentrierte die FER den Kampf der CUUN auf die Lockerung des Numerus Clausus für das erste Studienjahr Medizin. Es wurden nur 50 Studenten angenommen, und wir wollten die Zahl 100 erkämpfen. Natürlich konnten wir damit alle Studenten auf die Beine bringen, besonders die im Grundstudienjahr, das waren in León etwa 1 500 und in Managua vielleicht 2 000. Der Kater Munguía setzte sich an die Spitze der Studenten und hinter dem Kater wir, dieselben wie immer, agitieren, organisieren, Veranstaltungen abhalten, Universitätsgebäude besetzen, Kracher mit Flugblättern platzen lassen, Lautsprecher aufstellen, die Straße vor der Universität besetzen, Reden, Lieder, Guitarren, Gedichte, Gespräche mit den Behörden und Arbeitsgruppen hier und Kommissionen dort, und es tauchten neue Gesichter auf, neue Leute, deren Zukunft und Schicksal damals noch unverdächtig war; Studenten, mit denen wir politische Arbeit machen konnten, nachdem sie erstmal durch den Kampf an der Universität um die studentischen Forderungen motiviert worden waren, und es tauchten neue Gestalten auf, neue junge Männer und Frauen ... ein neues Lächeln, wie das von Roberto Huembes, der schöne gerade Zähne hatte und damals ein halber Hippie war, Sandalen, schutzige Hosen und lange Haare trug; oder Iván Montenegro, dick, dicklich - besser gesagt -, ziemlich untersetzt, aber schlaff, immer in einem Van-Long-Hemd und immer mit der Hand im Gesicht. So gewannen wir mit der Zeit, von Kampf zu Kampf, von Forderung zu Forderung, die besten Studenten an der Universität. Das gab der FER einen gewaltigen Auftrieb. Wir gewannen den Kampf um die 100 in Medizin, und es kamen neue Kämpfe, wir nahmen uns die Universitätsreform vor, studierten die Reform von Córdoba, wollten unsere Universität verändern, kämpften dafür, die Studienprogramme inhaltlich zu verändern und konnten kräf-

tige Geldbeträge aus den Truhen der CCUN an die *Frente* abführen.
Ich weiß noch, wie wir einmal, als sie zwei *compañeros* aus der medizinischen Fakultät rausschmeißen wollten, das Gebäude der juristischen Fakultät besetzt haben, das im Kolonialstil erbaut war. Dorthin hatten sich die reaktionärsten und finstersten Professoren der Universität zurückgezogen, von rühmlichen Ausnahmen abgesehen; sie lehrten auf der Grundlage von eigenen Studienprogrammen, verteidigten die politische Verfassung von Somoza und brachten uns bei, wir sollten vor allen Dingen das bürgerliche Recht achten; Professoren, Studienprogramme und Architektur des Gebäudes paßten zusammen. Und – das sollte alldem noch eine ironische Note geben – es stand über dem Eingang zur Fakultät in Stein gemeißelt die Inschrift: SIC ITUR AD ASTRA – das heißt: Hier geht es zu den Sternen. Einmal haben wir eine Demonstration zum Haus des Dekans gemacht, der zwar fortschrittlich war, aber für uns die Autorität verkörperte, ein Professor, den ich als Person sehr schätze, ganz abendländisch-christlich orientiert, und der uns immer sagte, er sei in einen unverbrüchlichen Glauben gebettet. Wir dachten uns jedesmal etwas anderes aus, um die Studenten zu mobilisieren, damit sie nicht die Lust verloren und die moralische Motivation, nicht nur um unsere akademischen Ziele zu erreichen, sondern auch die politischen; es ging immer darum, irgend etwas Originelles zu erfinden. Wir Studenten waren damals sehr erfindungsreich. Ich war der Vorsitzende der Vereinigung der Jurastudenten, der berühmten AED in León. Ich war damals darauf gekommen, die Demonstration von der Fakultät zum Haus des Dekans zu lenken. Auf dieser Demonstration trug jeder eine brennende Kerze, und als wir durch die Straßen gingen, kamen alle Leute, die das Rufen und die Lieder hörten, aus ihren Häusern und machten die Türen auf, denn es war schon fast zehn Uhr abends, und in León gehen die Leute um neun Uhr zu Bett; als sie die Sprechchöre hörten, kamen sie in Unterhosen aus den Türen, in gehäkelten Pantoffeln, einige erschrocken, andere mit ernsten Gesichtern, verwirrt oder ämüsiert; wir Studenten von León waren ein Attraktion für die Leute, denn wenn du dich erinnerst, wir veranstalteten auch närrische Karnevalszüge, die den Leuten gefielen, weil wir uns da über *Tacho* und die Regierung lustig machten, und auch wenn es

manchmal beim Karneval unanständige Motive gab – die Bevölkerung von León ist ziemlich moralisch und konservativ –, gefielen ihnen die frivolen Witze der Studenten. Ich glaube, sie spürten, daß wir genau das machten, was sie sich nicht trauten, aus Angst, die Nachbarn könnten sich über sie aufregen und schlecht über sie denken. Dann kommen Witze, die die Ehre eines jeden Christenmenschen am Orte in Frage stellen. Am Abend der Demonstration mit den Kerzen guckten die Frauen im Unterrock oder im Nachthemd heraus oder in einen Haufen Tücher gehüllt, sie sahen ganz verrückt aus, ungekämmt und ohne Make-up und schauten aus der halbgeöffneten Tür oder steckten die Köpfe aus den Fenstern und manch eine erkannte den Freund oder Sohn oder auch mich, und dann hörte man die Bemerkungen in den Häusern: »Sieh mal, der Sauhund, wo der rumläuft.« »Ach Gott, mein Kleiner!« »Guck mal, was sie jetzt machen!« »Und wo sie jetzt hingehen.« »Was für ein hübsches Kerlchen - zum rummachen.«
Weil wir sangen und sie von weitem erstmal nur die Kerzen sahen, dachten sie zunächst, das wäre eine Prozession für irgendeine Jungfrau Maria oder einen Heiligen, bis wir zu ihrem Haus kamen; und weil man natürlich von den Zimmern aus nicht unterscheiden konnte, was für ein Lied das nun war, da kamen die Leute, ohne zu wissen, was los war, heraus um nachzusehen ... mal sehen ... Ja, und dann, als sie hinsahen ...: Dieser unverbesserliche kleine Cabezas, der in der Stadt schon bekannt war wie ein bunter Hund, an der Spitze der Demonstration; eine Kerze in der Hand ging er und schrie und hinter ihm all diese jungen Leute. Einige betrachteten uns mit Sympathie, aber andere sahen in uns nur Landstreicher, Studenten, die nur nicht studieren wollten, denn das sagten manche Professoren und hochgestellte Persönlichkeiten: Was wir eigentlich wollten, wäre durchzukommen, ohne studieren zu müssen. Aber wir wollten etwas anderes ... das waren schwierige Zeiten.
Und schließlich kamen wir zum Haus des Dekans, und als ich das Haus sah, das in demselben Stil wie die Fakultät gebaut war oder der Fakultät irgendwie ähnelte, gingen mir allerhand Gedanken durch den Kopf: Die Verstaubtheit vieler Professoren, die uns beibrachten, an die Unantastbarkeit des Privateigentums zu glauben, es zu respektieren und juristisch zu verteidigen, mir geht durch den Kopf, was wir wollen und wie die Fassade der Fakultät aus-

sieht, mir fällt das Motto ein: SIC ITUR AD ASTRA und ZUR FREIHEIT DURCH DIE UNIVERSITÄT, und da denke ich: wie absurd, und nehme von einem *compañero* die Farbspraydose, stelle mich vor das Haus auf den Bürgersteig und frage die Studenten: »Glaubt ihr, daß man mit dem, was man an der juristischen Fakultät lernt, zu den Sternen oder zum Licht kommt? Alle antworteten: »Nei-i-i-n!« Dann schrieb ich mit sicherer Hand und voller Überzeugung in eiligen großen Buchstaben auf die saubere weiße Wand an das Haus meines Dekans: HIER GEHT ES INS XV. JAHRHUNDERT. Und weil mein Dekan ein sehr religiöser Mensch war und in León am Tag der Heiligen Jungfrau voller Gnaden, der großen Schutzheiligen der Stadt, alle Leute abends Kerzen auf den Gehsteig vor dem Haus stellen, da ließen wir auf dem Gehsteig vor dem Haus meines lieben Dekans nicht weniger als 500 brennende Kerzen zurück.

V

Am wichtigsten aber war, daß wir die Ziele, die wir uns in diesen studentischen Kämpfen steckten, erreichten. Und wenn wir auch nicht genau die Ziele erreichten, für die wir gerade auf der Ebene der studentischen Forderungen kämpften, was wir auf jeden Fall erreichten, war, die Studenten dazu zu bewegen, unsere politische Linie zu unterstützen und sich hinter die Aktivisten zu stellen, mit denen sie sich nach und nach identifizierten. Es fing sogar schon so etwas an wie – sagen wir mal – Bewunderung der Studenten von der Basis für die Führer der FER. Und je weiter wir den Kampf vorantrieben, desto mehr Studenten kamen und organisierten sich in Studienzirkeln, taten sich in Gruppen zusammen, weißt du, Gruppen, die sich später in Zellen der *Frente Sandinista* verwandelten. Ich kann dir nicht die Einzelheiten der Untergrundorganisation damals auf nationaler Ebene erklären – ich wußte darüber nicht viel – das kann ich dir nicht erzählen. Aber ich vermute, daß sie schwach war.

Aber eins wollte ich noch erzählen: Wenn Anweisung aus dem Untergrund kam, konspirative Häuser und Autos zu besorgen, dann ging das an den »Kater« Munguía, an Leonel, aber hauptsächlich an den »Kater« Munguía und an mich und noch zwei oder drei *compañeros*. Sie beauftragen uns damit, weil wir aus León waren. Die übrigen Studenten der FER waren nicht aus León. Es waren Genossen aus anderen Provinzen, die nur zum Studieren noch León gekommen waren, in Studentenzimmern wohnten und nur Studenten als Freunde hatten; in der Stadt hatten sie sonst keine Freunde, weil sie ja nicht aus León stammten. Bei uns, die wir aus León waren, war das anders. Also hatten nur wir die Möglichkeit, jemanden zu suchen, der ein Auto ausleihen oder der mal sein Haus zur Verfügung stellen konnte. Du konntest zu deinen Nachbarn, zu den Leuten, die du in León kanntest, gehen und dort die Hilfe finden, die du brauchtest. Ich weiß noch, einmal kam die Anweisung – es war Ostern – wieder in der Osterwoche – keiner von uns sollte den Ort verlassen, das heißt die wichtigsten Führer der FER – die, die bei der *Frente* waren – wir sollten nicht aus León weg und nicht ans Meer fahren, sondern in den Räumen der CUUN bleiben, es gäbe nämlich eine sehr wichtige Aufgabe für uns. Tatsächlich wurde uns später mitgeteilt, daß eine »Gondel« käme, daß sie schon an der Grenze wäre oder in Chinandega oder was weiß ich wo. *Compañeros,* die ins Land kommen wollten und die dringend Häuser brauchten, und wir sollten »Häuser besorgen, Patria Libre o Morir.« Das hieß, es gab keine Alternative, wir konnten nicht zurückkommen, ohne ein Haus zu haben. Der Druck lag auf uns und den Genossen im Untergrund, denn die »Gondel« war ja schon angekommen, und wir hatten keine Ahnung, wie wir das anfangen sollten. Wir sind dann auf die Straße gegangen, denn manchmal grübelst du und grübelst und gehst im Kopf die Leute durch, die du kennst, und es fällt dir trotzdem nichts ein. Also sind wir nach draußen gegangen um zu sehen, wen wir treffen, wer uns von den alten Freunden in León grüßt, und wem wir die Sache vortragen können. Scheiße! denke ich ... wo soll ich hingehen? ... wo soll ich hingehen? ... Mann, sage ich zum »Kater« Munguía, mal sehen, ob es der Kerl bringt. Ungefähr sechs Straßen von der CUUN entfernt, Richtung Osten wohnte ein Rechtsanwalt, der war bei der PLI und hieß Eduardo Coronado, ein Anwalt aus proletarischen Kreisen, der seinen Schreibtisch im selben Haus stehen hatte, in dem sein Bruder eine Zahnarztpraxis betrieb. »Mensch, Eduardo«, sage ich, »du mußt mir unbedingt einen kleinen Gefallen tun, du weißt schon, ich brauch nämlich ein Haus, um einen *compañero* von der *Frente* unterzubringen, der hier durchkommt, geht das?« Hätte ich ihm gesagt, es ist für einen Illegalen, dann hätte er mir sein Haus sicher nicht zur Verfügung gestellt, der Trick war zu sagen: für einen *compañero,* der hier durchkommt, auf dem Weg nach Managua ist und ein, zwei Nächte bleiben muß und darauf wartet, daß er abgeholt wird. Aber auch so gings schief mit dem Typ, er empfahl mich an einen Herren mit Namen Blandino, dessen Haus eine Straßenecke weiter war, gleichzeitig ein Begräbnisinstitut. Also sage ich zu dem Mann – den ich auch kannte, weil er bei der PLI war, ich kannte alle von der PLI, denn ich hatte mich selbst in die PLI eingeschrieben: Also sage ich: »Es geht um Folgendes: Kannst du mir einen Gefallen tun, du weißt schon ...«, das Problem aber war, daß diese Leute alt waren und ich ein junger Kerl damals ... jetzt bin ich 31, ich erzähle von 1970, 71; damals war ich wie alt? 20, 21 Jahre. Das hieß, sich mit einem Knaben einlassen, und ich schlug ihnen solche Sachen vor! Das war eine Verantwortungslosigkeit für einen Alten, so etwas zu akzeptieren, wie ich es vorschlug, nicht? Das waren alte Leute, die gewöhnt waren, mit alten Leuten zu konspirieren oder sich an den Verschwörungen von Konservativen und Liberalen zu beteiligen, was die Verschwörungen der alten Leute waren, die auf den Gängen im Kino oder in Plauderzirkeln in den Herrenhäusern von León hinter vorgehaltener Hand etwas absprachen; sich damals mit einem revoltierenden jungen Studenten einzulassen, der stadtbekannt war? So einen Alten dazu zu bringen, sein Haus zur Verfügung zu stellen, um einen Mann unterzubringen, das war sehr schwierig. Er lehnte ab, in seinem Haus wäre kein Platz ... »Nein«, sage ich zu ihm, »das macht doch nichts, sieh mal, am Tag stecken wir ihn in einen Sarg, stellen noch einen anderen Sarg oben darauf, und so verbringt er den Tag, die Genossen sind ziemlich diszipliniert ...« »Ja«, sagt er, »aber es könnte doch jemand kommen und den Sarg kaufen.« »Dann sagen Sie, daß Sie ihn schon jemandem versprochen haben.« Aber der Alte akzeptiert nicht und sagt: »Sieh mal, ich will dir einen Mann empfehlen, der dir helfen kann, er ist auch von der PLI, aus Subtiava.« Ich gehe und treffe mich mit Tomás Pérez. Der Mann will mir anscheinend helfen, wie ich ihm die Sache vortrage, aber sein Haus ist wirklich nicht dafür geeignet. Ich sehe es ein. Er sagt zu mir: »An mir soll es nicht liegen, mein Freund, aber im Haus ist kein Zimmer frei.« Die »Gondel«, von der ich gerade rede, ich kann dir sagen! – das waren Tomás, Modesto, Oscar Turcios, Juan José Quezada, José Dolores Valdivia, René Tejada ... Die ganze Bande. Es war die ganze Gondel, die aus Kuba kam, ich glaube sogar aus Vietnam ... Also der *compañero* sagt mir, daß er nichts machen kann, aber daß er einen Mann kennt, der zuverlässig ist, daß er mir für ihn garantieren kann, und daß wir den besuchen sollen; er ist aber nicht zu Hause, sondern auf einer Beerdigung, auch in Subtiava. Also gehen wir auf die Beerdigung, und er sagt mir: »Sieh mal, ich gehe nicht mit bis zu ihm hin, denn sonst mache ich mich verdächtig ... wenn er nämlich ablehnt und denkt, ich bin von der *Frente,* dann ist das beschissen. Ich zeige dir, wer es ist und du redest mit ihm und rufst ihn zur Seite. Also mischen wir uns unauffällig unter die Leute in dem Trauerzug und er sagt: »Der da!« und zeigt ihn mir. Ich gehe hin, stelle mich neben ihn, er ist gerade im Gespräch mit einer Gruppe von Leuten, ich lege ihm den Finger auf die Schulter, so, zwinkere ihm zu, er versteht, daß ich ihm etwas sagen will. Da wir nicht befreundet sind, kenne ich ihn nicht, aber er kennt mich, denn ich bin bekannt in León. Ich sage zu ihm also: »Hier, ich möchte mit dir reden, es ist eine etwas komplizierte Sache.« »Natürlich«, sagt er, »gern.« Wir bleiben zurück, und dann sage ich: »Weißt du, es kommt ein *compañero* ...« Das wichtigste ist bei so etwas, einen Entschluß herbeizuführen ...daß der Mann sich entscheidet... ob es dann eine oder zwei Personen für eine oder drei Nächte sind, das ist egal. Wichtig ist, daß sie annehmen und eine Entscheidung treffen. Also bringe ich die Sache vor, und der Mann sagt: »Gern *compañero,* klar ...« Ein Mann aus Subtiava.

So ein Glück! Ich mache mich zum Universitätsclub auf, zu Fuß natürlich, was denkst du? Der Weg zog sich in die Länge ... die vielen Straßen. Ich komme verschwitzt an und frage einen *compañero:* »Was habt ihr erreicht?« »Gar nichts, du.« »Aber ich, Mensch, ich habe etwas gekriegt ...« »Etwas schönes?« »Weißt du, schön ist es nicht, aber es ist ein Haus.« »Und wo?« »In Subtiava.« »Prima.« »Auf, gehen wir!«

Am Abend kommt dann der Verbindungsmann, und sie bringen zu dem Haus zwei Leute: Pedro Aráuz Palacios (Federico) und noch jemanden, ich weiß nicht mehr wen. Nein, stimmt gar nicht, die Leute kommen nicht, die Leute aus Chinandega kommen nicht, und der Mann wartet. Ich gehe zu ihm hin und sage, daß die Leute nicht kommen, und er sagt darauf hin: »Gut, wenn sie irgendwann kommen, sag mir Bescheid, damit ich mich drauf einrichten kann.« Er war schon nach Hause gegangen und hatte mit seiner Frau gesprochen, der Frau hatte er das erzählt, weil sein Haus direkt an das von seiner Mutter und seinen Brüdern gebaut war und er denen gesagt hatte, es käme ein Freund aus Managua, der eine Frau verführt hätte, deshalb wären sie hinter ihm her ... weißt du? – und daß sie ihn zwingen wollten zu heiraten, daß er aber nicht wollte ... und aus diesem Grund wäre er also da. Als schließlich die »Gondel« ankam, hatten wir schon ein weiteres Haus. Ich hatte Joaquín angehauen ... Joaquín Solís Piura, der jetzt Vizegesundheitsminister ist; er kam damals gerade aus Europa, aus der Schweiz zurück, von einem Graduiertenstipendium, derselbe, der während des Massakers vom 23. Juli Präsident der CUUN war. Ich spreche ihn also an, er kennt mich nicht, weiß aber schon, fragt, wer jetzt die Studentenführer sind, weiß, daß ich einer bin, ich haue ihn also an, der Mann macht mit, und wir haben zwei Häuser.

Als die »Gondel« kam, hatten wir also zwei Häuser, und der Mann fängt wirlich an mitzuarbeiten. Aber Federico und all diese Leute waren nur auf der Durchreise nach Managua. Also mache ich mit dem Mann politische Arbeit.

Sein Haus stand in einer staubigen Straße im Stadtteil Subtiava, einem Armenviertel mit Indios; das Haus stand einzeln, und erst nach etwa 30 Metern kam das nächste Haus, das einem Mann gehörte, den wir später auch rekrutierten. Der Hof war riesig, ein großer Hof mit Garten. Ich schlage ihm vor, Schulungen zu machen; er soll mit seinem Bruder sprechen und noch mehr Leute zusammensuchen zur Schulung; er soll nicht sagen, daß das von der *Frente* ausgeht, sondern von den Studenten, die in den Stadtteil kommen, um Bewußtsein zu schaffen. Das Haus war aber sehr klein und unbequem, und man konnte dort keine Kurse abhalten, (ein Haufen Kinder und die Frau, die da arbeitete; sie verkaufte nämlich *vaho* und kochte es nachmittags und abends), deshalb besprengte er den Hof mit Wasser, und wir befestigten neben der Tür eine Leiste am Dach, zogen eine elektrische Leitung und montierten eine Fassung daran, damit Licht da war, eine Birne, vielleicht 50 Watt, was weiß ich ... Und dann stellten wir fünf, sechs, sieben Stühle auf, die er besorgt hatte. Er hatte ein natürliches Talent zum Organisieren, zum Anleiten. Es war ein Volltreffer, ein Glücksfall, der für die Zukunft eine große Bedeutung gewinnen sollte, wie du später noch sehen wirst. Der Mann versammelt da dann noch fünf oder sechs andere, weißt du. Ich komme vielleicht dreimal hin, wir fangen an, das Kommunistische Manifest zu lesen, und ich freunde mich langsam mit den fünf oder sechs Leuten an, alles Indios; einige arbeiten auf dem Land, einer von ihnen war Taxifahrer, andere waren Steinmetze, wieder andere waren Fischer oder betrieben in der Nähe eine kleine Landwirtschft. Subtiava ist ein Viertel am Rande von León, in Richtung Poneloya zum Meer hin.

Und wenn ich mit ihnen sprach, konnte ich sehen, wie sie alles mit den Augen aufnahmen, als würde es über die Augen zum Gehirn gelangen. Was weiß ich, wie das bei ihnen vor sich ging, jedenfalls verstanden sie, verstanden, verstanden, und dann sah es aus, als würde es vom Gehirn wieder zu den Augen kommen, ich sah an ihrem Gesichtsausdruck, daß sie dabei waren, die ganze Welt umzukrempeln, ihren eigenen Kopf, daß sie jeden Augenblick Massen von neuen Sachen entdeckten, nur viel zu schnell, so einen Augenausdruck hatten sie; und waren begeistert, und dann gingen sie heim ... und brachten andere mit. Weil ich aber zu bekannt war, verabredete ich mit ihnen, als sie anfingen zu arbeiten, daß nicht ich dort hinkommen sollte. Erstens, weil es ein sicheres Haus war, das man später weiter benutzen würde und weil dann Federico, auch wenn er diesmal schon wieder weg war, nochmal kommen und das Haus wieder in Anspruch nehmen konnte; zweitens konnte es schon deshalb nicht mehr Versammlungszentrum sein, weil manchmal Nachbarn auf der Straße vorbeikamen und in den offenen Hof sahen: Da waren dann die fünf oder sechs Männer unter dem Licht, ich, der berüchtigte Student, sprach mit einer Broschüre in der Hand. Alle auf Stühlen, Bänken und Hokkern. Deshalb schickte die FER, das heißt die *Frente* durch die FER einen anderen, der die Arbeit in dem Stadtviertel übernehmen sollte und beauftragte Iván Montenegro Báez, den dicken Montenegro, der inzwischen schon viel gelernt hatte.

Alles in allem: Die Arbeit in Subtiava entwickelt sich wie ein Lauffeuer, aber stillschweigend, im Schatten. Und wir fingen an, San-

dino in Subtiava bekanntzumachen. Es gab bei ihnen einen Häuptling, den sie am meisten verehrten: Adiac. Wir stellten Sandino als Nachfolger von Adiac dar und dann die Verkörperung von Sandino in Adiac, aber Sandino in Verbindung mit dem Kommunistischen Manifest, verstehst du? Dann geht es plötzlich von Haus zu Haus, von Indio zu Indio, die Idee von Adiac... Sandino ... Klassenkampf ...Avantgarde ... FSLN ...
Und es entwickelt sich eine ganze Bewegung in Subtiava. Ich will dir hier mal zeigen, wie sich das ineinanderfügt. Wir dringen langsam über die Familienangehörigen von den Leuten aus Subtiava auch in die Vorstädte von León vor, weil deren Verwandte manchmal nicht mehr in Subtiava wohnten, sondern in anderen Vierteln, weil sie geheiratet hatten oder was weiß ich warum, und dann ließen wir diese Verwandten aus den anderen Vierteln auch dazukommen, und so knüpften wir die ersten kleinen Kontakte mit Leuten, die ursprünglich aus Subtiava gebürtig waren. Ich meine da zum Beispiel La Providencia, Reparto Vigil und so weiter. Es kam so weit, daß die FER sogar eine Gruppe für Stadtteilarbeit bildete. So haben wir uns nicht nur auf die Oberschulen ausgeweitet, sind nicht nur an der Universität stärker geworden, wir dehnten uns mit der FER langsam auch auf die Stadtteile aus, denn hinter der FER stand die *Frente*. Als die Stadtteilarbeit sich immer weiter entwickelte, sagte die *Frente* schließlich: »Gut, jetzt soll die FER das vergessen. Das übernimmt die Untergrundstruktur der *Frente*.
Und haben angefangen, eine Reihe von Kadern aus der FER herauszuziehen, die direkt auf der Ebene der *Frente* die Arbeit in den Stadtteilen machen sollten, und es bilden sich Nachbarschaftskomitees für elektrisches Licht, für Wasser, für dies und für jenes. Natürlich entwickeln sich die Stadtteile dann weiter, es bilden sich ihre eigenen Führer heraus, und dann sind es schon weniger Studenten, die in die Stadtteile kommen; nur der Verbindungsmann noch. Und es bilden sich eigene Führer aus den Massen heraus.... Wir bringen die Führer der verschiedenen Stadtteile zusammen, und es entsteht die Stadtteilbewegung. Die FER hat da schon nichts mehr damit zu tun. Wir schicken die Leute, die aus den Stadtteilen rekrutiert worden sind, in die Gewerkschaften ... und dringen langsam in die Gewerkschaften von León ein. Diese Gewerkschaften sind heute alle der Sandinistischen Gewerk-

schaftszentrale CST angeschlossen, und die Führer, die damals dort waren, sind zum Teil jetzt die Führer der CST von León ... die Izaguirre, all diese Leute ... Das war schön, sehr schön war das.

VI

Es gibt etwas, das mich immer beeindruckt hat, das mich mit Befriedigung erfüllt hat. Sieh mal her, ich habe das immer wieder gesagt, schon 1974: Wenn mich die *Guardia* umbringt, außer, die Schüsse entstellen mein Gesicht, dann können sie mir mein Lächeln nicht nehmen, wenn ich tot bin, das habe ich mir geschworen. Ich fand nämlich, daß ich bis dahin der *Guardia* schon so viel Schaden zugefügt hatte, dem Feind so viel Schaden, dem Imperialismus so viel Schaden zugefügt hatte, daß mich zu töten viel zu wenig war für den Schaden, den ich angerichtet hatte, kannst du dir das vorstellen?
Als ich in die Berge ging, ging ich mit einer großen Sicherheit, ohne irgendwelche Zweifel - auch wenn das manchmal falsch klingt, wenn ich das so sage. Als ich in die Berge ging, wußte ich, daß hinter mir die *Frente* stand, als Organissation, daß ich nicht allein war. Und ich wußte, als ich aus Subtiava fortging, daß hinter mir eine ganze Studentengeneration stand, aber das wichtigste war: eine Studentengeneration, die ich in irgendeiner Weise geprägt hatte - und hier sündige ich vielleicht ein bißchen, weil ich unbescheiden bin - hinter mir stand eine Studentengeneration, deren Kampf ich meinen eigenen Stempel aufgedrückt hatte.
Denn diese Studentenbewegung ist es, die sich nachher auf alle Provinzen ausdehnt. Unsere Studenten, die, die wir in León rekrutiert haben, sind es sogar, die die Stadtteilarbeit in ihren Provinzen anfangen, und sie sind die ersten Kontaktpersonen für die Illegalen dort, die die FSLN in die verschiedenen Provinzen schickt.
Also gut, ich habe gesagt, daß ich mit einem absoluten Vertrauen in die Berge ging, nicht darauf, daß ich lebend wieder herauskommen würde, sondern auf den Sieg, besonders, weil ich spürte, daß Subtiava dahinterstand. Und als ich in die Berge ging, war Subtiava eine Macht.

1972 oder 73 begannen die ersten allgemeinen Demonstrationen auf der Straße. Die Demonstrationen vorher waren reine Studentendemonstrationen und keine Stadtteildemonstrationen. Ich weiß noch, einmal haben wir eine Demonstration gemacht, bei der mir jetzt nicht gleich einfällt, worum es ging, auf der sich ein Strom aus der Universität und ein anderer Strom aus Subtiava vereinigt haben. Dort konnten wir wirklich Massen mobilisieren, obwohl auf die Demonstration auch die Leute kamen, die wir in den anderen Stadtteilen rekrutiert hatten, die kleinen Komitees. Diese Mobilisierung war beeindruckend, wie immer in Subtiava. Von Subtiava bis zur Kathedrale führt eine gerade Straße. Wir wollten uns auf dem Platz vor der Kathedrale treffen: Die Studenten gingen von der Universität dorthin und die Leute aus Subtiava kamen von Subtiava her.

Wir griffen auf die indianischen Wurzeln der Leute aus Subtiava zurück und versuchten, an die alten Kämpfe von Adiac anzuknüpfen, ihnen in Erinnerung zu rufen, wie sie ausgeplündert, wie sie unterworfen worden sind, und wie die Liberalen und Konservativen sie herumgestoßen und ihnen das Land weggenommen haben, und wie Sandino sich erhoben hat, genauso wie Adiac sich erhoben hat ... Und dann die Sache mit dem Bürgertum, das sie beherrscht. Wenn damals also die Leute aus Subtiava zur Demonstration gingen – bevor sie zur Demonstration gingen, ertönten ihre *atabales*. Weißt du, was ein *atabal* ist? Es ist eine Art Trommel – dann gehen die Gruppen mit den Trommeln durch den ganzen Stadtteil – tarámtam, tamtarám – es hört sich so an: tarámtam, tamtarám ... Aber es hat einen dumpfen Klang, einen ernsten Klang, es ist kein fröhlicher Klang und auch kein trauriger Klang, sondern ist ein gespannter Klang: tarámtam – tamtarám – tarámtam – tamtarám – tarámtam – tamtarám – tarámtam – tamtarám ... Und die Leute kommen aus dem Hof, hinter den kleinen Kiefernhecken, aus den Häusern heraus. Und hinten kommen die, die rufen: »Heute Abend – um sieben – alle auf den Platz, heute Abend um sieben – alle auf den Platz!« Weil sie Sandinisten sind, wissen sie: Erscheinen ist Ehrensache. Also versammeln sie sich auf dem Platz, dort wird eine kleine Versammlung gemacht, und dann gehen sie zur Calle Real – so heißt die Straße, die bis zur Kathedrale führt, die berühmte Calle Real von León. Dann siehst du vorn die *atabales* in der Demonstration von den Leuten aus

Subtiava. Erst die *atabales,* hinter den *atabales* die Führer und dahinter die ganzen Indios, als erster Führer der Mann vom Begräbnis.
Wenn du die Leute von Subtiava marschieren siehst und hörst vorn ihre *atabales:* Tarámtam – tamtarám – tarámtam – tamtarám – tarámtam – tamtarám ... siehst du das steinerne Indiogesicht, das glatte schwarze Haar, ohne viel zu lächeln, ein ernstes Gesicht aber nicht traurig, auch nicht bitter, sondern schwer, voll unterdrückter Wut, die langsam herauskommt. Dann siehst du, daß der Takt der Trommel, der Rhythmus mit dem Gesicht übereinstimmt, daß es eine Einheit von Rhythmus und Marsch, Übereinstimmung zwischen Marsch, dem Rhythmus und dem Gesicht gibt. Ich weiß nicht, worin die Einheit besteht, aber du siehst die Eingeborenen mit ihren Indiogesichtern marschieren und Parolen rufen aber nicht in dem lärmenden Tonfall wie die Studenten, die herumalbern und etwas erfinden. Ihr Tonfall ist ganz einfach. Ein Indio ruft: »Wohin geht der Weg?« Und alle antworten ganz ernst, den Blick nach vorne gerichtet: »Sandino hat ihn gezeigt!« Aber mit einem Ausdruck der Schwere, und das verschaffte Respekt, das machte der Bourgeoisie langsam Angst, wenn der Indio erwachte, der rebellische Indio, der Sandino wiederaufnahm, als Kampf gegen die Ausbeutung und die Klassengesellschaft. Wenn du dann hunderte von Indios so marschieren siehst, ganz ernst – Frauen, Kinder, Alte, Dicke, Buben, große, kräftige, derbe Männer – dann denkst du plötzlich, der Marsch kommt nicht nur aus Subtiava, es ist der Marsch der Indios, der durch ganz Lateinamerika zieht. Es ist der Indio aus Bolivien, der Indio aus Peru, der Indios aus Chile; die von den Kupferminen, die von den Zinnbergwerken, die von den Kautschukplantagen. Da wußte ich, sie marschierten nicht nur durch die Calle Real, sie marschierten durch ganz Lateinamerika, über die Anden, durch die Geschichte, in die Zukunft ... immer mit ihrem kräftigen und sicheren Schritt. Als ich dann in die Berge ging, wußte ich, daß sie mich umbringen konnten, aber ich wußte auch, dieser Marsch der Indios ist ein Marsch gegen den Kolonialismus, ein Marsch gegen den Imperialismus, ein Marsch der Indios, der das Ende oder den Anfang vom Ende der Ausbeutung unserer Völker besiegeln kann. Also, wenn sie mich umbringen würden, dann war das egal, scheißegal! Ich wußte, daß hinter mir Subtiava stand.

Subtiava ist ein ständig brennendes Feuer. Stell dir vor – wir hatten nämlich damals das Feuer schon entdeckt: In unserem Versuch, Agitationsmöglichkeiten zu finden, um das Interesse der Leute nicht abklingen zu lassen, machten wir Fortschritte, und das Feuer breitete sich aus. Aber ich spreche jetzt nicht vom politischen Feuer – obwohl auch das politische Feuer sich ausbreitete – ich spreche von dem Feuer als natürlichem Element. Zuerst machten wir Demonstrationen mit Kerzen, dann fiel uns ein – »Jeder Student mit einem Ocote-Zweig«, aber Ocote war sehr schwierig zu kriegen, denn es gab ihn nur im Norden des Landes. Wir hatten gesehen, daß sich die Leute immer dafür interessierten, wenn wir Kerzen mitnahmen. Deshalb machten wir einmal eine Demonstration früh morgens mit Ocote-Zweiglein, und die Leute reckten sich die Hälse nach der Demonstration, denn es war früh, und die Ocote-Fackeln erregten Aufmerksamkeit bei den Leuten. Hast du einmal Bilder von diesen mittelalterlichen Prozessionen gesehen, wo die Leute ein bißchen wie die Greise gehen mit Kapuzen und so? Im Dunkeln durch die Gänge der Schlösser, die Mönche ...? Damals in den dunklen Stadtvierteln in den Straßen ... auf der einen Seite eine Häuserreihe, auf der anderen Seite eine Häuserreihe, das sah aus wie der Gang in einem mittelalterlichen Schloß. Kannst du dir das vorstellen, die vielen Lichtchen, wir mit den brennenden Ocote-Zweigen in den Straßen, wie wir durch die Pfützen hüpfen, die Böschungen hoch und die Gehsteige in den holprigen Straßen von León?

Aber wir merkten, daß es schwierig war, Ocote zu besorgen und fanden es besser, in jedem Stadtviertel ein Feuer zu machen; also beschlossen wir, das mit den Feuerstellen anzufangen. Wir hatten nämlich gesehen, daß das Feuer – weil man dann in der Dunkelheit dein Gesicht sehen kann – die Leute anzieht, und die Leute sehen immer in die Flämmchen des Feuers, sobald es entzündet ist. Sie betrachten das Flackern der Flammen und hören gleichzeitig zu; sie hören, und dann richten sich Augen und Aufmerksamkeit auf das gesprochene Wort, vom Wort auf den Mund, vom Feuer zum Wort dessen, der spricht. Wir entdeckten, daß es da einen hübschen Kreislauf gibt. Wir sagen also: »Gut, wir machen Feuer an den Ecken«, und fangen an, Feuer an den Ecken zu machen. Es war ja leicht, Holz zu kriegen, alte Bretter von den Häusern, oder wir kauften welches. In den Stadtteilen kochen die

Leute alle mit Holz, da gibt es dann immer ein paar Häuser, in denen Holz verkauft wird, für fünf Pesos gibt es schon mehrere Scheite - vielleicht einen halben Meter oder einen Meter lang. »Heute Versammlung mit Feuer«, sagten wir. Dann kamen unsere Aktivisten, fünf oder zehn Aktivisten von der Universität zu Anfang - im Sommer, denn im Winter regnete es. Wir brachten einen Kanister Benzin mit, schichteten das Holz auf und zündeten es in den dunklen Stadtteilen an. Dann fingen wir an, um das Feuer herum zu rufen: »Einigkeit macht stark! Einigkeit macht stark!« Oder riefen die Parolen, wegen derer wir uns da versammelten. »Freiheit für Chico Ramírez und Efraín Nortalwalton ...« Genau, da führten wir die Feuer ein, in der Kampagne für die Freiheit von Chico Ramírez, der jetzt Guerrilla-Kommandant ist und Efraín Nortalwalton, einProfessor aus El Salvador.
Wir sahen dann, wie beim Entzünden der Feuer in diesen dunklen Stadtteilen die Leute über die kleinen Kieferhecken sprangen, die die Grundstücke nach der Straße hin begrenzten, aus den Hinterhöfen herauskamen, quer über die baumbewachsenen Abhänge liefen ... und du sahst, wie die Leute durch ihre Gartentore aus Holz auf die Straße kamen, durch die Stacheldrahtzäune, die manchmal die Grenze dessen markieren, was zu einem Häuschen gehört; du sahst sie aus den Häusern kommen oder schon auf der Straße gehen. Aus allen Ecken des Viertels kamen sie zwischen den Häusern heraus, zwischen den Höfen und über die Straßen und Einfahrten strebten sie langsam auf die Ecke zu und blieben in einiger Entfernung von den Rednern stehen.
Die Leute strömten also langsam zusammen und blieben am Rande stehen, nicht weit von uns. Dann riefen wir, sie sollten doch näher kommen, und die Kinder waren damals die ersten, die kamen, die kleinen Buben und Mädchen, und sie waren auch die ersten, die Parolen schrien. Die Straßenkinder machten Sprechchöre mit uns. Wir wußten, daß man die Parolen umso besser hören konnte, je größer der Chor wurde, aber wir wußten auch, daß es alles nur Halbwüchsige waren. Wir haben sie dort am Anfang etwas unterschätzt und ihnen damals nicht so viel Wichtigkeit beigemessen, auch wenn wir uns dann in ihrer Gesellschaft doch nicht so ganz allein und verlassen vorkamen ... Wenigstens die Kinder von der Straße waren da und leisteten uns ein bißchen Gesellschaft.

Aber dann kam auch mal ein Arbeiter, der in der Gewerkschaft war und ein gewisses Interesse mitbrachte – die schwachen Gewerkschaften der Handwerker, die kleinen Gewerkschaften von León. Oder es kam vielleicht eine Marktfrau, der Markt war eine ziemlich kämpferische Ecke. Oder es kam ein Student, der in diesem Randbezirk lebte und sich zu uns gesellte ... Wir begannen mit Sprechchören. Sobald sich erstmal ein paar Leute zusammen gefunden hatten, dann kamen sie auch näher, sammelten sich dichter. Und die Leute betrachteten immer das Feuer und sahen uns an. Wir fingen an zu reden und versuchten, jeden einzelnen anzusehen, wenn wir sprachen, als wollten wir ihnen gleich ins Gehirn legen, was wir sagten. Mehr noch: Da es für uns keine Form gab, mit ihnen organisiert in Verbindung zu treten, die Leute kennenzulernen, sie zu überzeugen, zu überreden, sie dazu zu bringen, sich zu wehren, versuchten wir in den wenigen Minuten, in denen wir mit ihnen über das Feuer in Kontakt getreten waren, unsere Überzeugungsfähigkeit aufs äußerste zu steigern. Und langsam kamen mehr Leute heran und noch mehr Leute, noch mehr ... Und das Holz ging zu Ende, und wir ließen mehr Holz herbeiholen. Und die Holzscheite verbrannten, und die Leute hörten uns weiter zu und hörten und hörten ...

Die Feuer wurden von Zeit zu Zeit wiederholt, dann halfen dir die Leute aus den Nachbarhäusern schon beim Aufschichten, die Feuerstelle zu machen, die kleinen Türmchen, die wir aus dem Holz bauten, um es anzuzünden. Und wir machten weiter, es kamen immer mehr Leute; da wurde viel Feuer gemacht ...

Und später hatten die Leute schon selbst Holz, gaben uns Holz aus ihrem Haus, oder wenn sie alte Reifen hatten, brachten sie die auch oder Holz, das irgendwo im Hof herumlag. Und wenn uns das Benzin ausging und wir nicht anzünden konnten, weil das Holz grün war, schenkten sie uns neues Benzin. Na gut, die Feuer wurden dann überall in den Stadtteilen gemacht und bekamen allmählich subversiven Charakter. Das Feuer nahm einen subversiven Charakter an, weil alle Oppositionellen, alle Anti-Somozisten, alle Pro-Sandisten sich um das Feuer versammelten. Damals war das Feuer gleichbedeutend mit Subversion, es war das Symbol politischer Agitation, revolutionärer Ideen, die von den Studenten in die Vorstädte gebracht worden waren. Die Feuer waren Feinde der *Guardia*. Die *Guardia* haßte die Feuer, denn die Feuer brach-

ten die Leute zusammen. Das Feuer ruft zusammen, integriert und vereinigt, als gäbe das Feuer dir Mut, als fühltest du dich durch das Feuer geschützt und stärker. Als würden dir die Flammen Gesellschaft leisten. So ein Gefühl ist das ungefähr ...
Klar – das Feuer wuchs an und wurde zu einer offenen Herausforderung, einer öffentlichen Verschwörung. Das Feuer wurde zum Schrei, wurde zur Parole, einer Parole, die lauter wurde, je mehr sich die Feuer ausbreiteten und sich die Massen um unsere Führer sammelten. Sie identifizierten sich immer stärker mit ihnen und wurden immer zahlreicher. Es gab zehn, fünfzehn, 20, 30, 50, 100 Feuer in der Stadt. Glücklicherweise sagte später, als sich die Organisation entwickelte und die Stadtteilarbeit sich ausweitete, die *Frente:* Gut, jetzt übernehmen wir das selbst. Schon machen nämlich nicht mehr die Studenten die Feuer, sondern die Leute aus jedem Stadtteil zünden mit der Zeit ihre eigenen Feuer an. Es war so, daß sie am Tag ausgebeutet wurden und sich in der Nacht wehrten. Tagsüber arbeiteten sie, und nachts protestierten sie und schrien. Und das Feuer ließ diese Schreie nicht verstummen, sondern gab ihnen Leben.

Als ich dann in die Berge ging, waren es also nicht nur die marschierenden Indios, die ich hinter mir hatte, sondern auch die brennenden Feuer, die lodernden Flammen in allen Stadtteilen. Flammen der Konspiration, der Rebellion, die mich begleiteten. Es war ein Volk in Flammen, das später zu einem Volk in Waffen wurde, das aber anfing als ein Volk in Flammen.
Das heißt, ich ging nicht allein in die Berge, sondern ich ging mit dem großen Gefühl der Gemeinschaft. Am Anfang waren wir ja wirklich allein gewesen, nur wir allein schrien und der Haufen Kinder. In solchen Augenblicken fühlten wir uns dann sehr allein, uns begleitete nur die Erinnerung an unsere Toten, die gab uns viel Leben. Es war schwierig für uns, eine Verständigung mit den Leuten zu finden.
Es gab doch keine organisatorische Verbindung, es gab noch keine ideologische und keine politische Verbindung, sondern unsere Worte waren für sie eine Mischung von Gefahr und Erwartung, fremdartig und furchterregend. Deswegen habe ich gesagt, mußten wir viel Überredungskunst entwickeln. Ich habe damals eine Entdeckung gemacht, ich meine eine persönliche politische Ent-

deckung – ich behaupte ja nicht, daß ich das heiße Wasser erfunden habe: Ich habe entdeckt, daß die Sprache identifiziert. Für mich selbst habe ich entdeckt, daß die Sprache verbindet.
Ich ging die Gesichter aller Leute durch, die in unserer Umgebung standen, sah die Arbeiter mit ihren Kappen, die weder ja noch nein sagten, es waren irgendwie undurchdringliche, unpersönliche Gesichter. Oft hatten wir das Gefühl, wir würden nichts ausrichten, die Leute würden uns nicht verstehen, es wäre ihnen nicht so wichtig. Und du willst den Leuten das, was du gerade sagst, unbedingt um jeden Preis und mit Gewalt einhämmern, aber es geht nicht. Das war doch der Haken am Anfang, diese fehlende Kommunikation. Und wenn dann noch dazu die *Guardia* kam und sie einmachte, uns einmachte, alle zusammen einmachte ... Ich weiß noch, wie ich einmal beim Reden angefangen habe zu schimpfen und dann ... ha ha ha ... die Leute haben sich angesehen, sich verständigt, unter ihnen gab es ja eine Verständigungsebene, sie haben gelacht, aber sie haben über etwas gelacht, was ich gesagt hatte. Daran merkte ich, daß ich mich verständlich gemacht hatte. Und das ist ein sehr wichtiges Element, ich entdeckte mit der Zeit, daß ein Schimpfwort oder ein unanständiges Wort im richtigen Moment politisch einen ganz explosiven Gehalt haben kann und gut ankommt. In einen Stadtteil zu kommen und von der historischen Tendenz zu reden ist nicht dasselbe, wie ihnen zu erzählen, daß die Reichen das Geld, das sie hier aus ihnen herausholen, nach Europa zu den Nutten tragen. Das Volk erkennt sich mit der Zeit wieder, denn wir helfen dem Volk, sich seiner Lage bewußt zu werden.
Dieser Krieg kostete also nicht nur eine Menge Patronen, eine Menge Feuer, eine Menge *compañeros,* sondern es wurden auch Millionen von Flüchen gebraucht, Flüche, die Wut, Haß, Hoffnung und Entschlossenheit verbanden, Millionen und Abermillionen von lebendigen Flüchen; das Arschloch kriegte politische Bedeutung oder der Scheißkerl ...
Deshalb wiederhole ich es nochmal: Als ich in die Berge ging, wußte ich, daß ich nicht allein ging. Ich hatte ein Gefühl der Gemeinschaft, zusammen zu sein mit Tausenden von Leuten aus Subtiava, mit Arbeitern aus den Stadtteilen von León und mit den Feuern. Das heißt, mich begleitete ein kollektive Herausforderung, die ich in die Massen getragen hatte, ich ging zusammen mit

Millionen von Flüchen, die den Haß der Massen ausdrückten und die Wünsche der Massen, Flüche mit politischem Inhalt, denn sie riefen: »Wohin gehen die Armen? An die Macht! An die Macht! Wohin reiten die Reichen? In die Scheiße! In die Scheiße!« Dann fängt all diese riesige Scheiße, die aus dem Armenviertel hervorquillt, langsam an, die Bourgeoisie zu ersäufen.

Deshalb ging ich mit einem grenzenlosen Vertrauen in die Berge. Nicht nur wegen der romantischen Gefühle bei diesem Marsch, von dem ich dir erzählt habe, sondern weil dahinter eine politische Praxis stand, eine organisierte Praxis, eine Praxis des Kampfes – in diesem Fall des Straßenkampfes – und der Mobilisierung der Massen.

VII

Als ich in die Berge ging, ging ich mit einer sehr hohen Moral, sozusagen vollgetankt mit allem, was ich bisher berichtet habe, denn hinter mir blieb viel politische Arbeit zurück; auf der anderen Seite empfand ich eine innere Befriedigung darüber, daß ich zu den Bränden, die in den Städten mit der Zeit immer heller aufleuchteten, meinen kleinen Funken beigetragen hatte.

Das war wichtig für mich, um nicht gleich am Anfang beim Marsch in die Berge schon daran zu denken, ob ich nicht besser desertiere, denn der Schock, den du kriegst, wenn du plötzlich von einer Umgebung in die andere kommst und vor allem, wenn du physisch nicht darauf vorbereitet bist, ist schon gewaltig. Ich würde sagen, wir waren auch psychisch nicht darauf vorbereitet, denn selbst wenn wir das Tagebuch vom Che und Schriften über Vietnam und über die chinesische Revolution gelesen hatten oder eine Reihe von Berichten über die Guerrilla-Bewegungen in Lateinamerika und anderswo: Unsere Vorstellungen davon waren sehr allgemein; wir wußten nicht konkret, was das war. Als sie uns dann dort hinschickten, setzten sie uns am ersten Tag auf einem kleinen Landgut ab, kurz vor Matagalpa, das einem *compañero* gehörte, der mit der FSLN zusammenarbeitete, ich glaube es war Argüello Pravia, der in der Aktion vom 27. Dezember befreit worden ist.

Juan de Dios Muñoz empfängt uns und bringt uns in ein kleines Haus. So weit fuhr nämlich das Auto, das uns hinbrachte. Am Steuer saß Cuqui Carrión. Für mich war es eine große Überraschung, Cuqui Carrión am Steuer des Wagens zu erkennen. Bevor wir León verließen, hatten sie uns alle zu einem Haus im Stadtteil San Felipe in ein paar neue Studentenzimmer gebracht. Sie fuhren uns am Nachmittag hin. Am nächsten Tag früh morgens erschien ein roter Jeep, Toyota oder Nissan, um uns abzuholen. Sie klopften an die Tür, wir luden unsere Säcke auf und stiegen hinten ein: Iván Gutiérrez, Aquiles Reyes Luna, Denis Palma und ich; es war ein kühler Morgen, vielleicht drei Uhr früh, das erste Mal, daß ich in ein Untergrund-Auto stieg. Ich war gespannt darauf, wer uns fahren würde.
Wir hatten die Nacht über nicht geschlafen und darauf gewartet, daß es drei Uhr wurde. Wer hätte da schlafen können! Bei der Spannung ... wir schwätzten, sahen uns an, stellten Berechnungen an, wieviel Zeit wir brauchen würden bis zum Sieg, ob vier oder fünf Jahre, und dann gab jeder seine nationale und internationale Analyse ab um zu begründen, daß es fünf Jahre dauern würde oder zehn Jahre. Schließlich klopft es an die Tür, ein *compañero* macht auf, und wir laden die Säcke ein. Ich erkenne Pedro Aráuz Palacios, der aus- und wieder einsteigt. Der Fahrer steigt nicht aus und dreht sich auch nicht um, sondern sieht starr geradeaus. Er bleibt undurchdringlich und ernst, der Hund. Es war dunkel und obwohl – glaube ich – an der Ecke eine Laterne stand, reichte ihr Schein nicht ganz bis zu uns, ich konnte den Mann am Steuer nicht erkennen; er trug eine schwarze oder braune Jacke, glaube ich, ich weiß nicht mehr genau, aus Stoff oder aus Leder und einen Blauhelm wie ein Arbeiter, wie ein Bergmann und irgendein Tuch um den Hals. Ich wollte ihn nicht direkt ansehen wegen dieser Abschottung, obwohl ich eigentlich Lust hatte, denn ich ging in die Berge, aber die Erziehung war stärker, denn sowas ist nicht richtig; auch wenn du weißt, daß es niemand merkt, wenn du hinsiehst, es ist eine Sache, die man verinnerlicht hat, eine Frage der Selbstkontrolle, der Disziplin.
Und dann, nach einer Weile, wird es hell, wir fahren nämlich erst noch nach Chinandega, um einen der Illegalen dort abzusetzen, und Federico fängt an mit ihm zu sprechen. Ich weiß noch, daß wir unterwegs angefangen hatten zu singen, Lieder, als wenn wir uns

Mut machen wollten; nicht daß wir uns demoralisiert fühlten, ganz im Gegenteil, unsere Moral war hoch. Wir brachen zu einem Unternehmen auf, von dem wir sicher waren, daß es siegen würde. Wir wußten nur nicht, wer von uns diesen Sieg erleben würde, und später sind wirklich einige von denen, die dort mitfuhren, umgekommen.
Die Frage stellte sich jedem einzelnen von uns, als wir da schweigend im Auto saßen. Nacht ... niemand sieht dein Gesicht, niemand weiß, was du gerade denkst, du wehrst die Frage ab, weil du weißt, daß das hier kein Film ist, so ein Film, in dem nachher alle Schauspieler, die mitgespielt haben im Schlußbild nochmal dabei sind, auch die toten. Im Gegenteil, wir wußten, daß manche von uns nicht wiederkommen würden. Und wir wußten natürlich auch nicht, wie lange der Film dauern würde. Also sangen wir beim Fahren, wir sangen fröhlich, aber – ich weiß nicht – das Singen war nicht ganz spontan. Es war, als wollten wir uns am Text der Lieder festhalten und uns einen Schubs nach vorn geben, um nicht in solche Gedanken zu versinken. Plötzlich sehe ich, wie Federico anfängt, mit dem Fahrer zu reden, und da erkenne ich ihn natürlich, es wird langsam hell, ich sehe, daß es Cuqui Carrión ist, heute Comandante-Guerrillero, der später bei der Aktion vom 27. Dezember mitgemacht hat. Ich war platt, denn Javier Carrión war ein bourgeoiser Typ gewesen, den ich kennengelernt hatte, weil er zum Freundeskreis von Claudia gehörte. Er war eng mit Tito Castillo befreundet, dem jetzigen Justizminister. Ich hatte sie beide in der Wohnung kennengelernt, die sie zusammen in León gemietet hatten. Claudia und ich schliefen dort manchmal zusammen, wenn Cuqui uns dafür die Wohnung zur Verfügung stellte. Damals hielten wir sie für sehr oberflächlich, einige von ihnen konnten nichts für sich behalten. Ich lernte sie dann besser kennen, sie fingen an, Interesse zu zeigen, stellten mir viele Fragen und statt Schulung zu machen, verbrachten wir Stunden und Stunden damit zu reden. Sie waren sehr bürgerlich, hatten viel Geld, waren vielleicht keine Millionäre, aber hatten Geld. Einige von den Leuten entwickelten sich aber langsam, hörten plötzlich auf herumzuschwätzen, beteiligten sich an den Aktionen der CUUN und wurden mit der Zeit ernsthafter, ohne dabei ihre Fröhlichkeit zu verlieren, aber sie zeigten mehr Verantwortungsbewußtsein, sogar im Studium; deshalb war ich erstaunt ... ach so ...

denn vorher hatten sie mir gesagt, ich sollte nicht mehr in ihre Wohnung kommen, um mich mit Claudia zu treffen; da hatte ich schon gedacht, sie brauchen die Wohnung jetzt für Versammlungen der *Frente* oder sowas, und so war es auch wirklich. Aber da war Cuqui schon Fahrer von Pedro Aráuz Palacios im Untergrund und durfte sich nicht verraten. Sie ließen ihn auch nicht mehr an den Aktivitäten der CUUN teilnehmen. Ich hatte schon gedacht, Cuqui wäre abgehauen, hätte keine Lust mehr, wollte nicht weiterkämpfen, was weiß ich; da freute ich mich natürlich riesig zu sehen, daß er nun dabei war.

Gut, es wurde hell, und wir kamen schon gegen halb sechs morgens zu dem kleinen Landgut, von dem ich eben gesprochen habe außerhalb von Matagalpa. Dort verbrachten wir den ganzen Tag, ich weiß noch, daß wir ein Huhn gegessen haben. In der Nacht kamen sie uns abholen, ich glaube, es war wieder ein Jeep, ich weiß es nicht mehr genau, ein Jeep oder ein Lieferwagen. Wir wußten nicht, wo wir hinfuhren, nur daß es in die Berge ging, erst durch Matagalpa, dann weiter auf einer Asphaltstraße, ich weiß nicht mehr genau, vielleicht war es die Straße nach Jinotega; dann bogen wir in einen Feldweg ein. Das war schon ein recht gefährliches Stück, denn wir kamen langsam in eine Gegend, in der die Guerrilla seit jeher aktiv war, und auch wenn man nicht viel von der Überwachung merkte, weil wenig aufflog, so gab es doch viele Spitzel und ein paar Straßensperren des Feindes; aber die *compañeros* hatten die Gegend schon gesäubert; daß heißt, sie schickten immer ein Fahrzeug voraus um zu sehen, ob Straßensperren da waren, und erst wenn das zurück war, fuhr unser Auto los.

Es war eine Fahrt von etwa drei Stunden im Jeep, wieder bei Nacht. Wir hatten seit dem Vortrag nicht mehr geschlafen und auch den Tag über nicht, wir fahren bei Nacht los. Der Weg ist schlecht, wir sehen, daß es bergig ist, Abhänge gibt es, Steigungen, Gefälle, schlechtes Gelände, Pfützen und Schlaglöcher, ein paar kleine Hütten, in denen wir das Herdfeuer sehen, denn es gibt dort kein elektrisches Licht. Von Zeit zu Zeit begegnet uns ein Fahrzeug. Wir fühlten uns, als würden wir in ein Geheimnis eindringen, denn wir wußten nicht, ab wann wir marschieren mußten. Wir fragten auch nicht, das hatten wir gelernt, wir wußten nicht, ob wir in die Berge fuhren, ob wir zu einem Haus fuhren, nichts. Nicht, wer uns dort erwarten würde. Und die Waffen ... und ob sie

Uniform tragen ... und unsere ganze Neugier ... Aber man macht das mit sich im Stillen aus. Jetzt tragen wir die Waffen schon offen, wir tragen die Pistolen sichtbar. Plötzlich hält das Auto an, der Genosse Juancito, Juan de Dios Muñoz, pfeift, und es kommt ein Bauer heraus, ein typischer Bauer aus dem Norden; ich hatte solche Bauern schon ein bißchen kennengelernt, als ich ein kleiner Junge war und in die Ferien zu meinem Onkel Victor fuhr. Deshalb kam mir dies Gesicht schon bekannt vor, dieser Typ von Bauer, denn es ist nicht derselbe Bauer wie in León. Er ist anders, ich weiß nicht, wieso. Mit dem kleinen Hut, wie sie ihn im Norden aufhaben, schlechten Zähnen, es war halb dunkel, man konnte nicht viel sehen, denn die Scheinwerfer des Autos waren nicht an, der Mond schien, Halbmond, er stand tief. Aber da es regnete und auch unterwegs geregnet hatte, konnte man nichts richtig erkennen. Jedenfalls sollten wir alle zusammen aussteigen. Wir stellen das Auto etwas abseits von der Straße hin, holen alles heraus und bringen es in das Haus. Irgendjemand steht auf, Kinder fangen an zu weinen. Es war vielleicht 11 Uhr abends. Und dann sagt uns ein Bauer: »Legt euch hier schlafen, auf den Boden.« Da waren nur ein paar Bretter. Wir bauten die Taschenlampen zusammen, machten Lärm, und Juancito sagte: »Psst, macht keinen Lärm!« – aber wir machten doch gar keinen Lärm! Aber er bestand trotzdem darauf. Das war für uns kein Lärm; aber es war Lärm, denn in der Nähe standen ein paar Häuser, und wenn damals zu so einer Tageszeit Lärm im Haus eines Bauern war, oder wenn eine Stimme ertönte, die nicht den Akzent des Bauern hatte, war das tödlich, denn das hieß, hier gehen Guerrilleros aus und ein, hieß, es kommen merkwürdige Leute in der Nacht, irgendsowas. Damals hatten wir keinen Sinn dafür, wie sehr man auch das kleinste Geräusch schon hört, die Gefährlichkeit von Geräuschen, von jedem Geräusch, von einem Schlag, einem metallischen Gegenstand, einer Plastiktüte, einem Sack, irgend etwas ... Also gut, wir machen die Taschenlampen an und suchen mit den Taschenlampen, wo wir uns hinlegen können, einer nimmt die Taschenlampe und leuchtet nach oben, dann nach der Seite, das Licht dringt durch die Ritzen der Häuser, denn die Häuser haben Ritzen zwischen den Brettern. Was denkt sich wohl ein Bauer, wenn er im Haus seines Nachbarn das Licht von vier oder fünf Taschenlampen sieht, wo der Bauer selbst mit knapper Not eine einzige hat? »Aber *compañero,* das ist doch nur eine Taschenlampe ...« »Mach sie aus, mach sie aus!«, als ob er mit der Kehle spricht. »Halt die nicht so, wenn sie an ist, nimm sie so, nach unten« - und er erklärt uns, wie man eine Taschenlampe hält. Man greift über das Glas ... so hält man die Taschenlampe, und man benutzt nur den Lichtstrahl, der zwischen den Fingern durchdringt. Na gut, damit haben sie uns völlig nervös gemacht. Und später hörten wir Geräusche, das waren Tiere, Kühe. Und wir merkten, daß Juancito auch sehr nervös war, vielleicht weil er wußte, wer wir waren, einige der wichtigsten Führer der Studentenbewegung, der FER, und wir kannten Juancito auch schon, er wußte, wer ich war. Das lastete wohl etwas auf ihm. »Schlaft, wir müssen morgen früh raus«, sagte uns Juancito schließlich. Das Haus lag an einem Weg, auf dem Weg ging es in die Berge, er führte durch ein Tal, in dem Häuser standen, und wir mußten ganz früh aufbrechen, um an dem bewohnten Gebiet vorbeizukommen, und dann durch die Berge zu laufen oder auf Wegen, Schneisen, Pfaden und so. Wir schliefen wieder nicht, wie sollten wir da schlafen mit dieser entsetzlichen Spannung, mit einer Waffe, die man nicht einmal bedienen konnte. Ich hatte einen großen Revolver ... so groß ... der hat mich gedrückt und gescheuert, das Scheißding, wenn ich ihn hier so reingesteckt habe. Ich war doch ganz dürr, der verfluchte Revolver hat mir überall die Knochen zerstoßen. So um vier Uhr morgens, ganz leise: »Aufwachen, *compañeros,* aufwachen, seid leise ...«, wir öffnen die dicken Plastiktüten, die machen Lärm, man muß sie ganz langsam aufmachen, vier oder fünf Plastiktüten krr – krr– krr ..., das hört man, auf dem Weg, im Nachbarhaus. Wir verstauen die Sachen, die wir herausgenommen haben ... »Und verwahrt die Taschenlampen gut, dreht die Batterien um, denn die Lampe öffnet sich manchmal oder geht von selbst an, weil der Schalter scheuert und nach vorn rutscht, dann geht das Birnchen an.« Wir packen alles ein, nehmen den Sack, machen eine Schnur darum und gehen. Wir sind, glaube ich, zu fünft. Und da genau fängt für mich der Leidensweg an, beim Verlassen des Hauses. Da beginnt ein neuer Lebensabschnitt für meinen Körper, für meine Überzeugungen, für die Entwicklung meiner Persönlichkeit, für alles, für meine Reife, für alles, alles. Denn von da an sollte ich eine Reihe von Gefühlen kennenlernen, die jeder Mensch in solchen Umständen erlebt, von den schönsten bis zu den erbärmlichsten Gefühlen. Und das erste, was uns der Bauer sagt: »Gehen wir, ohne Lärm zu machen.« Und ich sehe, daß der Bauer in einem wildwuchernden, dichten Wald verschwindet, wo kein Durchkommen ist; da sage ich mir: Mal sehen, was er aus diesem Wald hervorholt, denn ich war der, der hinter ihm ging. Es geht nicht weiter. Der Bauer kommt nicht zurück, und da ist der dichte Wald, wo man nicht weiterkommt, er hat mir nicht gesagt, ich soll auf ihn warten, aber ich bleibe doch halb stehen und warte auf ihn. Man konnte nicht weitergehen, aber der Mann kam nicht zurück ... »Und der *compañero?«* »Ich weiß nicht, der ist da reingegangen ... Er ist nicht wieder rausgekommen.« Für mich ist es eine Mauer, ein großes Hindernis, ich kneife die Augen zusammen und sehe ihn nicht. »Er ist doch wohl nicht da drinnen verschwunden und du bleibst hier stehen.« »Ich, ich glaube, man kommt da nicht weiter.« »Mach keinen Scheiß, komm da raus ...« Ich mache mich langsam ran, sehe ihn nicht. Aber kann denn das sein, daß wir durch diesen Wald gehen sollen, wenn man da nicht durchkommt? Das kann nicht sein, sage ich mir. Wo sollen wir da laufen? Es ist unheimlich schwierig, ich gehe weiter, biege die Zweige auseinander, wo er verschwunden ist, dann sehe ich, daß da ein kleiner Durchschlupf ist. Knüppeldichter Wald, Wald oben, Wald an der Seite, Wald unten. Ich bin im Wald. So ist das also, diese Scheiße hier. Scheiße habe ich gesagt. Und jetzt habe ich ihn verloren, weil er weggegangen ist, aber er geht in die Berge, habe ich gesagt, dahin will er uns doch mitnehmen, verdammte Scheiße! Dann fing ich an, schneller zu laufen, aber ich fiel immerfort hin, und der Sack, den trug ich so auf der Schulter, und der blieb mir in dieser Scheiße immer hängen, und dann fiel er nach hinten runter. Ich nannte mich Eugenio. »Warte, Eugenio!« Wir machten schließlich einen riesigen Lärm. Wir waren alle ganz aufgeregt, weil ich den Mann nicht mehr sah. Verdammt, und ich hatte ihn verloren, er war mir weggelaufen, weil ich geglaubt hatte, daß wir da nicht durchgehen würden. Ich dachte, wir würden einen Weg entlang gehen. Ich verstand nicht, was das war, die Berge, denn man ging mitten im Busch, im dichtwuchernden Busch, dem beschissenen ... Kannst du dir das vorstellen? Ich verstand das einfach nicht. Einer fiel hin, verhedderte sich, ein anderer zog sich den Schuh aus. Und alles dunkel und feucht. Und die Kälte. Das sind die Berge im Norden. Es war ein

Scheißgestrüpp, das da wuchs, Gestrüpp im niedrigen Wald, so hoch wie ein zweistöckiges Haus, aber nicht mehr die riesigen Bäume sondern dichter Bewuchs, wo der Hochwald schon einmal gerodet worden ist ... Dünne Bäume, höher als ein Haus und alle Sorten von Schlingpflanzen, ein Gewirr von niedrigem Gras, von hohem Gras, allen Arten von Sträuchern, alles grün, ja. Da muß man sich ins Grüne stürzen, so wie man sich ins Wasser stürzt und das Wasser zerteilt, so springt man da ins Grün, in die Vegetation oder wie man beim Laufen die Luft verdrängt, so verdrängt man da das Grün.

Und der Bauer, der geht natürlich da rein und weg ist er, verschwindet da drinnen und wir, wir reden. »Verdammte Scheiße, verfluchte ...«, schon bin ich hängengeblieben, und der Sack hat sich mir verheddert, ich ziehe und falle mit dem Sack hin und bin von vorher schon ziemlich naß, ich packe ihn und lege ihn mir wieder über die Schulter, schon reiße ich mir den Hals auf, dann wird mir die eine Schulter müde, und ich lege ihn auf die andere und will den Berg hoch steigen ... und sage mir, wie ist nur dieser Kerl hier hochgekommen? Aber wie will ich mit dem Sack den Berg hoch, wenn ich die Hände voll habe? Dann wußte ich nicht, ob ich den Sack festhalten oder ihn wegschmeißen sollte, um hochzukommen, da rutscht er mir weg. Also ... das darf doch nicht wahr sein ... Ich packe ihn und benutze die eine Hand zum Klettern, er rutscht mir weg ... Ein Kampf, um 30 Meter mit dem Sack hochzukommen. Und dieser Saukerl ... Aber ich konnte nicht hören, wo er war. Und wir fangen an zu reden: »Du, ich glaube, er ist nicht hier.« »Eugenio, Eugenio, du hast dich verirrt!« »Ich glaube, der Mann ist nicht hier ...« »Eugenio, ist der nicht vielleicht da hinten?« »Nein, hier, wenn ich ihn doch hier gesehen habe ...« »Du, was weißt du schon, kennst du dich vielleicht im Wald aus? »Mann, ich finde das ...« »Auf, auf!« »... Ach ja, anscheinend ist er da lang gegangen ...« Die Spur da war unübersehbar. Da kommt plötzlich der Bauer zurück, wütend aber voller Respekt vor den Leuten aus der Stadt: »*Compañeros,* bis da hinten höre ich euer Geschrei.« Auch wenn ich ihn nicht mehr sehen konnte, so konnte er uns doch immer noch hören. Er hörte uns von ganz weit vorn, er hatte Erfahrung. Er hörte die Geräusche, die Schreie, die Auseinandersetzungen. Denn ganz am Anfang haben wir den Verstand und die Fassung verloren, wir waren noch keine zweihundert

Meter gegangen, da sprachen wir schon in einem Ton, mit dem wir noch nie miteinander geredet hatten, noch nicht einmal, wenn wir uns bei den Schulungsgruppen in der Zelle der *Frente* kritisiert haben, sondern eher so, wie wenn man sich mit seinen kleineren Brüdern streitet, als Kind: »Mach keinen Scheiß ...« »Hau ab!« – Ja ... Und der Bauer kommt zurück: »*Compañeros,* ihr macht viel Lärm beim Gehen ... Und beeilt euch, sonst wird es hier hell, und die *Guardia* sieht uns und bringt uns um.« Wir sollten uns beeilen! Als ob wir dann gelaufen kämen, wir irrten doch irgendwie hinter ihm her. Dann spürten wir langsam die kalte Feuchtigkeit und marschierten etwa zwei Stunden lang äußerst beschwerlich.
Wir hatten an den Händen lauter kleine blutige Kratzer, es blutete nicht stark, man sah aber doch Blut an den Händen, die Brennesseln hatten uns schon verbrannt ... Dieser Scheißbauer ist völlig gefühllos, dachte ich. Du machtest so mit der Hand, und schon hattest du die Brennesseln im Gesicht, dann wußtest du nicht, ob du den Sack fallen lassen oder trotz der Brennesseln weitergehen solltest, und das zwei Stunden lang, rauf und runter, und dann kriegten wir plötzlich einen großen Schrecken: Da gab es kleine Wasseradern, Quellen oder kleine Gräben voll Wasser, nur daß ich sie nicht gesehen hatte und – plums – war ich drin ... Aber da gehts doch weiter, dachte ich. Ein Graben von einem halben Meter und ich mitten drin. Man sieht in den Bergen nichts. Am Anfang ist alles dunkel, bis du Augen kriegst wie eine Katze und langsam lernst, die Schatten zu unterscheiden, bis du merkst, wie das Gelände ist, die Bodenbeschaffenheit unterscheiden lernst; am Anfang sieht alles gleich aus. Wir liefen da durch die Gräben bis zu den Waden im Wasser. Ich wußte nicht, ob ich stehen bleiben sollte, um mir das Wasser aus den Stiefeln zu kippen oder was. »Hier, du, das Wasser ...« »Nein Leute, wir müssen uns beeilen, damit sie uns nicht abhängen.« Für mich war das einfach unnormal da weiterzugehen, ohne das Wasser aus den Schuhen zu schütten; meine Zehennägel waren zu lang, so daß ich mit ihnen an den nassen Socken hängenblieb, das war lästig beim Gehen, und die Nägel taten mir weh. Schließlich machten wir Halt. Sind wir jetzt endlich am Lager angekommen, dachte ich: Ich hatte nicht die leiseste Ahnung. Ich meinte, wir wären schon wer weiß wie lange unterwegs, wir waren vielleicht drei Stunden ohne Unterbrechung marschiert. Wie weit marschiert man in drei Stun-

den? Ich ging bei meiner Berechnung davon aus, wieweit wir auf der Straße von León nach Managua gegangen wären, und weil es dort flach ist und hier nicht, dachte ich, wir wären vielleicht 20 Kilometer marschiert.
»Wir halten hier an und warten, bis es Tag wird.« Es wurde schon hell. »Sag mal, *compañero,* um wieviel Uhr kommen wir dann an?« »Na ja, je nachdem, wie ihr marschiert, wenn wir uns beeilen, sind wir in drei Tagen da ...« »Was«, sagen wir, »drei Tage bis zum ersten Lager der *compañeros?«* »Das ist kein richtiges Lager, da ist nur Silvestre oder Faustino.« Das war Valdivia. Er war dort, weil er in dieser Gegend arbeitete. Er hatte ein winzig kleines Lager, in dem er sich versteckte, um in dem Tal zu arbeiten. Da war er mit vielleicht drei Genossen und arbeitete mit Aurelio Carrasco; Edwin Cordero, der Mann von Raquel, war mit ihm zusammen, Jorge der Bäcker und noch zwei Bauern. Bei uns war unter anderen Iván Gutiérrez und Aquiles Reyes. »Die Sache ist die ... verdammter Scheißdreck ... weißt du, *compañero ...«,* sagte ich und redete so herum und versuchte aufgrund meines intellektuellen Niveaus, Informationen aus dem Bauern herauszuholen, ohne daß er es merkte, daß ich etwas aus ihm herausholte, denn die Bauern sind pfiffig, außerdem mißtrauisch gegenüber den Städtern. Ich wollte mit dem ganzen Manöver von ihm erfahren, wann wir aus dieser Hölle herauskommen würden, in der wir marschierten, denn die Brennesseln machten mich fertig.
Als es hell wurde, war ich schon ziemlich verdreckt, naß, ganz naß und die Hände kaputt, und wir hatten Hunger, hatten zwei Nächte nicht geschlafen und vielleicht vierundzwanzig Stunden nichts gegessen, weil wir nicht einschätzen und uns nicht vorstellen konnten, was uns erwartete, sonst hätten wr uns nochmal kräftig satt gegessen. Wir machten am Rand von einem Wassergraben, der einen halben Meter breit war, Halt und ruhten uns aus. »Holt das Essen raus, wir wollen jetzt was essen«, sagte der Bauer. Aber niemand wollte essen. Der Magen war von der Spannung verkrampft. Dann sehe ich, wie er das Milchpulver, das wir mitgebracht haben, nimmt - Marke Lirio Blanco, das grüne von »Prolacsa« - wie er einen von den Töpfen herausholt, die alle schon ganz verbeult sind von den Stößen und Schlägen, die wir ihnen versetzt haben, sehe, wie er Zucker reintut - viel Zucker: Sie essen gern süß, wenn sie Zucker haben, - wie er sich ein Stöckchen

schneidet und es als Löffel zum Umrühren benutzt, wie er das Töpfchen bis obenhin mit Wasser füllt und die Milch umrührt und – schon hat er den ganzen großen Topf ausgetrunken! Und wir sehen und staunen, daß er den ganzen Topf ausgetrunken hat ... von der Größe ...ohne Übertreibung, bis oben hin voll; und weil unten noch etwas von dem Milchpulver klebt, das nicht richtig feucht geworden ist, kratzt er es mit dem Finger und dem Fingernagel aus der Ritze, ißt es und holt noch mit den Zähnen den letzten Rest Milchpulver unter den Fingernägeln vor. Verdammte Scheiße! sagten wir uns, der hat recht, denn die armen Bauern haben keine Milch zum Trinken, da soll der Bauer mal essen. Und wie wir ihn nach dem Weg fragen, sagt er: »Nein, von jetzt an gehen wir ein Stück weit auf einem Pfad, aber wir gehen in ungefähr 20 Meteren Abstand voneinander. Ich gehe voraus.« Hinter ihm gehe ich. Ich bleibe an ihm dran, denke ich, sonst bin ich verloren.

Dann marschieren wir los, aus dem Wald heraus; das Gelände, das schon einmal gerodet worden war, ließen wir hinter uns, und es fing eine andere Sorte von Wald an, nicht so wie der, den wir verlassen hatten, sondern ein Gebirge mit großen Bäumen, aber dicht, mit kleinen Bäumen aller Art dazwischen, unten Gräser und Büsche und jede Sorte Bewuchs, was du dir nur vorstellen kannst, dicht, daß du den Boden nicht siehst, und den Himmel siehst du auch nicht, denn es ist, als würden sich die Bäume oben küssen, und es regnete noch immer. Es hatte angefangen zu regnen, bevor wir aufbrachen, und ich verstand nicht, warum der Bauer ständig rummeckerte, wir sollten den Wald nicht kaputt machen. »*Compañero,* knick den Busch nicht ab.« »*Compañero,* schlag nicht gegen den Stamm.« Langsam glaubte ich, daß der Bauer das aus Liebe zur Natur machte. Grundsätzlich wollten wir ja auch die Natur schützen, denn wir waren gegen den ganzen Raubbau, den sie in León betrieben hatten und das daraus folgende Problem mit den Sandstürmen, wo sie, nur um Baumwolle anbauen zu können, den ganzen Westen des Landes gerodet hatten. Aber das kam mir dann doch übertrieben vor, daß einer in so einem Meer von Wald anfing zu sagen: »*Compañero,* schlag nicht mit der Machete.« Und als wir aufbrachen, ließ er uns in einer Reihe antreten, dann zur Seite gehen und fing an, mit der Machete und der Hand die Büsche wieder aufzurichten, die wir beim Hinsetzen

umgeknickt hatten und machte die Blätter wieder zurecht; und ich dachte schließlich, daß ihnen vielleicht der »Kater« Munguía beigebracht hatte, die Pflanzen zu schonen, weil sich der an Pflanzen begeistern konnte. Es war aber wegen der Spuren. Also gut, wir gingen bei regnerischem Wetter gegen 6 Uhr los, mehr als müde schon vom vielen Marschieren, meine Schultern waren völlig hinüber, die Hände taten mir weh von dem schweren Sack, es waren vielleicht zwölf Kilo. Wir gingen einen Pfad entlang, der durch die Berge führte, einen schlammigen Weg; da, wo die Pferde den Huf hinsetzen, hinterlassen sie eine Spur und von den vielen Maultieren und Pferden, die vorbeikamen, werden das Löcher, und zwischen einem Loch und dem nächsten bleibt ein Erdwulst stehen, wie kleine Haufen, da setzt man den Fuß hin, das ist im Winter völlig schlammig, ist Lehm, Lehmboden, lehmig, wir rutschen aus und – bums – fällst du auf den Arsch und stehst wieder auf, und der Sack ist dreckig; dann gehst du hin und versuchst, den Sack sauber zu machen, denn der Sack ist dreckig geworden und war ganz neu, aber wenn du den Dreck vom Sack abgewischt hast, woran machst du dir die Hände sauber? An einem Baumstamm? Du gehst noch einen Schritt weiter und fällst beinahe wieder hin, stützt dich mit der Hand auf und machst dich nochmal voll Schlamm. Dann fängt es an zu regnen, wir gehen weiter im Schlamm, denn wir können die Füße nicht fest auf die Wulste setzen, die ein Schlammloch vom nächsten trennen, außerdem sind die hochstehenden Stücke auch schlammig. Aber wenn du in den Spuren läufst, versinkst du bis zum Knie, und da wir Gummistiefel anhaben, die bis unters Knie gehen, fällt uns der Schlamm in die Stiefel. Du gehst im Schlamm, und der Sack ist vom vielen Runterfallen schon ganz schwer. Und später sagst du: Dann soll der Scheißsack eben so bleiben. Dabei lernt man, warum man in der Guerrilla nie den Sack sauber macht.
Ich hatte eine Flinte, einschüssig, so eine zum Knicken – klack – und dann tat man die Patrone rein. Meine ganze militärische Zierde bestand in dieser Flinte und dem Revolver, der mir schon die Haut aufgerissen hatte, ich hatte ihn dann auf die andere Seite gesteckt, weil er mich scheuerte, und mit dem Schweiß zusammen brannte das, also wechselte ich ihn um ... Und manchmal klemmte er sich mir zwischen die Rippen. Ich hatte ein großes Taschentuch mit, und in das Taschentuch hatte ich die Patronen

für die Flinte gesteckt, denn wir gingen noch ohne Patronengurt, und das Taschentuch hatte ich mir an die andere Seite des Gürtels gebunden. Ich hatte also meine Flinte und meinen Revolver und eine Handvoll Patronen dazu in der Tasche hinten in der Hose, in einer Hand trug ich die Flinte, denn sie hatte keinen Gewehrriemen zum Umhängen und in der anderen Hand den Sack; wenn ich müde wurde, wechselte ich die Hand mit dem Sack, denn er war das schwerste. Ich wußte nicht, wie zum Teufel ich damit laufen sollte; wenn man irgendwo hochsteigen und sich mit den Händen festhalten mußte, dann nahm ich manchmal die Flinte und den Sack in dieselbe Hand und hielt mich mit der anderen fest, das führte dazu,daß ich gewaltig hinflog, ich fiel auf die Patronen und tat mir wieder weh, und beim Weitergehen tust du dir noch mehr weh, immer mehr, bis ein Moment kommt, in dem du es körperlich nicht mehr aushälst, dein Körper hält das nicht mehr aus, tut überall weh; je weiter du gehst, desto müder wirst du und dir wird schwindelig, und dann kommt plötzlich etwas merkwürdiges, das mehrere von uns genau gleich erlebt haben: wir hörten so etwas wie das Geräusch einer Sirene – uiiiiii, uiiiiii, uiiiii . . . wie die Sirene von der Feuerwehr; aber es war gar keine Sirene da, wir gingen weiter und der Bauer vorneweg und dann der Kampf, nicht zurückzubleiben, weiter voranzukommen, und du fällst in den Dreck und plötzlich wischt du dir schon nicht mehr den Dreck ab, auch nicht an den Händen, und dann stütze ich die Flinte auf, um nicht hinzufallen, und die Flinte versinkt völlig im Schlamm, der Lauf der Flinte ganz voll Schlamm; oder wenn ich hinfiel, ging mir die Flinte auf, und die Patrone fiel heraus, und ich suchte sie und steckte die Hände in den Dreck und suchte die Patrone und nahm sie heraus und hatte schon nichts mehr, womit ich sie wieder saubermachen konnte, denn nichts an mir war noch sauber.
Ich stellte fest, daß mir die Patronen aus dem Taschentuch herausgefallen waren, sie müssen herausgefallen sein, denn ein Bauer hatte welche gefunden. Da sagt der *compañero:* »Geh, such diese Patronen wieder, denn das sind Spuren.« »Die sind im Schlamm versunken«, widersprach ich. »Nein, *compañero,* geh!« Das einzige, was ich nicht wollte, war, mich fünfzig Meter weit diesem verdammten Scheiß-Schlammhaufen auszusetzen, außerdem hatte ich überall Schmerzen, alles tat mir weh. Lieber wäre ich im Wald marschiert wie am Anfang. Stell dir vor, ich kam aus einem richti-

gen Alptraum heraus, und das war dieser Wald, wie muß dann der Schlamm gewesen sein, daß ich mich danach zurücksehnte. Der Sack wurde mir immer schwerer, wir machten Halt, um uns auszuruhen, aber einer 500 Meter weit, der nächste 300 Meter, noch einer ungefähr 200 Meter.

Da! Ein Bauer kam uns auf dem Pfad entgegen: »Tag ... Tag!« Die Bauern wußten, daß wir nicht von dort waren, daß wir aus der Stadt waren, aber sie stellten sich dumm, aus Angst, wir sollten nicht merken, daß sie entdeckt hatten, daß wir aus der Stadt waren.

Wir beobachteten, daß der Bauer vorn gemächlich marschierte. Er war nicht schmutzig, nur seine Stiefel. Er zog ein sauberes Taschentuch heraus und wischte sich den Schweiß vom Gesicht, und mein Taschentuch war schon zu Schlamm geworden. Ich hatte Schlamm in den Haaren, im Gesicht, überall. Denn genauso wie wir vorher im Wald gelaufen waren, liefen wir jetzt im Schlamm, und wenn du von Haufen zu Haufen gehst und die Füße aufsetzt, verlierst du das Gleichgewicht, wenn sich dein Sack bewegt, er fällt dir nach der einen Seite und ... plums ... schmeißt er dich runter, weil der Sack mit dir macht, was er will, oder du bleibst im Gleichgewicht, und der Sack zieht dich nach hinten ... plums ... Oder du läßt den Sack los und fällst nicht hin oder du gehst zur Seite und stolperst. Und schließlich habe ich den Sack gepackt und geschleift; das wäre schön, wenn das nur Schlamm auf ebener Strecke wäre, aber es ist ein Schlamm mitten in den Bergen, bergauf, bergab und manchmal mit Steilhängen am Rand. Entsetzlich, dieser Schlamm ist entsetzlich.

Ich weiß noch, daß wir etwa um vier Uhr nachmittags Halt machten; wir sollten nämlich schon schlafen gehen, sagte der Bauer. Gut, dann machen wir eben Halt, um zu essen und zu schlafen. Was wir machen sollten, war, den Weg zu verlassen und uns in den Wald zu schlagen, vielleicht 500 Meter rein, und da sollten wir schlafen, alles war neu für uns. »Also seht mal. Wir gehen in den Wald rein, einzeln, etwa alle zehn Meter einer, zehn Meter Wald immer dazwischen, aber bevor wir da hingehen«, sagt er, »gehen wir am Wegrand. Wir gehen nicht im Schlamm, aber hebt die Füße so hoch, als wenn ihr Fahrrad fahren würdet und versucht, den Fuß immer dahin zu setzen, wo ihn der Vordermann hingesetzt hat.« Du gehst aus dem Weg heraus und fängst an, am

Rand in einer niedrigen Vegetation zu laufen, die Füße nimmst du so hoch wie beim Fahrradfahren, und jeder setzt den Fuß dahin, wohin ihn sein Vordermann gesetzt hat, so daß du auf dem Weg nur Spuren von einer Person siehst; die Spur im Schlamm verliert sich dann plötzlich, denn du bist aus dem Schlamm raus und hast angefangen, in dieser niedrigen Vegetation zu laufen, und damit dann kein Trampelpfad übrigbleibt und alles zerstampft ist, setzt man den Fuß dahin, wo ihn der Vordermann hingesetzt hat, in großen Schritten. Dann läufst du eine ganze Strecke so, 300 bis 500 Meter, bis zu zwei Kilometern, das ist äußerst unbequem, denn es ist nicht flach, sondern ein ganz unebenes Gelände ... Das geht nicht, ist physisch und psychisch unmöglich. Für uns war es sehr schwierig, weil es so mühsam war. Also dachten wir: Der Scheißkerl übertreibt. - Keineswegs, das war Überlebensbedingung für die Guerilla, damit man nicht entdeckt wurde. Als wir 500 oder 1 000 Meter so gelaufen waren - manchmal sind wir so einen halben Tag fast gelaufen, das ist äußerst mühsam - kam schließlich der Augenblick, in dem er - auch mit großen Schritten so ... tap - tap - tap ... reinging, dann der nächste ... trap - trap - trap ..., und dann sammelten wir uns wieder im Wald drinnen. Leuchtet das ein? Um keine Spuren zu hinterlassen, weder da, wo wir reingehen, noch da, wo wir hergekommen sind, denn sollten sie der Spur folgen, entdeckten sie dich nicht, obwohl das später die *Guardia* herausfand, denn sie hatte Bauern, die all diese Kunstgriffe kannten, und wenn ihnen Bauern aus der Guerilla in die Hände fielen, die aussagten, dann lernten sie all diese Methoden auch. Damals war die Verfolgung grimmig, unerhört. Wir erfanden Tausende solcher Tricks, aber immer kam die *Guardia* irgendwann dahinter.

VIII

Also: auf dem ganzen Weg, den wir an dem Tag gegangen sind, denke ich immer an das Lager; ich bin auf dem Dampfer mit dem Lager, erinnere mich an alles, was sie uns über die Berge gesagt haben, denn die Berge waren ja in der Stadt ein Mythos, die Berge waren ein Symbol, wie ich früher schon gesagt habe. Ich dachte immer darüber nach, wie die Lager wohl sein würden, wie Modesto sein würde, wie groß Modesto war, ob ich Modesto von früher her kannte und all das, das heißt der Gedanke, im Lager anzukommen und das zu enthüllen, entschleiern – das ist das Wort – das ein für allemal zu entschleiern, endlich die Interna kennenzulernen, alles das, wofür ich fast sechs Jahre lang immer gearbeitet hatte, Tag und Nacht, ohne Weihnachten, ohne Osterwoche, ohne auszuruhen, alles für diese Berge, für die FSLN, für dies Geheimnis, das Geheimnis, das jeden Tag größer wurde. Wenn eine Sache mich glücklich machte in dieser ganzen Hölle von Schlamm, in diesem Alptraum von Schlamm und Verletzungen am ganzen Körper und Müdigkeit und Unbequemlichkeiten, dann war es, daß ich endlich mit meinen eigenen Füßen da näher herankam, persönlich diese berühmten Männer kennenlernen würde, diese Guerilleros, die Männer, die waren wie der Che. Wie würden die Bärte sein, wie machten sie Essen, wie waren die Kämpfe, wie war die Arbeit mit den Bauern; ich würde ins Herz der *Frente Sandinista* kommen, in das Verborgenste, in das Jungfräulichste der *Frente*, in das Geheimste, das Empfindlichste, in die *Frente* von Carlos Fonseca und all das; Carlos, den ich nicht kannte, nie kennengelernt habe, all das gab mir Nahrung auf dem Weg, und ich weiß nicht, ob das nun Männerkult ist oder Sinn für das Beispiel, aber ich glaube, daß mehr als alles andere es der tiefsitzende Sinn für die Ehre ist, den wir alle hatten, und den ich beim Marschieren zu Hilfe nahm, wenn ich spürte, daß ich müde war, damit verbündete ich mich auf dem Marsch, überwältigt von meinen physischen Schwächen, denn denk nur daran, wo ich herkam: trinken, lange aufbleiben, rauchen, schlecht essen, kein Training, plötzlich, bums ... hier zu den Männersachen ... für Männer? Mach keine Dinger ... Für Bauern! Wenn ich mich ansah, wie nutzlos ich mich auf dem Marsch fühlte, nachdem ich gewohnt war, an der Spitze der Märsche von den Studenten auf der gepflasterten Straße zu gehen, auf den Märschen nach Managua, du mußt wissen, ich war der Held für die Frauen. Ja! Jetzt war ich ein erbärmlicher Waldläufer, ein schlechter, elender Läufer, damals hatte ich tief in meinem Innersten die Vorstellung, es wäre unmöglich für mich, diese Umwelt zu beherrschen, ich fühlte, ich würde sie nie beherrschen können; es gibt Momente, die dich in ungeahnte Tiefen der Unfähigkeit zurückwerfen, wenn du dann merkst, daß du die ersten Blasen an den Füßen kriegst, die Schmerzen an den Füßen, die Druckstellen, jeder Schritt ist eine Verletzung ... bum ... bum ... Denn es gibt einen Punkt auf dem Marsch, da kommt es dir vor, als ob der Körper mit Kleidern und allem was du hast einen Rhythmus bekommt, einen Rhythmus, als würde dein Herz im selben Rhythmus schlagen, mit dem am Hintern die Patronen reiben, am Bein. Als hätte das Herz denselben Rhythmus wie die beiden Taschen mit den Patronen, das Herz und das Bein, wenn du einen Schritt machst, als wäre alles im selben Takt, im selben Takt das Bein, das du ausstreckst, der Knochen, der sich da bewegt, im Schritt klemmt die Pistole; stell dir vor, die Verletzung von der Pistole, das Bein, die Patronen, die mir an den Arschbacken reiben, die Druckstellen in den Schuhen und das Herz schlagen im selben Takt, und der Marsch ist ... bum – bum – bum ... und du spürst dann am Körper all diese Schläge gegen die Haut und unter der Haut im Organismus selbst, als ob er plötzlich mit dem Marsch in Harmonie kommt, der ganze Körper, innen und außen, Harmonie innen und außen, und wenn du den Fuß auf die Erde setzt, den Schritt nach vorn machst und wieder den Fuß aufsetzt, als ob sich dieser Stoß mit dem Schlag deines Herzens synchronisiert, mit der Verletztung von der Pistole, mit der Druckstelle an den Füßen, mit der Scheuerstelle von den Patronen, sogar mit dem Blutkreislauf, vielleicht sogar mit dem Blick, wenn du guckst, wohin du den Fuß setzt, denn wenn du marschierst, bist du so fertig, so müde, so unzufrieden, so angestrengt aufmerksam, um nicht hinzufallen oder auszurutschen, daß dein Blick dahin starrt, wo du den Fuß aufsetzt, dann sind Blick, Gehör, Herzschlag, der Schmerz der Verletzung, der Schlag beim Aufsetzen des Fußes auf die Erde, der Schlag der Pistole, der Schlag der Patronen hinten, der Schlag der Patronen vorn, das ist wie eine einzige Sache, ein einziger Schlag, eine einzige Bewegung, ein einziger Mann, der marschiert und zwischen Schlag und Schlag, verteilt in diese verschiedenen kleineren Schläge, von denen ich rede, Verletzungen, Müdigkeit, der Sack, der dir auf die Schulter schlägt und hin und herspringt – bei einem Schritt hüpft er dir zur einen Seite, beim nächsten hüpft er dir zur anderen und kommt in den Takt von der Verletzung und dem Herzen – dazwischen denkst du im Gehen, denkst nach und erinnerst dich an Bilder, von wo du herkommst, stellst dir das Mysterium vor, das du ergründen wirst, mit einem Herzschlag, mit einem Schlag der Patronen, mit einem Schlag der Verletzungen, mit einem Schlag der Lungen, denn die Atmung vereinigt sich auch mit den übrigen Schlägen, auch wenn man von außen nur einen Mann marschieren sieht, ist doch im Grunde dieses Laufen des einen einzigen Mannes die Summe einer Menge von kleinen Schlägen, von Verletzungen, vom Klopfen, dem Schlagen der Lungen, dem Schlagen des Herzens; damals erschreckte es mich, daran zu denken, daß jemand mich sieht, da riß ich mich zusammen, damit dieser Schlag ein eleganter Schlag würde, ein militärischer Schlag, der Schlag eines Guerrilleros, ein mutiger Schlag, ein beherrschender Schlag, ritterlich; diese Reaktion war vielleicht Männlichkeitskult, Egoismus, dies Denken an das Beispielhafte, ein Beispiel zu geben, auch wenn mich niemand sehen konnte, dazu kam die Riesen-Neugier, die Genossen von Angesicht zu Angesicht zu sehen, sie kennenzulernen, das alles baute mich auf, denn als wir dann mitten auf dem Marsch, wo ich dir gesagt habe, zum Schlafen Halt machten, gab es viel Geheimnisvolles, alles war neu. Ich sah immer den Bauern zu, allem was sie machten, wie sie es machten, um es später selbst machen zu können; da heißt es: »Jetzt kochen wir.« Wie sollten wir kochen, und wo sollten wir kochen? Denn unter Kochen verstand ich, ein Lager aufschlagen, Voraussetzungen schaffen; es regnete, woher würden wir Reisig kriegen zum Kochen, und worin würden wir hier kochen und die Kochtöpfe, wo waren die und auf welchem Ofen, welcher Feuerstelle, und was würden wir kochen ... Außerdem hatten wir unterwegs auf dem Marsch ein ... gorrr – gorrr – gorrr – hooss ... gehört und dachten, das wären kleine Tiger oder Berglöwen, und angesichts dessen machte ich schnell eine Rechnung: zap – zap ... dachte ich – das sind drei Tiger, mit fünf Schüssen, einer für jeden, mit der Pistole legen wir sie um. Verdammte Scheiße und die Flinte bis oben hin voll Schlamm, also gut, mit meinem Revolver, dachte ich, bring ich ihn um ... bum – bum. Ich schieße ihn, bring ihn um ... der Bauer weiß schon, was er macht, wenn vor einem fünf Tiger auftauchen, sie kennen den Bauern, also müssen die *compañeros* gewußt haben, wie man mit den Tigern fertig wird; und der Bauer sagt, nein, das wären keine Tiger, sondern Affen, Congo-Affen; der Congo-Affe ist ein Scheiß-Affe, häßlich, stinkend, das Fleisch ist hart, au weih ... und stinkt, aber wenn man Hunger hat, ist es ein Leckerbissen, ein Affen-Sopón. Sopón ist eine Suppe, die vier Stunden auf dem Feuer gestanden hat; dann bestimmte der Bauer: »Wir gehen uns einen Affen schießen, leih mir das Kleinkaliber, komm Eugenio, du gehst mit, Eugenio komm!« Ach, das war ein Genuß, ohne alles zu laufen, aus dem Schlamm in den Bergen heraus und ohne Gepäck; ich hatte die Flinte dagelassen, weil sie immer noch nicht gereinigt war, und dann hatte ich die Patronen, die mich scheuerten, herausgeholt und trug sie in der Hand. Hände und Füße waren völlig kaputt, ich wollte nicht laufen, aber doch, ich wollte mit ihm gehen und sehen, wie das war und damit er sehen konnte, daß ich nicht müde war; dann sehe ich die Affen, ein paar Affen, die Affenherde hüpfte oben in den Bäumen herum, aber ganz oben, Bäume, hundert Meter hoch, hundert Meter und nochwas sogar, und die Affen rannten von Ast zu Ast durch die Baumkronen, in Herden, Hunderte von Kilometern, der Affe ist wie der Mensch; nachher erzähle ich dir einen Alptraum, den ich gehabt habe, ich weiß nicht, ob ich ihn schon mal erzählt habe, einen Alptraum von einem Affen; dann das Kleinkaliber und peng! – dann fällt der Affe von da oben runter – dachte ich, ein großer Affe – ohne Scheiß – vielleicht so einen halben Meter oder einen Meter, nein, ungefähr einen Meter mit Schwanz, und ich sah, daß die Affen dasaßen und guckten, genauso wie die Leute, die Affen; ich hatte vorher noch nie Affenfleisch gegessen, im Gegenteil; aber ich war nicht zimperlich mit Essen und außerdem war ich bereit, alles zu essen; ich hatte nicht viel Hunger, wir wollten nichts essen, es tat uns beim Schlucken weh, wenn wir etwas aßen, was weiß ich, warum uns am Anfang das Schlucken weh tat, wer weiß, was es war und dann ... peng – peng ... Ai ... macht er, wie er getroffen wird, es sind drei Schuß nötig, bis der Affe herunterfällt und ... prrr – bang ... der Sturz, Zweige brechen, weil er so schwer ist, ein Affe kann fünfunddreißig Pfund wiegen, ein Affe kann auch einen Zentner wiegen; der Affe fällt runter, zum erstenmal sehe ich einen Affen aus der Nähe; bei meiner Großmutter gab es einen Affen, einen ganz kleinen Affen, und ich hatte Angst vor ihm, wenn er mir nahe kam, der Affe, er war ganz klein, aber ich hatte ihn schon jahrelang nicht mehr gesehen; zum erstenmal sehe ich einen Affen aus der Nähe, ich sehe sein Gesicht, es sieht aus wie das eines Greises, verdammte Scheiße, ein Greisengesicht, und der Körper ist der eines kleinen Jungen mit einem Greisengesicht; wir nehmen ihn mit dahin, wo wir übernachten wollen – und was machen wir mit dem Affen jetzt? Wo ziehen wir ihn ab? Wie, wo, wer zieht den Affen ab? Und die Zutaten für den Affen? Also gut, alle sehen zu und lernen etwas. Wir packen den Affen, nehmen ihn mit, wir schneiden auf dem Weg fünf *platanillo*-Blätter, die aussehen wie die Blätter von einer Bananenstaude ... zack – zack ... Ich schneide sie. Ich dachte, wir würden schlafen, die Decken ausbreiten, aber alles war naß, das Gras, der Wald, dann sehe ich, wie der Bauer erst einen Quadratmeter im Wald rodet mit der Machete, die Erde aufgräbt, denn oben ist sie ganz feucht und gräbt, um etwas trockenere Erde zu finden. »Hier, du, such ein paar Steine, da im Bach sind Steine.« Die Genossen gehen zum Bach Steine suchen und bringen welche, die nichts taugen. »Die Steine taugen nichts, bringt andere.« Es war ein freudiger Augenblick, wir brauchten nicht mehr zu marschieren, es war unsere erste Nacht als Guerrilleros. Da fühlten wir uns alle als Guerrilleros, wir fühlten uns wie Männer von der Guerrilla. Ich war so mit den Boy-Scouts auf Fahrt gegangen, mit Juan José Quezada, aber es war anders. Jetzt war das mit der *Guardia,* wenn die *Guardia* kam, mußten wir mit der *Guardia* kämpfen. Kannst du dir das vorstellen? Kein einziger wäre da lebend herausgekommen. Vielleicht der Bauer, wenn er weggelaufen wäre, weil er die beste Waffe hatte. »Setz die Steine auf«, sagte er; wir nehmen einen Topf, er legt die Blätter, die er hat, auf die Seite, und wir fangen an, den Affen abzuziehen ... zack – zack – zack, im Regen. Der Affe hat Würmer, wir ziehen sie raus, der abgehäutete Affe sah aus wie ein Kind, dem sie die Haut abgezogen haben, Kopf und Schwanz abgeschnitten; die Hände schneidet man ab, der Affe ist ein Kind. Wir merkten natürlich, daß er im Grunde genommen aussah wie ein Kind, sagten aber nichts, um nicht wie die Mädchen dazustehen, die Angst haben oder sich ekeln. Er nimmt die zerschnittenen Hände, die Füße, die Beine, den Hintern des kleinen Jungen, ... aber es war ja ein Affe. Er schmeißt sie in den Topf, wir schütten Wasser dazu und eine Handvoll Salz, das Fleisch ungewaschen, nur etwas abgespült. Das klare Wasser verfärbt sich leicht, hat Blutflecken, weil das Fleisch nicht gut abgespült ist. Jetzt das Holz. Mit was zum Teufel sollen wir kochen, wenn dies Holz hier feucht ist? Er geht Holz holen, sie wissen natürlich, welches Holz trocken ist, verdorrte Bäume, die noch da stehen, die außen feucht, aber innen trocken sind, je feiner das Holz, desto weniger Probleme hast du, denn wenn es nicht porös ist, läßt es kein Wasser eindringen. Er bringt Holz, schält es, um die feuchte Rinde abzukriegen, der Rest ist trocken. Aber wie macht er Feuer an? Hält er ein Streichholz an das Holz, damit es angeht? Ach was, woher soll er hier ein Streichholz haben; wir paßten genau auf, es war das erste Mal, daß wir dies Ritual mitansahen, in dem wir uns später zu wahren Meistern entwickeln sollten, das Ritual, in den Bergen Feuer zu machen, und wer es am besten beherrschte, war David Blanco. David Blanco ist ein Genie im Feuermachen, der Mann kriegt nur unter Wasser kein Feuer mehr an. Er macht dir Feuer im Schlamm, in einer Pfütze, er nimmt es dir aus der Hand und macht Feuer, auch wenn er naß ist, alles naß ist, er macht dir Feuer. Das Feuermachen in den Bergen ist eine Kunst. Es ist schwieriger, da ein Feuer heiß zu kriegen, als eine Frau. Der Bauer haut mit der Machete kleine Stückchen von dem Stamm herunter, dann schneidet er sie in der Mitte durch ... tschas – tschas ... dann spaltet er einen davon noch weiter, spaltet die anderen auch noch weiter und macht die Stückchen immer kleiner, bis er schließlich mit der Machete, einen Haufen Späne, dann größere Stäbchen, noch größere, schließlich Scheite. Dann legt man erst die Späne in die Mitte, die schönen, trockenen Holzspäne. Vorher hatten wir schon ein kleines Blätterdach gemacht, oben drauf ein Stück Plastikplane, damit das Wasser uns nichts versaut. Die Späne legst du an die Holzstäbchen, daneben, darauf, dann ein größeres Stückchen, noch ein größeres, und die größten kommen ganz nach außen; in der Mitte die Späne, dann nimmt man ein Papier oder ein Stück von einem alten Gummistiefel – das Gummi von den Schuhen brennt an, wenn du ein Streichholz daran hälst. Er zündet das Stückchen alten Gummistiefel, das er in seinem Rucksack hat, an und macht liebevoll die Holzspäne auseinander, damit sie nicht umfallen, baut eine ganz zerbrechliche Konstruktion von Spänen in der Mitte, die Späne müssen sich küssen, ganz trocken, die Späne küssen sich trocken: in einem Gebirge von nassem Holz ist das da das Trockenste in einem Umkreis von Hunderten von Kilometern. In die Mitte von all den Spänen fällt das brennende Gummi, und dann entzündet das Gummi nach und nach alle Späne. Wenn das Feuer immer mehr angeht, steigt aus dem Feuchten die Flamme auf, aus dem Nassen entsteht da ein Feuer, wird immer größer, nähert sich langsam den Hölzern, entzündet erst die kleinen Stöcke, dann die größeren, die ganz großen, bis das Feuer richtig an ist. Das kommt einem dann ganz unwirklich vor, daß da ein Feuer brennen kann. Du trocknest dich, wärmst dich, es ist unvorstellbar, daß aus so viel Feuchtigkeit, so viel Regen, aus so einem feuchten Urwald ein Feuer hervorkommen kann. Wir stellen den Topf voll eiskaltem Bergwasser auf die Steine, und dann fängt der Topf an zu kochen, wir machen das Radio an und wollen die Nachrichten hören, das Radio ist ganz leise. Wir hatten eine Radioantenne mit, die man an die Bäume hängt, um ein bißchen besser zu hören, also gut ... Alle saßen am Feuer, wir redeten dummes Zeug, stellten dem Bauern Fragen, weil wir es nicht erwarten konnten: Wieviele Männer drinnen wären, welche Decknamen sie hätten, wo wir vorbeikommen würden; ungefähr drei Stunden plauderten wir, lauschten dem ganz verschwommenen Radio, hörten den Sender »La Corporación«, der damals noch die Sprache des Volkes redete, hörten »Punkt fünf« und dachten daran, wann sie merken würden, daß wir alle hierhin gegangen waren. Das wird einschlagen, wenn sie das merken – und dann, wer würden die neuen Führer sein. Ob die Freundinnen Bescheid wüßten, oder ob sie nicht Bescheid wüßten, der eine hatte gesagt, er ginge ins Ausland studieren, der andere hatte seiner Freundin die Wahrheit gesagt. Also gut, die große Suppe, jetzt jeder mit seinem Topf. Wir hatten keinen Hunger, aber wollten wir jetzt nicht essen, wo uns das Essen so viel Mühe gekostet hatte? Außerdem war es heiß. Das Heiße weckte unseren Appetit. Wir fingen an zu essen, und es wurde ein riesiges Affenessen ... ohne Scheiß ... ein Mordsding.

IX

Am nächsten Tag gingen wir weiter, das Feuer mußte verschwinden, die Küche; man macht ein Loch, schmeißt die Steine rein, die angebrannten Scheite, die Asche und die Kohlen, dann werden Blätter daraufgeworfen und so verstreut, als ob dort nie jemand gewesen wäre. In der Nacht hatten wir nicht in der Hängematte geschlafen. Früh morgens brachen wir auf, durch den Wald, nicht durch Schlamm. Nochmal dieselbe Erfahrung, wieder ein Kampf mit den Schlingpflanzen, der Sack blieb wieder in den Lianen hängen, manchmal kommst du einfach nicht weiter, denn du kriechst unter dem Gestrüpp durch und schleifst den Sack hinter dir her, das ermüdet. An diesem Tag kamen wir wieder an einen Weg, auf dem wir das Haus von Evelio, Nelson Suárez, erreichten, »Las Bayas« heißt es da. Ungefähr hundert Meter vorher sehe ich, wie der Bauer anhält und »pscht« macht, damit wir still sind. Er nimmt die Machete und klopft damit an einen Baum ... bang – bang – bang, und dann kommt ... bang – bang – bang ... ein Antwortzeichen. Er geht zu der Hütte in etwa 50 Metern Entfernung. Wir kommen in das winzige Häuschen, in die Küche, da liegen die Kinder, eins davon neu geboren, eine Hütte, die nur mit Material aus dem Wald gebaut ist, Rundhölzer und Stroh, ein holzgedecktes Dach, kein Tisch, nichts, das Bett aus demselben Holz, nichts künstliches, nicht einmal Handwerksarbeit, außer den Plastikgläsern; sie besaßen zwei Plastikgläser. Dort schliefen wir, sie hatten schon gegessen, gaben uns aber noch *tortillas.* Am Morgen gegen sechs erreichten wir den Kontaktpunkt mit Silvestre. Ich weiß nicht, wie ich mir diesen Kontakt vorgestellt hatte, aber er beeindruckte mich tief. Ich unterhielt mich dort mit Valdivia, damals wußte ich nicht, daß Silvestre José Dolores Valdivia hieß, ich werde nie vergessen, wie wir am Morgen zu ihm hinkamen, es waren etwa fünf *compañeros* da, denn Valdivia empfing die neuen Leute und verfrachtete sie zu den *compañeros* weiter drinnen, er schickte sie zu René Tejada, der von Silvestre zwei Tage weit weg war. René Tejada hieß Tello. Als wir zu Silvestre kamen, dachte ich, wir wären in einem Lager ... Ich weiß nicht genau, was ich dachte. Es war da in den Bergen eine Schlucht und in die Schlucht war ein riesiger Baum gestürzt, er war noch nicht lange umgefallen, dachte ich, seine Blätter waren noch grün, und unter dem Baum, der über der Schlucht lag, blieb ein Raum zwischen Erde und Stamm, ein gewaltiger Stamm mit einem Dickicht von Ästen. Unter dem riesigen Baum hatten sich die *compañeros* eingerichtet, verborgen in den Ästen, die so groß waren, daß sie ihre Hängematten daran aufhängen konnten. Es wird das Zeichen gegeben, die drei Schläge, sie antworten und dann ein paar Gesichter, mal sehn, wer es war, die klassische Neugier, es kommt ein dürrer Mann, dürr, dürr, dürr, ganz dürr, bärtig und mit einem Gesicht, wie in die Länge gezogen und hart, als ob ihn nichts so schnell begeistern könnte, auch nicht, uns zu empfangen. Ich war anscheinend viel begeisterter darüber, anzukommen und die *compañeros* kennenzulernen und mitzumachen als er, uns zu sehen. Er eher trocken, ernst, vielleicht gespannt, dünn, mit langer Nase, einem braunen Hemd und einer grünen Hose aber nicht vom Militär, sondern mit zivilem Schnitt, Ledergürtel, an dem eine Pistole hing, er war nicht militärisch gekleidet, sondern halb militärisch, halb Zivil-Guerrillero sozusagen, er hatte – glaube ich – ein GARAND-Gewehr; dort war auch Flavio, Edwin Cordero, heute Beauftragter des Innenministeriums in der vierten Region, wir nannten ihn den »Doktor«, weil er vorher Medizin studiert hatte, untersetzt, ich hatte einen Brief für ihn dabei, mit dem sie ihn in die Stadt zurückschickten. Dort machten wir uns Gürtel für die Patronen, versuchten uns einigermaßen auszurüsten, denn wir sollten weitergehen zu den Lagern, in denen theoretisch der Kern der Truppe war, auf einem langen Höhenzug. Um diese Uhrzeit hatten wir schon Hunger, aber dort gab es nichts zu essen außer dem wenigen, was der Bauer, der ziemlich arm war, dabei hatte, drei *tortillas* und ein paar schwarze Bohnen für alle, ein bißchen für jeden. Wir sprachen mit Valdivia, und Valdivia kannte mich, ich glaube jedenfalls, daß er mich kannte, denn er sprach mit mir über die Universität; wie es in der Universität ging, wie die Studienreform wäre, ein bißchen Geplauder. Ich weiß nicht, ob er meine Brüder kannte, jedenfalls kam er auf das Thema. Er sagte: »Weißt du, ich bin an einem Sonntag in die Guerrilla gegangen, und am folgenden Mittwoch hatten wir Examen, mein Bruder Chema und ich.« Mein Bruder Emir studierte im vierten Jahr Ökonomie; ich erzählte Silvestre, daß wir vier Brüder waren, » ... aber ich bin sicher, daß auch die andern weggehen.« »Ja«, sagte er, »wenn die Mütter wenigstens einen haben, der zurückkommt.« – Verdammte Scheiße! Du hättest sehen sollen, wie mich das beeindruckt hat: »Wenn einer nur zurückkommt ... Wenn sie einen haben, der zurückkommt ...« Da sah ich sozusagen die reale Möglichkeit dessen aus der Nähe, was wir in dem Jeep gedacht hatten: Und eins war sicher – es war zu viel verlangt zu erwarten, daß wir alle lebend zurückkommen würden, das war ja kein Film, kein Kino. Und wirklich nur ich bin zurückgekommen ...

Gut, dort rüsteten sie uns aus, und dort erholten wir uns von den Blasen, da habe ich sogar zum erstenmal geschissen nach drei Tagen. Ich sage also: »Ich gehe scheißen.« »Weißt du, wie das geht?« sagt er zu mir. »Wie?« »Du nimmst eine Machete, gräbst ein Loch, scheißt da in das Loch, und wenn du fertig bist, schmeißt du Erde drüber, dann legst du Blätter drauf, damit keine Spuren zurückbleiben.« Die Spuren sind wichtig für die Sicherheit der Guerrilla. »Und mit was wische ich mich ab?« »Mit Blättern«, sagten sie, »du wischt dich mit Blättern ab, schnappst dir eine Handvoll Blätter und putzt dich damit ab.« Gut, davor hatte ich keine Angst. Ich gehe also mit all meinen Wehwehchen, der arme Kleine – mache ein Loch, kacke und schnappe mir ein paar Blätter, und dann habe ich mir wirklich die ganze Hand vollgemacht beim Abputzen, ich konnte das nicht; später lernte ich, daß man eine ganze Faust voll Blätter nehmen muß, am Anfang nahm ich zwei kleine Blätter, und mit denen wollte ich mich abputzen, wie sollte ich mich so abwischen? Alles voll, die Fingernägel, dann steckte ich den Finger in die Erde ... so, um ihn sauber zu kriegen, und nehme mehr Blätter zum Abwischen ... Bis einem der gesunde Menschenverstand schließlich sagt, es einem einbläut, daß man sich nicht mit einzelnen Blättern den Arsch abwischt, sondern mit einer ganzen Hand voll Blätter, mit einer großen Hand voll Blätter putzt du dich ab. Am Abend schickten sie mich weiter zu Tello, René Tejada, wir kamen aber nicht in derselben Nacht mehr an, weil es unterwegs Schwierigkeiten gab; es waren zwei Bauern, gute Läufer, Pedro vorn, Aurelio Carrasco hinten und ich in der Mitte, ich ging mit Rucksack, ja, mit einem Rucksack aus Sackleinen, einem Sack, an dem Trageriemen festgemacht waren, um ihn hinten zu tragen, wie die Rucksäcke bei den Übungen der Milizen. Kannst du dir das vorstellen: Ich gehe mit Aurelio weg, unter der Obhut dieser beiden leichtfüßigen Bauern. Pedro war – das kann man sagen – einer der ersten Führer in den Bergen, der, von dem ich gesagt habe, daß der vorneweg ging, er war der wichtigste Führer in diesem Augenblick, er war wohl schon am längsten in den Bergen, war Veteran von Zinica, Sohn von einer der Bäuerinnen aus dem Cuá, vielleicht erinnerst du dich an das Lied? Venancia ist seine Mutter. Ich konnte bequemer marschieren, hatte einen Rucksack, hatte einen Gurt für die Patronen, spürte hinten das Scheuern nicht mehr, also war der Abmarsch gut, ich fühlte mich kräftiger, hatte die Erfahrung mit dem Marsch durch diesen Urwald schon gemacht und auch die Erfahrung mit dem Schlamm, meine Füße waren also schon ein bißchen fester geworden. Wir mußten bei Nacht marschieren, anfangs mit Taschenlampen, aber immer am Glas angefaßt, damit sie nicht zuviel Licht geben. Mein erster Marsch allein mit den *compañeros,* mit diesen beiden Männern mit dem Läuferschritt. Also war ich gezwungen, so gut wie möglich zu marschieren, um ihnen keine Schwierigkeiten zu machen, außerdem konnte ich nicht darauf hoffen, daß wir Pausen machen würden, weil irgendein anderer *compañero* erschöpft war, hier war ich allein, ich mußte versuchen, es so gut wie möglich zu machen. Ich weiß nicht, plötzlich merke ich, daß ich gut laufen kann und daß vorne der Bauer läuft und daß ich dicht hinter dem Bauern laufe, er läuft, und ich laufe hinter ihm her, wir laufen durch die Schlammwege, und ich falle ganz wenig hin, und plötzlich merke ich, wie die Füße sich langsam eingewöhnen und mit der Zeit ein bißchen kräftiger werden, natürlich immer noch mit Schwachstellen, wenig Erfahrung, aber ich merke, es ist schon nicht mehr dasselbe. Wir verirren uns; an dem Tag verirren wir uns, wir machen um vier Uhr morgens Halt, schlafen, stehen auf, um in die Berge zu gehen, aber Pedrito hat sich verirrt, und wir gehen weiter, schon wieder durch Wälder, ich merke, daß ich mich schon daran gewöhnt habe, von einem Fuß auf den anderen zu wechseln, natürlich, ich habe jetzt einen Gewehrriemen und eine Hand frei, die Taschenlampe ist verwahrt ... ich habe eine Hand frei, und dann fangen meine Füße schon an, mit dem Gelände zu spielen, wie man die Füße setzt, wenn es bergab geht, wie man die Füße setzt, wenn es bergauf geht, wie man über einen Stamm steigt, wie man unter einem durchkriecht, was man macht, damit der Rucksack nicht hängenbleibt; nach einer Weile Marschieren fangen die Verletzungen wieder an, aber diesmal schon nicht mehr überall wie zu Anfang, die wichtigsten Scheuerstellen sind rund um den Gürtel, um den Leib, der Gürtel schlägt mir gegen die Knochen, im Schritt, wie heißen die Knochen hier? – die Beckenknochen; im weiteren Verlauf des Marsches kommt es mir vor, als zöge sich der Gürtel immer mehr nach unten zusammen, er drückt nach unten, geht hoch und rutscht wieder runter und drückt und rutscht weiter, und dann gehen hier diese Knochen kaputt, die belästigen einen, und der Rucksack wird langsam schwerer. Später fängt dann wieder dieselbe Hölle an mit deinem Körper voll wunder Stellen und Schlägen beim Laufen, und langsam spüre ich die Müdigkeit, in den Füßen, die Muskeln hier hinten an den Beinen fangen an, weh zu tun. Und schließlich kamen wir bei Tello an. Tello war René Tejada, habe ich schon gesagt; ich war allein, ich wußte auch nicht, daß Tello René Tejada war, ich merkte das später, denn er hat es mir erzählt, nicht seinen Namen, sondern er hat erzählt, wie einer seiner Brüder umgekommen ist, und du weißt ja, das war bekannt, wie David Tejada Peralta umgekommen ist, wer ihn umgebracht hat, daß sie ihn in den Krater des Vulkans Santiago geschmissen haben. Also wir sahen Tello; Tello war anders als Valdivia, hatte aber doch eine Ähnlichkeit: das Gesicht, der Gesichtsausdruck, Tello war schlank, kräftig, schlank und muskulös, so groß wie ich ungefähr, vielleicht ein bißchen größer, aber ich glaube eher, er war so groß wie ich, kurzes Haar, lockig, fein gelockt, gekräuselt, ein feines Gesicht, gute Zähne, kleine Äugelchen, heftige Gebärden, ganz wie ein Bauer, er hatte sich in der Art zu reden schon ziemlich an die Bauern angepaßt, denn wenn er mit dir sprach, sprach er genauso wie die Bauern, dabei war er aus der Stadt. Wer weiß, warum Tello schon da anfing, mit mir Freundschaft zu schließen, ein bißchen Freundschaft zu schließen; wir waren da bei ihm etwa drei Tage, denn wir mußten auf die Leute warten, die bei Silvestre geblieben waren. Ich sollte zu Rodrigo, das war Carlos Agüero, ins Hauptlager, das ungefähr fünfzehn Tagesmärsche weiter drinnen lag, und bei Tello sollten wir uns alle versammeln, um von da zum Kern der Guerrilla zu marschieren. Am ersten oder zweiten Abend, wo ich da war – ich weiß es nicht mehr genau –, schlug Tello mir vor, die Hängematten nebeneinanderzuhängen, schon da in den Hängematten war klar, daß er mich erkannt hatte, er wußte, daß ich Student war, daß ich Omar Cabezas hieß, daß ich Studentenführer war, daß ich eine gewisse politische Fähigkeit besaß; manchmal kannst du mit den Bauern nicht über alles reden, also redete Tello sehr offen mit mir, als ich bei ihm ankam; jetzt konnte er reden, über eine Menge Erinnerungen, vielleicht über Ideen, die er hatte, Träume, was auch immer, Zweifel, er hatte Lust, etwas zu erfahren, nach meinen Ansichten zu fragen, etwas von dem, was in der Stadt passierte, wovon er nichts wußte und so weiter.

Es war, als wollte er alles loswerden, was er auf dem Herzen hatte, eine Sache, die er mit den Bauern nicht gemacht hatte, weil er glaubte, sie würden ihn vielleicht nicht verstehen. Denn wir Städter sind komplexer, sind abstrakter, differenzierter, komplizierter; die Gefühle, Affekte, die Interpretation der Sachen. Tello fängt an, mir von seiner Familie zu erzählen, von seinem Vertrauen in die Guerrilla. Er war deprimiert, war ein Typ, der durch die Berge verhärtet aussah, durch das schlechte Essen, den Regen, aber was ich auch spürte, war, daß Tello das Gefühl einer großen Einsamkeit hatte. Später erzählte er mir, daß ihn die Frau verlassen hatte, die er sehr geliebt hatte. Und er wurde sehr nervös, als er davon sprach, machte ganz schnelle Handbewegungen, er war ein sehr agiler Typ, stark, offensichtlich ein harter Typ, ein abgehärteter Mann, aber kaum hast du ihn angekratzt, da war er fähig zu weinen, dann merktest du, daß er im Grunde sensibel war, zart, menschlich. Tello war ein Mann, der fähig war, wegen einer Enttäuschung zu weinen – wie mir später René Vivas erzählte, ist das auf dem Weg von dort aus zum Lager von Rodrigo auch passiert: Wir hatten Tello zum Weinen gebracht. Nun ja, er verstand vielleicht nicht richtig, warum wir in dem Augenblick nicht gut sein konnten, aus dem Wunsch nach Freiheit, aus dem Wunsch nach dem Sieg, aus seinem Wunsch, daß dieses Leiden aufhören sollte, heraus, warum auch immer, er wollte, daß wir von Anfang an viel besser wären. Alles in allem glaubte er, da würden gestandene Männer kommen, Guerrilleros, die laufen und tragen konnten, ausgebildete Kämpfer. Und dann sagt einer von uns auf einem der Märsche: »Ich halte es nicht mehr aus«, wir bleiben stehen – und Tello weint vor Enttäuschung. Das erzählte mir René Vivas. Er war fähig, wegen einer Enttäuschung zu weinen. Tello hatte eine militärische Ausbildung, er war Leutnant bei der *Guardia Nacional* gewesen und dann von den Palästinensern ausgebildet worden, die sind rigide, hart im Ausbilden. Die Art von Tello, uns einzugewöhnen und auszubilden war grob, wie auf der Militärakademie oder auch vielleicht die Art von Ausbildung, die die Palästinenser machen, das ist ein äußerst schweres Training; also war seine militärische Ausbildung eine Mischung von beidem, und die wollte er mit einem derben Schlag an uns weitergeben, an ein paar »Waschlappen«, wie er uns bezeichnete, uns, die wir von ganz unten von der Universität von León gekommen waren, direkt in diese für uns unvorstellbare Hölle.

X

Tello gewann mit der Zeit einen großen Einfluß auf meine Entwicklung. In den Bergen war er sozusagen einer von denen, die mich am meisten beeinflußt haben. Weder Modesto noch Rodrigo haben so viel Einfluß auf mich ausgeübt wie Tello und David Blanco.
Kurze Zeit später kamen die anderen *compañeros,* die zunächst bei Silvestre geblieben waren, dorthin zu Tello. Wir besorgten *pinol* und Essen und packten uns ganz voll, gruben Waffen aus, die da noch waren, um sie in die Berge mit hochzunehmen; sie waren für uns selbst bestimmt. Jeder mit zwei Waffen und Lebensmitteln beladen, da war das Gehen mühsamer, aber so brachen wir dann alle auf. Wir waren zehn, zwölf Mann ungefähr, nicht genau, das sind Einzelheiten, die ich schon vergessen habe. Wir gingen in das Herz der Berge hinein, das sind vielleicht fünfzehn Tage Marsch, ich glaube, wir haben fünfzehn Tage gebraucht, um ins Lager zu kommen. Natürlich ging dieser Marsch teils mitten durch die Berge, teils auf Pfaden. Das war unser erster großer Marsch. Denn vorher waren wir mal eine Nacht lang marschiert, mal zwei Nächte marschiert, einen Tag. Da erst marschierten wir richtig los und kamen fünfzehn Tage lang an kein Haus, außer einem einzigen: Wenn ich mich recht erinnere, hieß der Ort El Naranjo, hinter Zinica noch. Dieser Marsch war sozusagen unsere Taufe, die davor nicht, unsere Feuertaufe im Marschieren bei der Guerrilla, unsere Taufe als Guerrilleros und Läufer; das davor war nur ein kleiner Vorgeschmack. Auf diesem Marsch kamen bei manchen langsam die ersten Regungen anderer Art hoch; wenn du zwei Tage marschiert bist, merkst du, daß du nicht mehr kannst, daß dein Körper nicht mehr mitmacht, daß die Lungen nichts mehr hergeben, du merkst, daß dir der Körper zittert, bergauf und bergab, bergauf und bergab, ohne Ende. Und du hörst kein Geräusch, nur die Tiere im Wald und die Bäume, die niederstürzen und das Rauschen des Regens, du siehst keine Farben, nur immer dieselben *compañeros.* Es wird dir langsam langweilig, immer nur dieselben *compañeros* zu sehen, immer derselbe Schritt. Verdammt, denke ich, und zum Kämpfen müssen wir wieder bis hier unten hinlaufen und die *Guardia* suchen. Verdammte Scheiße, wir müssen hierhin zurück-

kommen! Und dann wieder zurück. Hoffentlich kommt die *Guardia* dahin, wo wir sind, dachte ich, und wir machen sie alle fertig, daß wir dann nur noch ein einziges Mal hier wieder runtermarschieren müssen. Und dann fängt auch schon der Hunger an, vom Laufen, laufen den ganzen Tag. Am dritten Tag waren uns die *tortillas* und die Bohnen, die wir mithatten, ausgegangen, am vierten Tag gab es jedesmal nur noch drei Löffel *pinol*. Also, mit so einem Hunger ... Wir schossen Affen, aber nur zum Abendessen, denn du konntest die nicht auch noch tragen, obwohl wir manchmal Affenfleisch mitgenommen haben, das machte den Rucksack noch schwerer. Um das Gewicht zu vermindern, wollte ich die Sachen, die ich im Rucksack hatte, wegschmeißen. Die Decke konnte ich nicht wegschmeißen, sonst mußte ich frieren, die Hängematte auch nicht, in der schlief ich, ich dachte, ich schmeiße die Bücher weg – ich wollte alles wegschmeißen, Nagelschere, Bleistift, Papier, alles, wenn es sein mußte, damit der Rucksack leichter wurde, denn je mehr du marschierst, desto schwerer wird er, du setzt den Fuß auf und spürst, daß du mit dem Gewicht von dem Rucksack tiefer einsinkst oder ausrutschst, du spürst, daß sich dir das Kreuz durchbiegt vom Gewicht des Rucksacks, jeder wog etwa 30 Pfund. In den Pausen setzten wir uns auf den Arsch ... plums ... Ich weiß noch, daß ich mich einmal hingesetzt habe und merke, daß sich etwas an meiner einen Arschbacke bewegt, ich lasse einen Schrei los und stehe auf: Ich hatte mich auf eine unselige Schlange gesetzt ... glücklicherweise war sie nicht giftig, aber das wußte ich ja nicht, und wie ich so eine Bewegung am Hintern spüre: Au weih! – springe ich auf, ohne auf den Rucksack zu achten und sehe, wie die Schlange in voller Fahrt abhaut. Kannst du dir das vorstellen? Wir setzten uns einfach hin, ohne hinzugucken, ließen wir uns fallen ... sapp ... auf halbem Hang wollten wir Kakao trinken und setzten uns hin und dann der scharfe Tello zu uns: »Ihr seid doch gekommen, Kader zu werden ... ihr seid ein paar Faulenzer ...«

Ich weiß noch, als ich in den Untergrund ging, gab es ein Lied von Camilo Sesto, das war gerade in Mode und hieß: »Hilf mir meine Stacheln zu Rosen zu machen ...« Iván Gutiérrez, der mit mir ging, war verliebt und fing eines Tages an zu singen. Wir hörten ein lautes Schreien in den Bergen: »Hiiiilf miiiir ...«, der arme Kerl hatte sich hingesetzt und sang ein Lied für die Stadt, für die Frau,

sie sollte ihm helfen, wer weiß für wen noch, als ob er sie rufen wollte. Auf jeden Fall ärgerte sich Tello da nicht, sondern fing an zu lachen.
Die Füße waren eine einzige Blase, vor allem wegen der ständig nassen Socken. Der Marsch war ein fortwährender Kampf. Plötzlich merkten wir, daß uns das Salz schmeckte und fingen an, mehr Salz als gewöhnlich zu essen. Natürlich, wir verloren die Körpersalze, und das mit dem Salz fing an. Wir nahmen uns Hände voll Salz ... das Affenfleisch war gesalzen, und wir streuten noch mehr Salz darauf und bissen rein. Oder zum gekochten Mais. Da entdeckten wir auch, was das Feuer wert ist. Wenn du in den Bergen nicht weißt, wie man Feuer macht, stirbst du. Nicht nur das Feuer zum Kochen, sondern auch die Feuerstelle, der Funke zum Anzünden. Was machst du, wenn dir die Streichhölzer naß geworden sind? Du hast alles in einer Plastiktüte im Rucksack. Da hast du die Streichholzschachtel, dein Notizbuch, ein Foto von deinem Kind, alles ist in Plastiktüten. Du entdeckst den Wert des Feuers zum Trocknen, zum Kochen, sogar um dich nicht allein zu fühlen, denn das Feuer leistet dir auch Gesellschaft.
Schließlich kommen wir am Lager an. Dasselbe Klopfzeichen. Jetzt würde ich endlich das Mysterium entschleiern. Wir kommen rein und ich weiß noch, der erste, der uns empfängt, ist ein Mann von 28, 29 Jahren, groß, dünn, muskulöse Gestalt. Kräftiger als Tello und Silvestre. Er hatte ein hartes aber kein bitteres Gesicht, braunes Haar mit einer sehr schönen blauen Brille, wie sie die reichen Leute haben. Aber das Gesicht von dem Mann war anders, er hatte einen kleinen blonden Bart. Ein blonder Bart im weißen Gesicht, blaue Augen und so braune Haare, in oliv-grün gekleidet mit einem R-15-Gewehr. Er begrüßte uns mit einem Lächeln. Es war das erste Lächeln, seit ich in den Bergen war. Weißt du, was das heißt, 20 Tage ohne daß dich ein Ranghöherer, jemand, der mehr zu sagen hat als du, jemand, der mehr weiß als du, der besser ist als du, nicht mit einem rohen und harten Gesicht, sondern mit einem Lächeln ansieht, mit einem hübschen Lächeln, würde ich sagen, dem Lächeln eines harten Gesichtes, dem Lächeln eines Propheten. Sein Pseudonym war »Rodrigo«. Später erfuhr ich, daß es der *compañero* Carlos Agüero Echeverría war. Er war der militärische Chef der Guerrilla und der zweite Mann nach Modesto in den Bergen.

Es waren noch andere *compañeros* da, David Blanco und welche, an die ich mich nicht erinnere. Beim Näherkommen sehen wir ein paar grüne Plastikplanen, mehrere Bettstellen, ein richtiges Lager, vielleicht zehn Unterstände an verschiedenen Stellen, große Unterstände, schwarze und grüne und noch mehr Bettstellen aus Holz, mit Säcken oben drauf. Weitere Unterstände mit Tischen aus Pacaya-Stämmen, die aussehen wie Bambus, weil sie dieselbe Form haben und grün sind, dann die Küche ... Wir sehen große Töpfe und Kessel ... Hier ist wirklich das Lager. Das sah tatsächlich nach Feldlager aus. So wie ich es mir vorgestellt hatte. Aber mir fehlten die Leute! Ich dachte, die wären gerade irgendwo anders hingegangen, wären woanders. Aber – denkste! Das waren alle, die da waren und wir, die Neuankömmlinge. Das kriegte ich langsam eins nach dem anderen mit, und ich wußte, daß es dann noch Victor Tirado López mit Filemón Rivera auf der anderen Seite des Darío-Gebirges gab, vielleicht 600 Kilometer weit von uns aus entfernt. Da war mein Bruder Emir. Wir waren im Isabelia-Gebirge.
Rodrigo nahm die Post, las sie aber nicht gleich, sondern rief uns zu sich. Er wollte sich mit uns unterhalten. Ich könnte mir vorstellen, daß es dieselbe Regung war, die auch Tello gehabt hat, vielleicht nicht ganz dieselbe. Ich würde sagen, er war natürlich in einer etwas anderen Lage, das heißt, hier waren sie zu acht oder zehn *compañeros,* waren monatelang zusammen, vielleicht Jahre, was weiß ich ... ein Jahr, zwei Jahre, eine lange Zeit, in der du den *compañeros* dein ganzes Leben erzählt hast. Dann sprichst du von deinen Wünschen, deiner Geschichte, von deinem bisherigen Leben, redest von deiner Familie, fängst an, deinen *compañeros* alles, was du für wichtig hältst, mitzuteilen, jeder kennt deine Lebensgeschichte, und plötzlich hast du nichts mehr zu erzählen. Jemand fängt an zu erzählen, und du sagst ihm schon, wie es weitergeht ...
Wenn ein Neuer kam, eine Gruppe von Neuen, war das, als hätte man im Lotto gewonnen. Was konnte dir da jeder einzelne alles berichten, außerdem frischten sich deine Erinnerungen an manches wieder auf; du konntest nach deinen Nachbarn fragen, den *compañeros* aus der Studentenbewegung. Wie arbeiteten die jetzt ... und die im Untergrund in der Stadt ... Es war, als tauchte man in die Glückseligkeit ein, auch wenn man nach sechs Monaten

wieder in derselben Situation war. Das Lager wurde mit Neuigkeiten aufgeladen, neue Gesichtspunkte, unter denen man die Dinge auch sehen konnte, wurden hereingebracht, neue Meinungen, neue Kriterien, man füllte den Tag und die Nacht mit neuen Gesprächen, neuen Themen, die man mit anderen noch nicht besprochen hatte. Sechs, sieben neue *compañeros* waren eine Überschwemmung im Lager. Außerdem siehst du die Gesichter ... du kannst sie noch nicht richtig auseinanderhalten, sie sind neu, die Leute sind neu. Wer ist wer? Eine Flut von Informationen eine Flut von Gesellschaft, ein Durchbrechen der angestauten Einsamkeit. Schlagartig brach Gesellschaft ins Lager herein. Es war ein Einbruch in die Einsamkeit, du merkst, wie die Einsamkeit sich verflüchtigt, die Einsamkeit zerstreut sich für Augenblicke. Durch deine Anwesenheit wird plötzlich die ganze Situation mit Gesellschaft überspült. Das ist eine außerordentliche Erfahrung. Als ich schon Monate bei der Guerrilla war, habe ich sogar oft gedacht, daß das Härteste, auch wenn du dich schon eingewöhnt hast und zu einem Guerrillero geworden bist, nicht die alptraumartige Angst vor dem Abgrund ist, daß ist nicht das Furchtbarste in den Bergen, nicht der quälende Mangel an Lebensmitteln, nicht die Verfolgung des Feindes, nicht daß du von oben bis unten schmutzig herumläufst, nicht daß du stinkst, nicht daß du ständig naß bist, es ist die Einsamkeit, von alledem ist nichts schwerer zu ertragen als die Einsamkeit. Die Einsamkeit ist nicht zu beschreiben, und da war viel Einsamkeit. Keine Gesellschaft, das Fehlen einer Reihe von Dingen, an die der Stadtmensch seit langem gewöhnt ist, mit denen er lebt. Die Einsamkeit ist der Straßenlärm, den du langsam vergißt, die Einsamkeit in der Nacht, die Erinnerungen an elektrisches Licht, die Einsamkeit der Farben, denn die Berge tragen nur grün oder dunkle Farben, grün ist die Natur. Und was ist mit Orange? Es gibt kein Blau, kein Hellblau, es gibt kein Lila, kein Violett, es gibt diese modernen Farben dort nicht. Die Verlassenheit, Einsamkeit von den schönen Liedern, die dir gefallen ... die Einsamkeit von der Frau ... die Einsamkeit vom Sex ... die Einsamkeit vom Bild deiner Familie, deiner Mutter, deiner Brüder ... die Einsamkeit von deinen Schulkameraden, ihre Abwesenheit ... die Einsamkeit, die Professoren nicht zu sehen, die Arbeiter nicht zu sehen, die Nachbarn nicht zu sehen, die Einsamkeit von den Bussen der Stadt, die

Einsamkeit, die Hitze der Stadt nicht zu spüren, den Staub ... die Einsamkeit, nicht ins Kino gehen zu können; obwohl du all diese Gesellschaft haben willst, aber nicht kannst; denn du kannst die Guerrilla nicht verlassen, du bist gekommen um zu kämpfen, das ist deine Lebensentscheidung gewesen.

Diese Isolation, diese Einsamkeit ist das furchtbarste, das härteste, das, was dich am meisten trifft. Die Einsamkeit, keinen Kuß geben zu können. Was es für einen Menschen doch bedeutet, niemanden streicheln, mit niemandem schmusen zu können. Die Einsamkeit, daß dir niemand zulächelt, daß dich niemand streichelt, wo sogar die Tiere miteinander schmusen ... das Schlangenweibchen schmust mit dem Männchen ... ein Wildschwein ... ein kleiner Vogel ... die Fische in den Flüssen schmusen miteinander. Wir konnten uns nicht streicheln und miteinander schmusen, wir Männer, wir konnten keinem verliebten Geflüster lauschen. Dann diese Einsamkeit, daß dich nicht einmal jemand drückt und verwöhnt, daß du niemanden verwöhnen kannst ... das ist das Härteste; das frißt an dir mehr als die ständige Feuchtigkeit, als Hunger zu haben, als Holz holen zu müssen, als dich ständig mit Lianen herumschlagen zu müssen, damit dir das Holz nicht herunterfällt und du es wieder aufheben mußt, nichts ist entsetzlicher für mich als diese grenzenlose Einsamkeit, in der wir leben.

Und das Schlimmste war noch, daß wir nicht wußten, wie lange wir so leben würden. Das führte bei uns langsam dazu, daß wir uns gezwungenermaßen irgendwie daran gewöhnten, daß wir auf alles Vergangene verzichten mußten, auf Zärtlichkeiten, auf Lächeln, auf Farben, die Geselligkeit eines Eisbechers, die Gesellschaft einer Zigarette, die Gesellschaft von Zucker, denn es gab keinen Zucker. Ein Jahr ohne Zucker essen! Da resignierst du langsam. Und auf der anderen Seite, wenn du ein paar Schritte gehst, fällst du hin, auch wenn du ganz fit bist, fällst du ungefähr dreißigmal hin. Und niemand wundert sich. Es wird nicht sehr hygienisch gekocht, du badest dich so gut wie nie oder ohne Seife, das Essen ist das, was dich noch am meisten reizt; aber weißt du, es gibt immer dieselbe Scheiße: Einen Schlag Maiseintopf mit Salz, ein Stückchen ungewürztes Affenfleisch ohne jede Zutat oder drei Löffel einfachen Maisbrei, ein Löffelchen Milchpulver, und dann mußt du mit dem Hunger im Bauch politische Arbeit bei den Bauern machen und gehst und wirst naß und zitterst vor Kälte und

hast Hunger, es gibt keine Zärtlichkeit und kein Lachen, du streichelst niemanden, der Dreck, die Dunkelheit der Nacht. Alle legen sich um sechs Uhr abends in die Hängematte schlafen, und jeder denkt an das, was ihm Spaß macht. Aber du kannst langsam immer besser mit dieser Umwelt zurechtkommen, sie beherrschen, lernst laufen, deine Füße werden kräftiger, du lernst, die Machete zu gebrauchen, und mit der Zeit kriegst du lange Haare. Mir ist in den Bergen ein Bart gewachsen! Das seltene Baden gärbt deine Haut; die Kratzer verschwinden nach einer Weile, und es kommen neue Kratzer und Risse, bis die Hände und Arme langsam eine andere Farbe annehmen. Du kriegst mit der Zeit an den Händen Schwielen ... und rülpst ... hups ... vor allen Leuten, und dann gleich nochmal, wäscht deine Kleider, machst Ausbildung ... Und die *Guardia,* und keine Nachrichten aus der Stadt, und die Repression in der Stadt; dann verwandelt sich dieses Häufchen Menschen Schritt für Schritt in einen weiteren Teil von den Bergen, in neue Lebewesen der Berge, mit Verstand zwar, aber wie Tiere und schlimmer, denn wir sind unterdrückte Tiere.
In gewisser Weise hat das dazu beigetragen, in jedem von uns den Stahl zu schmieden, der die Diktatur schließlich stürzen sollte. Unsere Haut wurde hart, der Gesichtsausdruck, unser Mund wurde hart, unser Blick wurde schärfer, unser Geruchssinn feiner, die Reflexe, wir bewegten uns wie Tiere. Unser Denken wurde abgehärtet, es schärfte sich das Gehör, das heißt, wir bekamen dieselbe Härte wie die Berge, die Härte der Tiere. Wir kriegten langsam die Schwarte von Mensch-Tieren, wie Menschen ohne Seele scheinbar, wir waren wie Holz, wie Schlangen, Wildschweine, schnell wie Rehe und gefährlich wie Vipern, so wütig wie ein brünstiger Tiger. So kristallisierte sich bei uns die notwendige Härte heraus, um psychische und physische Qualen zu überstehen; wir entwickelten gegenüber der Umwelt mit der Zeit einen stählernen Willen. Die Festigkeit der Avantgarde der FSLN ist mehr als nur ein Wort. Mit ihrer Praxis in den Bergen, in der Stadt und auf dem Land entwickelte die *Frente Sandinista de Liberación Nacional* mit der Zeit eine stählerne Kondition, eine Truppe von Leuten, die eisern zusammenhielt, ein unzerstörbarer Kern aus Granit, Leute, die moralisch und psychisch fähig waren, die ganze Gesellschaft in verschiedenen Phasen ihrer Entwicklung gegen die Diktatur in Bewegung zu setzen. Denn wir vergaßen uns selbst dabei, wie es

die Christen ausdrücken. Ein anderer Gesichtspunkt, der dazu scheinbar im Widerspruch steht, ist, daß wir zwar äußerst hart und abgebrüht waren, aber doch gleichzeitig merkwürdig zärtlich trotz unseres harten Gesichts. Wenn du unsere Augen ein wenig betrachtetest, dann konntest du sehen, wie sich unsere Pupillen veränderten, dann erschien ein anderer Blick. Das heißt, wir waren hart von außen und innen, aber waren doch sehr zärtliche Menschen, sehr sanft und waren auch liebevoll. Wir hatten Liebe im Überfluß, als hätten wir die ganze Liebe gesammelt, die wir unter uns nicht loswerden konnten, die man den Kindern gegenüber empfindet, zu einer Mutter, einer Frau. All das, was da in uns aufgespeichert und angesasmmelt war, wurde zu einer inneren Quelle der Zärtlichkeit und Zuneigung, als hätte das Fehlen von Zucker dazu beigetragen, in uns viel Sanftes und Süßes zu speichern, so daß wir bewegt sein konnten und weinen, so daß uns das Herz bei den Ungerechtigkeiten blutete, die wir mitansehen mußten.
Wir waren harte, abgebrühte Männer und Henry Ruíz brachte es fertig, seine Decke herzugeben, wenn er bei einer Hütte vorbeikam und ein Kind sah, das nicht zugedeckt war; er gab sie fort, obwohl er wußte, daß sich so das Problem nicht lösen ließ und daß er unser Anführer war, dem dann in den Bergen die Decke fehlte. Diese Einsamkeit verarbeiteten wir in der Freundschaft untereinander; wir behandelten uns derb, aber im Grunde genommen liebten wir uns herzlich und mit der großen Zärtlichkeit von Männern. Wir empfanden zueinander eine große, männliche Zuneigung. Eine Gruppe von Männern, die sich umarmt hielt, von Brüdern, wir waren eine Männergruppe mit einem ständigen Kuß auf den Lippen. Wir liebten uns mit Blut und Zorn, aber mit einer herzlichen Liebe von Brüdern. Ich erinnere mich daran, daß einmal ein *compañero* auf dem Marsch das Nest von einem kleinen Vogel gefunden hatte und ihn mitnahm und sechs Tage bei sich trug, weil unten am Fuß der Berge ein *compañero* gesagt hatte, daß seine Mutter gern Vögel mochte, und da er Post in die Stadt herunterbringen sollte, nahm der *compañero* das Vögelchen sechs Tage lang mit; sechs Tage lang mit einem zarten kleinen Vogel in der Hand marschieren ... ein paar Wilde wie wir, die gegen die Schlingpflanzen kämpften, Flußüberquerungen, zehn Kilometer Marsch durch Flüsse, auf Steinen, zu versuchen nicht hinzufallen, den Vogel schützen, auf den Rucksack achten und daran denken,

daß die *Guardia* auftauchen konnte ... und der Tod, all das mit dem kleinen Vogel, im Kampf mit der Umwelt, schlafen mit dem Vögelchen, um es dem *compañero* mitzubringen, damit er es seiner Mutter schenken kann. Der nimmt den Vogel, sieht den *compañero* an, umarmt ihn, und ich bin sicher, daß er nicht weint, denn er kann nicht mehr weinen oder will nicht. Es ist so wie in dem Lied von Carlos Mejía Godoy, in dem es heißt, daß wir uns den Blick rein, ganz rein erhalten haben. Bei uns gab es keinen Egoismus. Als ob uns die Berge und der Dreck, der Schlamm und der Regen, die Einsamkeit, als ob die uns einen Haufen von Fehlern der bürgerlichen Gesellschaft langsam abgewaschen hätten. Sie wuschen uns mit der Zeit eine ganze Reihe von Unarten ab. Wir lernten dort, bescheiden zu sein, denn allein bist du einen Scheißdreck wert da oben, du lernst, aufrichtig zu sein, lernst, die Prinzipien zu achten, lernst, die rein menschlichen Werte zu schätzen, die dort gewaltsam hervorbrechen und eine nach der anderen verschwinden all deine Unarten; deshalb sagen wir, daß in der FSLN der neue Mensch entsteht. Der neue Mensch kommt in der Einsamkeit zur Welt, der neue Mensch kommt von Mücken zerstochen zur Welt, der neue Mensch kommt stinkend zur Welt. Das ist die äußerliche Seite, denn innerlich kommt er durch die Macht der Schläge des Alltags und die Frische der Berge zur Welt - das klingt wie gelogen, ein bißchen einfältig - ein Mensch ohne Egoismus, ein Mensch, der nicht knauserig ist, ein zärtlicher Mensch, der sich für die anderen aufopfert, ein Mensch, der alles für die anderen hergibt, ein Mensch, der leidet, wenn die anderen leiden und außerdem ein Mensch, der lacht, wenn die anderen lachen. Es kommt der neue Mensch zur Welt, der sich eine Reihe von Werten aneignet, auf sie trifft, sie aufnimmt und bewahrt, sie hätschelt und in seinem Innersten pflegt, denn man pflegt sie, um diese Schönheit nicht zu verlieren. Da wird der neue Mensch in den Bergen geboren, wie der Untergrundkämpfer in der Stadt geboren wird, wie der Landguerrillero geboren wird.

Die militärische Ausbildung hat viel mit dem zu tun, wovon wir gerade sprechen; der Anfang und das Ende der Dinge ist das, was sich dem Menschen am meisten einprägt, der Anfang und das Ende ist das, was den Menschen am meisten beeinflußt. Die Ausbildung ist der Anfang, ist entscheidend, denn da bekommt man die planvolle Schulung, die systematische Information, die man anwenden soll, die Ausbildung hat eine große Bedeutung für das spätere Verhalten, für die Entwicklung und Lebensweise des Menschen.

XI

Uns hat René Tejada ausgebildet - Tello - und David Blanco - Arcadio -, Carlos Agüero - Rodrigo - machte auch mit. Aber Tello war der, der die Ausbildung leitete. Die Ausbildung war ungeheuer rigoros. Tello ließ keinen noch so kleinen Fehler durchgehen, er schrie immer rum und hielt uns ständig in Bewegung; er hatte aber gleichzeitig auch die wichtige Fähigkeit, uns zu zeigen, was falsch war und zu erklären, warum wir das nicht so machen durften, alles mit lautem Rumschreien. Du warst gerade beim Kriechen, und er sagte: »*Compañero,* heb den Arsch nicht so hoch, in so einem Gelände wie hier verpassen sie dir da sonst einen Schuß rein, das geht so nicht.« »Man muß das Dach so festbinden, sonst rutscht es runter, außerdem kriegt ihr es dann auch schnell wieder los, wenn ihr eilig abhauen müßt.« »Bind die Schleifen am Seil fest, dann hängen sie an deiner Hängematte herunter und der Regen der am Baum runterläuft, wo die Hängematte angebunden ist und der dann auf die Kordel läuft, macht dir die Hängematte nicht naß, sondern sammelt sich und rieselt nach unten«; denn es war entsetzlich, wenn du in den Bergen schliefst, und so ein Platzregen ging nieder, und du warst morgens naß, und die ganze Decke war feucht: Das war das Schlimmste, was dir passieren konnte, daß dir die Decke und die Hängematte in den Bergen naß wurden. Das bedeutete, du mußtest aufstehen und im Sitzen schlafen. In der Ausbildung brachte Tello uns einem nach dem anderen bei, Feuer zu machen, warum und wie dies so und jenes so gemacht werden mußte, sogar verschiedene Arten zu kochen in der Guerrilla, wie man läuft, wie man den Fuß aufsetzt, alles mit viel Geduld und viel Schreien ... »Auf, ihr Waschlappen ... schmeißt euch hin«, und er fing an zu schießen. Er nahm eine Waffe und fing an, neben uns in den Dreck zu schießen, und wir krochen. Er legte die Waffe in eine Astgabel, und du mußtest

unter seinem Feuer durchkriechen, du konntest den Arsch nicht hochheben, sonst kriegtest du eine Kugel von ihm ab. Im Unterricht vor dem Beginn der Ausbildung brachte er die militärischen Fragen mit dem Politischen zusammen. Wenn Tello mit uns Ausbildung machte, konnte er nie ganz aufhören, ein bißchen zu träumen. Er fing dann immer mit all seinem militärischen Temperament, mit all seiner Gewalttätigkeit, all seinem männlichen Gehabe an, vom Kampf zu reden, davon, wofür der Kampf nötig war, es gab Augenblicke, in denen er anfing mit Schreien und endete, als würde er nur zu sich sprechen, als sagte er die Sachen zu sich selbst, um seine Sensibilität nicht zu verlieren. Tello war eine Mischung von Zärtlichkeit und Gewalttätigkeit.
Die Ausbildung dauerte ungefähr eineinhalb Monate, mitten im Herzen der Berge. Sie dauerte von vier Uhr morgens bis es dunkel wurde. Du weißt, was es heißt, da zu liegen und zu schlafen und plötzlich diesen entsetzlichen Schrei zu hören; du lernst diesen Schrei schließlich hassen: »*Compañeros,* aufstehen!« Es war nicht »*Compañeros,* steht auf!« sondern: »*Compañeros,* aufstehen!« Das war während der ganzen Guerrilla so, der Wachhabende ruft zum Wecken, um halb vier Uhr früh. Und wir waren daran gewöhnt, spät aufzustehen, weil wir spät zu Bett gingen! Das war fürchterlich, sich mit der Zeit daran zu gewöhnen, mit Gewalt um sieben Uhr abends schlafen zu gehen und um vier aufzustehen. Wir gingen fertig und hungrig zu Bett. Oft träumst du, du ißt Eis, träumst von einem Festessen, das Essen fängt an, manchmal im Mittelpunkt der Gedanken zu stehen, du denkst unter solchen Bedingungen viel an das Essen. Und um vier Uhr früh der Schrei zum Wecken ... im Regen ... du bist schön trocken, und dann fallen diese Fluten von Wasser in den Bergen, aber kalt, bitte schön, kalt und auf, raus, das Regendach abmachen, denn das wird am Tag abgemacht, die Hängematte einrollen und zur Ausbildung gehen, im Regen und ohne Frühstück, ohne alles. Nach zehn Minuten kriechst du schon längst durch den Schlamm, du hast trocken geschlafen, und jetzt ist der ganze Körper voll Schlamm, Mund, Ohren, Haare, nach 15 Minuten. Und dieser Tello geht hart mit uns ran, läßt uns kriechen, im Entengang durch das Gestrüpp laufen und läßt uns auf allen Vieren durchs Wasser gehen, und wir müssen uns früh morgens in das eiskalte Wasser schmeißen, und du siehst nichts und kriechst überall rein. Und Gymnastik! Es war

fürchterlich und mit Rodrigo war das Training noch schlimmer, erst schnelles Laufen auf der Stelle, dann Kniebeugen, dann in die Hocke, Übungen für die Hüften und die Beine, für die Arme, für den Kopf. Es waren Konditionsübungen, mit Rucksack, mit allem außer dem Gürtel, denn der konnte kaputtgehen vom vielen Herumspringen. Dann machen deine Füße nicht mehr mit beim Training, dann befiehlt er: »Hinlegen!« »Hinlegen!« »Kriechen!«, und springt mit uns um, aber dabei kriegen wir natürlich allmählich eine gute physische Kondition, Reflexe, die Dornen machen uns schon keine Angst mehr und die Kratzer, auch der Schlamm nicht, wir waren wie Tiere, die sich in der eigenen Umwelt bewegen, wie Wilde. Und so übten wir Feuerüberfälle, Schießen, Zielen, militärische Taktik und immer die politische Seite und die ganze Zeit sprach Tello vom neuen Menschen ...
Ich weiß nicht, ob ich schon erzählt habe, wie Tello mit uns zum erstenmal vom neuen Menschen gesprochen hat. Nach einiger Zeit, als wir schon etwas Praxis hatten, als der Kurs schon zu Ende war, gingen wir zwei Tage weit vom Lager entfernt Mais holen von einem verlassenen Maisfeld. Was man verzehrte, mußte man sich etwas kosten lassen. Wir wußten nicht, was das heißt, sich zu versorgen, zu verproviantieren, für jeden Tag das Essen aufzutreiben. Wir waren daran gewöhnt, zu Hause warm zu essen, aber nicht, uns das Essen zum Überleben zu suchen. Das ist eine Frage des Instinktes. Außerdem hatte ich noch nie gehungert, was man in der Stadt hat, ist Appetit, wie René Vivas sich ausdrückt. In den Bergen hat man Hunger. Also gingen wir nach dem Ende der Ausbildung erstmal Essen holen. Wir waren physisch schon etwas gekräftigt, aber Tello war immer noch unzufrieden und grob, immer wollte er, daß wir mehr hergeben, mehr geben, immer noch mehr. Es gab einen Moment, in dem wir Tello nicht mehr mochten und ihn als *Guardia* ansahen. Wir mochten ihn, aber seine Art stieß uns ab, sein Charakter, und ich sagte ihm das auch im Vertrauen, wenn wir zusammen redeten. Ich habe ja schon erwähnt, daß wir gute Freunde wurden, einige *compañeros* sagten sogar, als sie mich drei Jahre später wiedertrafen, ich hätte ein paar Bewegungen von Tello übernommen. Das ist möglich, denn man übernimmt einiges von den *compañeros*.
Damals marschierten wir also ab, wir gingen ohne Gepäck mit viel Selbstvertrauen, waren trainiert, mit Waffen, Karabiner M-1 und

hatten Lust, auf den Feind zu treffen; wir wußten schon, wie man die Hängematten aufhängt und wie man die Spuren verwischt. Tello hatte uns in der Ausbildung vieles erklärt, Dinge, die wir gelebt und gelernt hatten. Also gingen wir Verpflegung holen und kamen auch gut an. Alles prima. Mal sehen, wie der Rückweg wird. Wir kommen dahin, wo der Mais ist. Wir wissen schon, wie man Mais entkörnt, wir essen gerösteten Mais, essen gekochten Mais, essen Maiskolben, wir machen Maiskaffee. Wenn einem in den Bergen der Kaffee ausgeht, macht man Kaffee aus Mais. Wir verbrachten Monate, Jahre mit Maiskaffee, ohne Zucker, und das ist das Bitterste auf der Welt, aber mit der Zeit findest du das richtig lecker, mehr noch, wenn du den trinkst und ißt eine gebratene Banane dazu, du beißt in die in Asche gebratene Banane, die halb voll Erde ist und dann ein Schluck Kaffee, ein Leckerbissen, wahrhaftig. Da kommt der Hunger raus. Ich zum Beispiel aß drei Dutzend Bananen und war noch einer von denen, die am wenigsten gegessen haben, es gab Wilde, die sechs Dutzend Bananen aßen. Auf dem Heimweg von diesem Ausflug, von dem ich gerade erzähle, mußten wir Mais als Verpflegung für die Leute im Lager mitnehmen, außerdem sollte Rodrigo noch kommen, der ausgerückt war, um verschiedene »Friedensrichter« (das waren von der Somoza-Verwaltung eingesetzte Vertreter der Staatsgewalt auf dem Land) hinzurichten.

Wir schleppten jeder eine Last von beinahe 40 Kilo, und ich weiß noch, daß ich es nicht fertigbrachte, mir das auf den Rücken zu heben. Ich war schon zwei Monate in den Bergen. Das mußte wirklich schwer sein, daß ich es alleine nicht auf den Rücken hochkriegte, mochte ich mich noch so sehr anstrengen. Ich sah, daß Tello sich zusammenreißen mußte, um die Last aufzunehmen, er verzog das Gesicht, zerrte und – zack! – hatte er sie sich auf die Schultern geschmissen, dann steckte er die Hände durch die Riemen und rückte sie sich noch zurecht. Als wir das Gewicht der Last sahen, fanden wir, das war nicht richtig, war Übertreibung. Wir fühlten uns wirklich schon ziemlich kräftig, aber das war menschenunmöglich; die Sache war aber ernst, die Last mußte getragen werden, und Tello sagte zu uns etwas, was uns allen weh tat: »Ihr Arschlöcher, lernt tragen, womit ihr euch satt freßt!« Damit hat er uns verletzt und beleidigt. Vielleicht hat er es mit Absicht gemacht, aber trotzdem: Das war eine harte Sache für uns; ich

weiß noch, daß ich zu einem *compañero* gesagt habe: »Hier, hilf mir doch mal, diese Scheiße hochheben!« Mit seiner Hilfe schaffte ich es dann. Und so halfen wir uns alle gegenseitig mit dem Gepäck. Die Bauern konnten das alleine, obwohl ich es nicht mehr genau weiß, vielleicht halfen sie sich auch gegenseitig; jedenfalls gingen wir los. Du denkst natürlich, du versinkst in der Erde, auch da, wo gar kein Schlamm ist, aber die Erde ist weich vom vielen Wasser, lehmige Erde, und wenn du ausrutscht, entsteht am Boden ein kleiner Graben. Alle 50 oder 100 Meter hielten wir an. Eine Anhöhe von 200 Metern, nach 150 blieben wir stehen. Wir konnten nicht weiter mit dem Gepäck, es zog uns nach hinten runter, aber wir haben uns zusammengerissen, denn wir hatten genug Wut im Bauch und fühlten uns auch schon ganz kräftig. Aber es kommt der Augenblick, in dem wir nicht mehr können und uns hinsetzen müssen. Tello regt sich auf, dreht sich um und sagt: »Was wollt ihr, daß wir den Mais wegschmeißen? Wer hier was essen will, muß sein Essen auch selbst tragen. Ihr seid wie die kleinen Mädchen, ihr Feiglinge, ihr scheiß kleinen Studenten, ihr seid zu nichts zu gebrauchen.«
Wir kamen von der Universität, wo wir etwas zu sagen gehabt hatten, so mit uns zu reden! Ja, du mußtest bescheiden sein, vor allem, wenn du dich unfähig fühltest dieser Last gegenüber. In einer Weise hatte er recht mit dem, was er sagte – du fühltest dich beschissen, impotent, ein Waschlappen; aber wir wußten doch, daß wir auch ein paar Fortschritte in unserer Entwicklung gemacht hatten, uns fehlte natürlich noch viel; wir wußten nicht, ob Tello uns nur provozieren wollte, damit wir weiter Fortschritte machten, oder ob er einfach ein Scheißkerl war, einer der nichts kapiert hatte. Es gab einen gewaltigen Streit mit Tello, denn wir blieben alle stocksteif stehen und sagten nein. Wir waren noch nicht so lange in den Bergen wie er, mehr als ein Jahr. Acht *compañeros* waren länger in den Bergen: Filemón Rivera, Modesto, Victor Tirado, Valdivia, Tello, René Vivas, Rodrigo und Manuel, das waren acht und Juan José Quezada und Johnatán González, die tot waren. Acht Genossen, die seit einem Jahr oder anderthalb Jahren vor uns in den Bergen waren. Wir waren wütend. Das ist keine Ausbildung, ist nicht die Methode, uns zu ganzen Kerlen zu machen. Wir sind gekommen und haben gezeigt, daß wir uns selbst übertreffen können, sie sind doch selbst schuld, wenn sie uns so plötzlich in

die Berge schicken, wir haben Entschlossenheit bewiesen, politische Reife, auch wenn wir körperlich in einer Scheißverfassung waren. Später wurden wir gute Läufer und Träger, aber die Eingewöhnungszeit war hart für uns.
Es kommt der Moment, in dem Tello merkt, daß wir nicht weitergehen, daß wir wütend sind, daß wir bewaffnet sind und daß er es nicht mit Kindern zu tun hat; die Situation ist außerdem so gespannt, weil wir grundsätzliche Argumente ins Feld führen, ihn selbst in Frage stellen. Er ist sauer, aber wir akzeptieren so etwas nicht. Er verschwindet einen Augenblick lang. Ich glaube, da hat Tello geweint, ich weiß es nicht mehr genau. Er ging allein weg. René Vivas ging dann hinter ihm her, er war genau wie wir immer mit seiner Last Mais hingefallen. Nach kurzer Zeit kommt er zu uns zurück und sagt in sanftem, eindringlichen Ton, in dem er manchmal sprach, wenn es ihm darauf ankam: »*Compañeros,* ihr habt vom neuen Menschen reden gehört,« – wir sehen uns an – »und wißt ihr, wo dieser neue Mensch ist? Der neue Mensch ist nicht in der Zukunft, die wir uns mit der neuen Gesellschaft schaffen wollen, wenn die Revolution siegreich ist . . .« – und er sieht uns immer noch an. »Nein, Brüder«, sagt er, »wißt ihr, wo er ist? Da auf dem Rand, auf der Spitze des Berges, den wir gerade hinaufsteigen, da ist er, packt ihn, holt ihn ein, sucht ihn, erreicht ihn! Der neue Mensch ist jenseits vom normalen Menschen. Der neue Mensch ist jenseits von der Müdigkeit der Füße. Der neue Mensch ist jenseits von der Erschöpfung der Lungen. Der neue Mensch ist jenseits des Hungers, jenseits des Regens, jenseits der Stechmükken, jenseits der Einsamkeit. Der neue Mensch ist da, in der zusätzlichen Anstrengung, er ist da, wo der normale Mensch anfängt, mehr zu geben als der normale Mensch. Wo der normale Mensch anfängt, mehr zu geben, als bei Menschen üblich ist. Wo der Mensch anfängt, seine Müdigkeit zu vergessen, sich selbst zu vergessen, wo er anfängt, sich selbst zu verleugnen ... Da ist der neue Mensch. Wenn ihr also müde seid, wenn ihr fertig seid, vergeßt das, steigt den Berg hoch, und wenn ihr dort ankommt, dann habt ihr ein Stückchen vom neuen Menschen. Den neuen Menschen formen wir hier! Hier wird der neue Mensch gemacht, denn die *Frente* muß eine Organisation von neuen Menschen sein, die nach dem Sieg eine Gesellschaft von neuen Menschen aufbauen können! Also, wenn das nicht Theorie bleiben soll und ihr wirklich neue Menschen werden wollt, dann schafft ihr es!«

Scheiße nochmal! – und wir standen da und sahen uns an ... wir blieben stehen und schauten uns an, verdammte Scheiße! Das ist der neue Mensch. Darin sind wir uns einig, wir alle identifizieren uns mit dieser Idee, nur daß uns das nicht in den Kopf gekommen ist, zum Teufel, daß wir, um neue Menschen zu werden, einen Haufen von Widrigkeiten durchstehen müssen, um den alten Menschen umzubringen, daß dann der neue Mensch geboren wird. Ich dachte da nur an den Che, an den neuen Menschen des Che, und da erst verstand ich das Ausmaß dessen, was der Che gemeint hat, als er vom neuen Menschen sprach: der Mensch, der den Menschen mehr gibt, als der normale Mensch den Menschen geben kann, aber unter Opfern, unter Aufopferung seiner Schwächen und Mängel. Wir sahen uns immer noch an, überzeugt, daß Tello recht hatte. Er hat uns an der schwachen Stelle gepackt, der Sauhund! Denn wir alle wollten sein wie der Che oder wie Julio Buitrago, wie Rigoberto. Also nehmen wir die Rucksäcke wieder auf, heben uns wieder die Lasten auf den Rücken, ziehen uns die Riemen wieder über die Schultern, sehen uns an und denken: Dieser scheiß neue Mensch, den packen wir heute beim Schwanz und beginnen den Aufstieg. Und mittags lief in meinem Kopf der ganze Film vom neuen Menschen ab ... sein wie der Che ... sein wie der Che ..., und ich schwöre dir, wir haben keine einzige Pause mehr gemacht, und die Strecke war genauso lang wie die, die schon hinter uns lag. Da hatten wir vielleicht fünfmal Pause gemacht. Da siehst du, wie dich manchmal die Tatsache, daß du dir etwas nicht richtig klar machst, dazu bringt, beim ersten Anzeichen von Erschöpfung gleich aufzugeben, oder vor den ersten Schwierigkeiten zurückzuweichen. Es stimmt einfach nicht, der Mensch kann immer noch ein bißchen mehr hergeben, außer wenn er ohnmächtig wird oder stirbt, aber solange er noch bei Bewußtsein und auf den Beinen ist und nicht zusammenbricht, kann der Mensch noch mehr hergeben, das kann man auf alle Sachen anwenden, das ganze Verhalten überall in der Gesellschaft. Wir kamen also oben an und Tello merkte, daß wir die Herausforderung jetzt angenommen hatten. »Wir wollen uns etwas ausruhen, wir kleinen Menschen«, sagte er. Dann umarmte er uns, und von da an entwickelte sich eine festere Freundschaft mit Tello, anscheinend hatte der Kerl uns genauso weit bringen wollen, anscheinend wollte er uns erst physisch steinhart machen und dann auch psychisch, auf der Ebene des Willens, des Bewußtseins, wollte unseren Willen und unser Bewußtsein unüberwindlich machen; einmal sagte er sogar: »Jetzt kann mich diese Scheiß-*Guardia* ruhig umbringen«, – wie eine Vorausahnung sagte er das –, »mich kann sie jetzt ruhig umbringen, denn hier sind Leute, die hart genug sind, gestählt, um die Guerrilla weiterzuführen und fortzuentwickeln.«

Wir kommen zum Lager und essen, fühlen uns schon wie alte Guerrilleros, und sie empfangen uns auch wie alte Guerrilleros, aber das war noch das wenigste: Wir fühlten uns wie neu geboren, als hätten wir uns selbst neu geboren, als würde alles neu anfangen, als wäre die erste Phase der Eingewöhnung zu Ende, die darin bestand, die physische Widerstandsfähigkeit gegenüber der Umwelt zu gewinnen, diese Unüberwindbarkeit und die moralische Unüberwindbarkeit. Ich erinnere mich noch an eine Anekdote aus dieser entsetzlichen Zeit, der Zeit des großen Schocks, dieser harten Zeit, die wir, die ersten, die in die Guerrilla kamen, dort erlebten – für manche mehr, für manche weniger natürlich, denn den Arbeitern oder den Bauern machte das weniger aus als uns. Ich weiß nicht, welchen katastrophalen Fehler wir gerade gemacht hatten, was für ein Problem wir geschaffen hatten, jedenfalls sagte David Blanco zu Rodrigo: »Verdammte Scheiße, ich weiß nicht, warum sie uns solche blöden Studenten herschicken, solche Waschlappen, ein einziger Scheißhaufen sind sie, verdammt nochmal, wo sie doch gute Leute an der Universität und in der Stadt haben, da schicken sie uns kleine Kinder her, warum – zum Teufel – schicken sie keine Studenten wie Omar Cabezas? Die würden hier etwas ausrichten, sie sollen uns keine solchen Schwätzer wie die hier schicken.« »Halts Maul«, antwortete Rodrigo, »das ist doch Omar Cabezas, der Dünne da hinten.« Später haben sie mir das dann erzählt.

Ich habe schon gesagt, daß wir dann nach der Zeit der Eingewöhnung weiter Ausbildung gemacht haben, aber nicht mehr mit derselben Intensität, sondern mehr um die Kenntnisse aufzufrischen; die Beziehung der alten *compañeros* zu den neuen war dann schon anders, unser Status hatte sich verbessert. Wir blieben dort im sogenannten Gacho-Gebirge, etwa zwei Tage zu Fuß von Siuna. Kannst du dir das vorstellen, das liegt mitten in den Bergen, und da verbrachten wir zwei oder drei Monate, was für uns als Eingewöhnungszeit anscheinend schon richtig war, wir machten dann in der Küche mit, bei den Wachen und dem Ganzen. Mit der Zeit kriegte ich auch andere Aufgaben. Ich weiß noch, daß mir die politische Schulung der *compañeros* übertragen wurde; ich bildete dazu verschiedene Studienzirkel. Jeder von uns war außerdem manchmal Wachhabender; wir bekamen auch schon – sozusagen – militärische Funktionen, denn Wachhabender war eine militärische Funktion, bis dann die *compañeros* beschlossen, wieder nach draußen zu gehen. Ich glaube, es gab da eine Abstimmung mit Modesto, der bei den anderen Gruppen war und den kleinen Truppen von *compañeros,* die auch in der Isabelita operierten. Modesto sollte aus der Gegend kommen, in der noch eine andere Kolumne mit Víctor Tirado López an der Spitze und mehreren Bauern operierte. Filemón Rivera, Zorro, mein Bruder Emir und eine Reihe von Genossen waren dort; als wir dann vorrückten, hatte Modesto anscheinend schon Anweisungen gegeben, daß ein paar Genossen zwischen dem Cerro Grande und der Position von Modesto bleiben sollten, um in der Gegend politische Arbeit zu machen und ein festeres Kontaktnetz aufzubauen, denn es gab nur ein kleines, sehr schwaches Netz, und an manchen Stellen war drei Tagesmärsche weit kein Mitarbeiter unter den Bauern. Also ging es darum, die *compañeros,* die da waren, zu bestärken, neue heranzuziehen und neue Gegenden mit solchen, wo es Mitarbeiter gab, zu verbinden. Ich weiß noch, daß Tello in Zinica blieb, als wir dort vorbeikamen, da, wo er später auch starb, und ich blieb in Waslala; das war für mich eine neue Erfahrung, denn mich bestimmten sie allein für Waslala, ich verstehe das als erstes Zeichen von Vertrauen der *compañeros* in mich. Waslala war eine der wichtigsten Zonen, dort war die zentrale *Counterinsurgency*-Kaserne der Antiguerrillatruppe der *Guardia,* und dort sollte ich die politische Arbeit voranbringen. Es gab Nieder-Waslala, Ober-Waslala und Mittel-Waslala; sie ließen mich in dem Haus des einzigen Mitarbeiters, den es in Mittel-Waslala gab, zurück, dem Vater von Quincho Barrilete, über den Carlos Mejía das Lied gemacht hat, ein Mitarbeiter, der von der *Guardia* eingesetzter »Friedensrichter« war, aber wir hatten ihn rekrutiert. Er hieß Apolonio Martínez und hatte eine ganz außergewöhnliche *compañera* zur Frau, die sogar noch besser war als er. Sie hieß Martha. Eine Frau mit einem solchen Drang, sich selbst zu übertreffen, mit so

einem offenen, wachen Verstand, so intelligent, eine Frau mit einem großen Bewußtsein für den Kampf, für die Emanzipation der Frau, eine Frau mit einer großen Liebe zur Guerrilla, zur Befreiung, die immer mit so viel Zuneigung und Respekt von der Guerrilla sprach, von den *compañeros.* Sie war sich völlig im Klaren darüber, wofür sie kämpfte, eine Frau, die der jetzigen Frauenorgnisation AMNLAE als Vorbild dienen könnte.
Also, sie lassen mich einen Monat lang dort, aber noch nicht in seinem Haus, sondern im Wald, vielleicht sechshundert Meter von seinem Haus entfernt; anfangs verirrte ich mich jedesmal, wenn ich zu ihrem Haus wollte, ich konnte mich auf dem Feld oder im Wald nicht orientieren, es fiel mir jedesmal schwer, zu dem Haus zu finden, und ich verirrte mich ständig; ich weiß noch, daß ich einmal von dem Haus von Apolonio zurückkam – ich ging da immer nachmittags herüber – und mein kleines Lager in einer Baumwurzel nicht mehr wiederfinden konnte und irgendwo bei einem kräftigen Regenguß auf dem Boden geschlafen habe. Ich wurde dort allein zurückgelassen, um in der Gegend ein Mitarbeiternetz aufzubauen und eine Verbindung zu Tello in Zinica herzustellen, das heißt von Las Ballas, einem Besitz der Familie Amador, von dem *compañero* Amador, den in Matagalpa die Konterrevolutionäre umgebracht haben, bis nach Waslala. Sie stellten mich Martha, der *compañera* von Apolonio, vor, und ich lernte die kleinen Kinder kennen und dann, dann wußte ich nicht, wie ich die Arbeit anfangen sollte, denn ich hatte mit solch einer Art von Arbeit noch nirgends Erfahrung gemacht; Erfahrung hatte ich mit Bauarbeitern und Krankenpflegern in León, mit der Stadtteilarbeit, aber nicht mit den Bauern, deren Lebensform ich nicht beherrschte, sowohl was die Orientierung anging als auch die Fähigkeit, mich auf eigene Faust von einem Fleck zum anderen zu bewegen. Ich hatte etwas Angst davor, wußte aber, daß ich die Arbeit voranbringen würde, denn ich wußte auch, daß alles irgendwie möglich war, irgendwie würde ich schon zurechtkommen; ich wußte, daß ich es hinkriegen würde. Dort fühlte ich mich auch oft einsam – stell dir vor, du bist irgendwo im Wald, allein ohne Radio, ohne Uhr, ohne Bücher und ohne Essen. Du kannst dich nicht damit beschäftigen, Essen zu machen, du darfst kein Feuer anmachen, sonst kann man den Rauch vielleicht von den Häusern dort in der Nähe aus sehen; du hast nichts außer Papier und Bleistift. Ich weiß noch,

daß ich sogar ein Gedicht gemacht habe, ein Gedichtchen, es ist vielleicht kein Gedicht, mehr eine Stimmung ... was weiß ich, was es ist, heute ist es wie eine Inschrift auf dem Grab meiner Freunde, die ich dort rekrutiert habe: *Ich schlug euch eines Tages vor / für eine neue Welt gemeinsam zu kämpfen / Ihr nahmt an / und seitdem / sind wir Brüder.*

Ich sah Apolonio nur abends, wenn ich mit ihm Schulung abhielt und ihn darin unterwies, wie man mehr Mitarbeiter gewinnen konnte, welche Wege wir auftun sollten, in welches Gebiet wir die Arbeit ausdehnen konnten; ich erklärte ihm, wie man Informationen sammelt, denn ich hatte den Auftrag, die operative Situation der Kaserne von Waslala auszukundschaften; über diesen *compañero* bekamen wir die notwendigen Informationen für Rodrigos Angriff auf die Kaserne von Waslala am 6. Januar 75, kurz nach der Aktion des Kommandos »Juan José Quezada« im Haus von Chema Castillo in Managua. Ich kam also jeden Abend, um mit Apolonio über solche Sachen sprechen zu können wie die operative Situation und wen wir rekrutieren sollten, wie wir ihn rekrutieren sollten und außerdem um sein Bewußtsein zu festigen, damit er Belastungen gewachsen war und mir nicht weglief. Er holte mich bei Einbruch der Dunkelheit, gegen halb sieben Uhr ab, ich aß in seiner Hütte zu abend, wir hörten »Pancho Madrigal« im Radio und sprachen dort miteinander, und um halb zehn ging ich schon wieder weg; wenn du dich erinnerst, der Bauer geht beizeiten zu Bett, aber ich hatte den ganzen Tag nichts zu tun, nur denken, denken. In dieser Einsamkeit verbrachte ich meinen dreiundzwanzigsten Geburtstag, ich war mit zweiundzwanzig in die Berge gekommen und wurde in Waslala dreiundzwanzig; dieser Geburtstag war dort ein Tag wie jeder andere; ich hatte eine Hängematte zum Schlafen, wenn es Zigaretten gab, rauchte ich eine Zigarette vor dem Einschlafen und fing an, an meine Frau zu denken, an die *compañeros,* an die Universität, an Subtiava und daran, was die *Frente* in den verschiedenen Teilen des Landes wohl gerade machte, welche Pläne die Guerrilla wohl hatte, denn ich kannte diese Pläne nicht, und als ich dann an dem Abend zu der Hütte kam, hatten die *compañeros* mir ein Huhn zum Geburtstag gekocht; ich mochte sie mit der Zeit immer lieber und sie mich auch. Wenn ein Bauer dich gern mag, wenn er dich lieb hat, ist das etwas ganz besonderes, sie lieben nicht nur mit dem Verstand,

sondern mit der Kraft des Instinktes. Denn durch die Umwelt sind sie gleichzeitig halbe Wilde, deshalb lieben sie mit dem Verstand und lieben auch mit dem Instinkt. Martha liebte mich schließlich, mochte mich sehr gern und ich die beiden auch.
Einmal standen wir vor der Hütte, und es schien ein herrlicher Mond; wir sehen den Himmel und die vielen Sterne und fangen an, über die Sterne zu reden und was die Sterne wohl machen, und ich erzähle ihnen, was man so erzählt, von anderen Galaxien, daß es nicht nur die Sonne gibt, sondern noch andere, größere Sternsysteme als die Sonne und so weiter und sage – was weiß ich wieso: »Mann, oh Mann, da denkt man, es stimmt nicht, daß die Erde rund ist und daß sie sich dreht« – so völlig unbewußt, und sie sieht mich ganz ungläubig an und fängt an zu lachen. »Wieso nicht, es ist wahr«, wiederhole ich, »die Erde ist rund und dreht sich«, und sie sieht mich immer noch an. Sie wußte nicht, daß die Erde rund ist und sich dreht. Dann wird sie ernst. »Im Ernst«, sage ich, »weißt du, die Erde ist rund und dreht sich.« »Mach dich nicht über mich lustig, *compañero.«* Ich hatte so viel von den Sternen geredet, von den Sternsystemen, dem Großen Bären, dem Kleinen Bären, von den Konstellationen, von diesem und jenem und über die Theorien des Raumes, solche Sachen, daß sie mich für einen Super-Spezialisten hielt, hochkultiviert, hundertmal mehr als sie und wie ich ihr dann sage, daß die Erde rund ist und sich dreht – ach du lieber Gott! Und wie soll ich das der *compañera* jetzt erklären? Sie wird denken, ich mache mich über sie lustig und wird sich ärgern. Ich sage also zu ihr: »Sieh mal her, *compañera,* es ist wirklich so, die Erde ist rund und dreht sich.« »Aber wenn die Erde sich dreht, dann kommt doch das Wasser oben raus, dann stehen die Bäume doch auf dem Kopf, das Wasser fließt aus den Flüssen raus und wir fliegen dann weg.« »Nein, *compañera,* die Erde dreht sich so schnell, daß man sich dabei nicht bewegt« – und nehme einen Topf Wasser, um es ihr zu demonstrieren. »Sieh mal, das Wasser fällt mir nicht raus, wenn ich es herumschleudere, siehst du?« Gut! Es gelang mir schließlich, die *compañera* davon zu überzeugen, daß ich kein Spiel mit ihr trieb und mich nicht über sie lustig machte. Aber sie war nicht ganz zufrieden mit dem, was ich sagte, denn ich konnte meine wissenschaftliche Erklärung der Erde doch nicht genügend begründen.

Gut! Dann ging ich also zurück an meinen Schlafplatz, verbrachte den ganzen Tag dort, sah zu, wie es Morgen wurde und sah zu, wie es Abend wurde, ohne Uhr und fühlte mich nirgends mehr Tier als dort, wie ein beschauliches Tier, das die Natur und ihren ganzen Kreislauf betrachtet, sonst nichts; dort machte ich mir viele Gedanken bis ich müde wurde vom Denken, es kam die Nacht, und ich konnte nicht schlafen vor lauter Denken. Etwas mehr als einen Monat verbrachte ich dort so. Ich weiß noch, wie ich eines abends plötzlich sexuelle Phantasien bekommen habe, ich dachte an meine Frau, dachte daran, wie ich mit ihr schlief, mein Schwanz wurde langsam steif, ich dachte an Filme mit schönen Frauen, und in meinem Gehirn fing es an zu rasen, denn lange Zeit hatte ich dafür in meinem Kopf keinen Platz mehr gehabt; ich wurde erregt und faßte mir plötzlich den Schwanz an und phantasierte; nach einiger Zeit war er supersteif, und ich rieb weiter daran, bis ich merkte oder auch nicht merkte, ich hatte gerade masturbiert; damals war ich schon ungefähr sechs Monate in den Bergen.
Ich weiß noch, daß ich dann ruhig eingeschlafen bin. Nach ein paar Tagen, in denen ich etwas nervös war, an den Tod dachte, an die Arbeit, von der ich den Eindruck hatte, daß sie sehr langsam voranging, das machte mich etwas verzagt und ich hier allein, ich konnte mich nicht bewegen, wohin ich wollte, hatte Lust wegzugehen, um mit den Bauern zu reden, die dort in der Gegend wohnten, ich war allein, halb unter Druck, halb gespannt und was weiß ich wie – die Spannung ist nämlich der Dreh- und Angelpunkt, plötzlich kam so ein Anfall von erotischen, sexuellen Phantasien, mit der Phantasie fing es an und dann sexualisierte sich der ganze Kopf, und als ich es merkte, hatte ich schon fertig onaniert und fühlte mich ruhig, süß und erholt. Genau so ist das in der Guerrilla gewesen: Wenn du eine Zeit lang nichts gemacht hattest, hast du masturbiert, dann wurdest du wieder ruhiger. Aber an die Geschichte mit den Frauen hast du sowieso die meiste Zeit nicht gedacht, du hast das vergessen und nicht mehr an die Frauen gedacht, an nichts von alledem. Und wenn dir sowas dann manchmal einfällt, versuchst du gleich, nicht mehr an diese Frage zu denken, sonst quälst du dich unnötig, denn es gibt da keine Anwort; und trotzdem, auch wenn du nicht an die Frauen denkst, staut sich deine unterdrückte Sexualität auf, und auch wenn du nicht jeden Tag auf eine Frau scharf bist, kommt ein Moment, in dem du so

viel angestaut hast, daß du einen Augenblick lang daran denkst, und dann ist es so weit, du onanierst und schon bist du wieder ruhig. Das heißt nicht, wenn du eine Frau siehst, wenn sie dir da eine nackte Frau hinstellen, daß du dann nichts machst, was denkst denn du? Aber das ist eben so, so war das jedenfalls bei mir mit der Sexualität.

Also gut, es wurde hell, und es begann ein neuer Tag. Dieser Monat diente mir dazu, mich in Geduld zu üben und half mir sehr, meine Sinnesorgane zu schärfen, denn ich hörte nichts als die Geräusche der Berge, ich wurde gezwungen, haargenau hinzuhören, zu lernen, wie es klingt, wenn in den Bergen eine Frucht herabfällt, wenn ein Baum umstürzt, das Geräusch des Windes von weitem, dann, wenn er näher kommt, schließlich wenn der Strom des Windes bei dir ist und wenn er sich wieder entfernt. Es entsteht ein anderes Geräusch, wenn er näherkommt, als wenn er bei dir vorbeistreicht oder das Klopfen des Spechtes, das Laufen des Eichhörnchens, der Schritt einer Kuh oder wenn ein Vogel von einem anderen Tier aufgescheucht wird oder das Rauschen des Wassers, wenn es in der Ferne regnet oder der weite Donner; täglich lernst du neue Geräusche aller Art haargenau zu entschlüsseln. Sobald du irgendein Geräusch hörst, überlegst du als erstes, ob jemand kommt oder nicht, auch wenn das nicht so offensichtlich ist. Du kennst nur dein eigenes Geräusch, das, das du machst und das Geräusch der Natur. Wenn du also ein anderes Geräusch hörst, sagst du dir sofort: Das Geräusch gehört nicht dazu, da ist irgend jemand und sofort bist du alarmiert. Alle Geräusche prägen sich dir ein, du registrierst im Kopf alle Töne bis auf den kleinsten, leisesten, unwahrscheinlichsten Ton, den du dir nur vorstellen kannst. Genauso geht es mit dem Sehen: Wenn ich ständig dieselben Dinge sah, kannte ich die Bäume schließlich auswendig, ihre Formen, ihre Schatten, die Lichteffekte, die sich zu bestimmten Zeiten im Wald bilden, die Form der Schatten am Nachmittag, am Tag, am Abend, und du weißt, wie das am Abend aussieht, was du am Nachmittag gesehen hast, und weißt, wie am Nachmittag aussieht, was du am Morgen gesehen hast oder beim Hellwerden, es sind andere Schattenrisse, andere Formen. Genauso geht es mit dem Geruchsinn, du lernst, alles zu riechen, den Geruch der Natur und deinen Geruch als weiteres Element der Natur, – den Geruch meiner Decke, den Geruch meiner Hängematte, den Geruch des Rucksacks und der Stiefel, den Geruch meiner Haare, den Geruch meiner Spucke, denn das, was du ausspuckst, hat einen Geruch, ja, der Auswurf beim Katarrh, der riecht. Du lernst, all diese Gerüche zu erkennen: Gerüche vom Essen, von Essensabfällen, von verschiedenen Essensabfällen. Der Geruch des Schweißes, des Samens, du lernst den Geruch des Waldes kennen, der Erde, der verschiedenen Gräser, den Geruch der Tiere, die näherkommen, und wenn du einen neuen Geruch da mit hereinbringst, den Geruch einer Zigarette, dann merkt man das genau, denn der ist nicht mit irgendeinem anderen Geruch vermischt wie in der Stadt. In der Stadt gibt es einen Haufen Gerüche in der Luft, und wenn ich dir hier all die Gerüche wegnehme und lasse dir nur den Geruch der Zigarette übrig, dann lernst du ganz genau, die Zigarette zu riechen. So ging das also in den Bergen, wenn du einen fremdartigen Geruch mitgebracht hast, wo alle anderen Gerüche schon verschwunden waren und nur noch die Gerüche der Berge übrig blieben.

XII

Ich vergeudete die Zeit über Tag nicht in diesem Monat, den ich allein war; morgens machte ich Training und nachmittags wußte ich entweder schon, daß ich Berichte schreiben mußte, oder ich schrieb ein Gedicht oder marschierte ein bißchen, machte Sehübungen und sah mich in der Umgebung um. Obwohl ich meine Zeit nicht vergeudete, als ich allein war, blieb mir aber meistens noch genug Gelegenheit, über eine Menge Sachen nachzudenken.

Eines Abends tauchte Margarito, ein Bauer, den wir schon kannten, mit einem neuen *compañero* auf, der zu Tello unterwegs war und bei mir vorbeikam, um Zwischenstation zu machen. Etwa um vier Uhr morgens sehe ich einen großen jungen Mann kommen, kräftig, hoch gewachsen, pfiffige Augen, kurzes gewelltes Haar, und kaum ist der arme Kerl da, sehe ich, daß er sich – plums – wie ein Sack hinsetzt, und betrachte ihn: er ist reichlich verdreckt, Schlamm im Gesicht, in den Haaren, das Gewehr von oben bis unten voll Schlamm. »Omar Cabezas - ich weiß, daß du es bist«, sagt er zu mir, kaum daß er da ist und stellt mir Fragen, dieselben Fragen, die ich auch Tello und Silvestre gestellt hatte, als ich sie zum erstenmal sah: Wie es hier steht, wieviele wir sind, wohin er jetzt gerade geht, ob es verschiedene Lager gibt, ob es da eine Küche gibt, ob man immer so viel marschieren muß wie bis hierher und ob ich Heftpflaster oder Alkohol für die Blasen habe, zieht die Schuhe aus, der Arme, er hat schon eine große Wunde an der Hand, weil er hingefallen ist und die Hand aufgestützt hat, um nicht mit dem Gesicht auf einen Stein zu fallen, ein schmutziges Taschentuch ist um seine Hand gewickelt. Es war Casimiro, er kannte mich, weil er auch Student war, sein richtiger Name war Orlando Castellón Silva, er ist dann auch in der Guerrilla gefallen. Später sollte ich noch viele Leute militärisch ausbilden. Ich habe etwa vierzig Guerrilla-Ausbildungskurse geleitet in meinem etwas mehr als fünfjährigen Leben im Untergrund, in denen ich mich bemüht habe, die Genossen mit viel Liebe auszubilden, mit viel Brüderlichkeit, die Härte des Trainings behielt ich bei, aber ich versuchte gleichzeitig, sie freundschaftlich zu behandeln, um mit diesen Vorurteilen, die es gegen die Studenten in den Bergen gab, Schluß zu machen. Ich glaube, später korrigierte sich dieser Fehler auch.

In Waslala gibt es den ganzen Tag Schnaken, alles voll Schnaken und bei Nacht ist es noch schlimmer: Fliegen, *Zancudos,* Stechmücken und alle Arten von Moskitos und Insekten, sie lassen dich einfach nicht schlafen, weil sie sich in deiner Decke festsetzen, und du mußt ein Feuerchen unter der Hängematte machen, schwelende Scheite hinlegen, damit es Rauch gibt, denn du liegst in der Hängematte und hörst das nicht enden wollende »bssssssss« in den Ohren; und es gibt da ein winzigkleines Insekt, das dir den ganzen Tag auf die Nerven fällt, sich zwischen die Fäden der Hängematte oder der Decke setzt und dich von innen her sticht. Das ist ein Alptraum, ist fürchterlich, denn du kannst nicht in Ruhe schlafen; das führt dazu, daß sich dein Gesicht in den Bergen zusammenzieht, dort lebt man mit einem harten Gesicht. Wenn du kacken gehst, machst du dir den Hintern naß in dem eiskalten Wald, das Essen ist scheußlich, es gibt nichts, was dich reizt, keinen Zucker, du lächelst fast nie, du hast ständig irgendwelche Kratzer, bist immer belastet, immer naß, deshalb hast du immer einen

Ausdruck von Schmerz im Gesicht, und im Lauf der Tage, der Wochen, der Monate, der Jahre wird dein Gesicht ... so ... die Muskeln angespannt, schon hast du ein hartes Gesicht, ein Gesicht wie eine Fratze, als ob sich die Muskeln nicht mehr in die normale Lage entspannen könnten, dein Gesichtsausdruck verändert sich. Der Gesichtsausdruck der Guerrilleros ändert sich mit den Jahren, und das offenbart dir die neue Haltung, das veränderte Gesicht sagt dir, daß du nicht mehr derselbe bist; und natürlich, der Blick macht denselben Prozeß durch. Wenn du dann nicht einmal mehr schlafen kannst, weil die Tiere an dich gehen, verziehst du immer das Gesicht und schlägst dir ins Gesicht, da gibt es keinen gemütlichen Augenblick, nur wenn es einmal etwas Gutes zu essen gibt oder wenn ein *compañero* kommt oder wenn du masturbierst oder wenn du eine tolle Nachricht bekommst oder wenn wir am Radio die Musik von Carlos Mejía hörten, das war wie frisches Wasser, denn es zeigte uns, daß wir nicht allein waren, wenn wir Carlos Mejía Godoy singen hörten. Das war eine ständige Nahrung. Im Lager, jeden Tag um sechs Uhr abends versammelten wir uns an den verschiedenen Radios und trafen uns da, um zu hören, die Musik, die Mazurquita und den Text von Carlos, das hatte für uns immer einen großen Reiz, das half uns, dies Leben zu ertragen.

Casimiro schickten wir dann zu Tello weiter. Und am nächsten Tag, es war schon im November, ein Bote in der Frühe, ein Bauer um mich abzuholen. Modesto ließ mich holen, um mit mir zu sprechen; ich kannte ihn noch nicht und wußte auch nicht, daß er Henry Ruíz hieß. Also gut, ich glaubte, ich würde nach meinem Treffen mit Modesto dorthin zurückkommen. Ich gehe also mit dem *compañero* mit, und wir kommen zum Lager von Modesto, da waren alle anderen, die mit mir vom Zentrum aus aufgebrochen waren, dazu noch andere, neue und mehrere Bauern, die ich nicht kannte, alles in allem vielleicht dreißig oder vierzig Männer so ungefähr. Wir sind ja verdammt viele, dachte ich, denn ich wußte bis dahin nicht, daß da noch andere Trüppchen dabei waren. Da komme ich also an, und die anderen *compañeros* haben schon andere Erfahrungen gesammelt in den ein oder zwei Monaten, die wir getrennt waren, und ich bringe auch neue Erfahrungen mit. Ich komme hin. Im Lager von Modesto sind sie gerade beim Frühstück, wie wir ankommen, denn wir waren bei Nacht losgegangen, sie waren beim Frühstück und hatten das Training schon hinter sich; das leitete Rodrigo, es nahm uns immer ziemlich mit, verdammt nochmal, denn dieser Rodrigo war ein Kerl – ohne Flax – er machte jeden Tag Training, vom Morgengrauen an, Trainingsausbildung um vier Uhr früh. Wenn es hell wird, bist du gerade mit dem Training fertig, mit Rucksack und gleich danach Körperpflege, alle zum Baden, Zähne putzen, Gesicht waschen, wer sich baden will, badet: mit Erlaubnis natürlich, wenn du irgend etwas behandeln mußt. Und dann das Frühstück: Es besteht aus einer Handvoll gekochtem Mais, eingeweicht oder nicht eingeweicht, nur gekocht, ungequollen. Eine Portion bestand aus einem halben Täßchen gequollenem Mais, das war unser Frühstück über Jahre, wir haßten es, weil es so eintönig war. Aber wie sehnten wir uns nach diesem Täßchen Mais, wenn wir Hunger hatten und es nicht einmal das gab!

Ich weiß noch, daß Modesto aus seinem Topf aß, als der Bauer mich zu ihm brachte. Ich begrüßte ihn: »Freut mich, *compañero,«* so begrüßte ich ihn. »Bist du Eugenio?« »Ja, ich bin Eugenio.« »Ach, dann wollen wir gleich zusammen reden.« Ich ging meine Portion holen und fing an zu essen. Es war – sagen wir mal – eine ziemlich kühle Begrüßung von beiden Seiten, obwohl Modesto das Symbol war, aber es war eine kühle Angelegenheit, ich glaube wieder aus demselben Grund, dieser gewissen Geringschätzung der Studenten. Damals war mir die Sache ganz klar, denn ich war jemand, der so etwas immer analysierte.

Als ich noch in Waslala war – das habe ich vergessen zu sagen –, vierzehn Tage bevor wir zu Modesto kamen, hatte ich hier an der Wade bei mir am rechten Bein ein kleines weißes Pünktchen entdeckt und da an der Wade am linken Bein noch ein kleines weißes Pünktchen, ein Pünktchen von einem Mückenstich, aber da man die ganzen Hände von Schnaken zerstochen hat und Verletzungen und Tausende und Abertausende von Stichen, die wieder weggehen, dann Stiche auf Stichen, Verletzungen auf Verletzungen, Kratzer über Kratzern, da ist das normal und manchmal entzünden sich die Stiche ein bißchen, dann hast du die Hände verstochen und überall Eiter, du machst dann Alkohol drauf, wenn du Alkohol auftreiben kannst oder so etwas, und es geht wieder weg, dann kommen neue Stiche und so weiter; aber diese Stiche – sah ich – wurden immer größer, weiße Pünktchen an beiden Seiten der

Wade und rund um den weißen Punkt: rot, alles rot, ganz rot angelaufen, alles angelaufen, rot angelaufen auf beiden Seiten und allmählich, im Lauf der Tage wurde das so groß wie ein Zehn-Centavostück, ich drückte darauf ... dann wie ein 25-Centavostück und dann wie ein Fünfzig-Centavostück; und dann fing es schon an, weh zu tun, tat sehr weh, ich sah, das war purer Eiter, da dachte ich, wenn ich bei Modesto bin, können sie mir eine Spritze geben, damit das weggeht, es waren genügend Medikamente da.
Ich sage also zu Flavio, dem Doktor in der Guerrilla: »Ich habe hier irgend etwas an der Wade.« »Das, was du da hast, ist eine Entzündung.« Die vermeintliche Entzündung fängt an, wahnsinnig schnell zu wachsen und ist schon so groß wie ein Córdoba-Stück. Es tat mir so weh, daß ich nicht schlafen konnte. Ich mußte mir den Schaft der Gummistiefel umkrempeln, denn wenn das reibt, bringt dich das um. Sie haben mir ein paar Kapseln Antibiotika gegeben, damit die Entzündung zurückgeht, aber ich sagte zu Flavio: »Dieser Mist hier, der geht nicht weg. – Flavio, guck mal, das riecht plötzlich so merkwürdig, ich glaube, die Scheiße fängt an zu stinken.« Flavio hält die Nase daran: »Ja, du, das stinkt« – riecht an der anderen – »es stinkt ... Ich spritze dir Benzetazil.« Dann gibt er mir die erste Benzetazil-Spritze. Zweimillionenvierhunderttausend Einheiten Penecillin in die Hüfte, ich bin vier Tage lang kreuzlahm, muß sitzen. Wir waren alle ziemlich anfällig, ganz dünn. So eine Spritze, die haut dich um. Nach vier Tagen fängt die Behandlung an, das ist etwas Entsetzliches, sie gehen mit einer Pinzette und Watte in das Geschwür. Und die Pinzette mit der Watte verschwindet ganz darin, dann die nächste, ich biß die Zähne zusammen, ballte die Fäuste. – Au! Mann! – und zog ihm den Fuß weg, dann setzte sich Flavio auf meinen Fuß und hielt mich fest. Als er mir endlich den ganzen Eiter herausgeholt hatte, blieb ein großes Loch da – und der Gestank. Sie verbanden mir beide Löcher, das pure Fleisch war zu sehen. Ich konnte nicht laufen, mußte die ganze Zeit über sitzen. Da es nicht weggeht, spritzt er mir nochmal Benzetazil. Du weißt ja, das macht die roten Blutkörperchen kaputt; wir sind unterernährt, fertig. Ich werde wieder lahm, und die Behandlungen gehen weiter, jeden Tag, denn jeden Tag kommt Eiter raus. Und jeden Tag wird das Geschwür größer. Er hatte mir drei Benzetazilspritzen gegeben, und das Ding wurde immer noch größer, fraß mich langsam auf und ein Schmerz, daß

ich nicht einmal mehr aufstehen konnte, um mir Essen zu holen, mit Müh und Not konnte ich kacken gehen oder mich waschen. Es war eine Qual, ich badete mich jeden Tag. Weißt du, was es heißt, sich an einem Bach auszuziehen, das Wasser ist kalt, eiskalt. Jeden Morgen und manchmal zweimal am Tag wusch ich mich, und das Ding wurde nicht besser. Ich sehe, daß Flavio unruhig wird, denn es fängt auch schon bei anderen *compañeros* an verschiedenen Teilen des Körpers an, ganz klein, meine waren die größten. Flavio ist beunruhigt, denn er merkt, daß es keine Entzündung ist, ich bin schon fast einen Monat lang lahm und vollgepumpt mit Antibiotika ... und es wächst weiter. Es waren große Geschwüre. Sie wuchsen und fraßen sich nach innen, man konnte den Knochen schon sehen. Inzwischen behandelten sie mich zu dritt. Ein *compañero* hatte zwei Stöcke geschlagen. Sie gaben mir einen Stock in jede Hand, und dann legten sie mir noch einen in den Mund, damit ich während der Behandlung nicht schreie, dann fing er an, mir den Mull in die Löcher an den Beinen zu stecken. Es fühlte sich an, als würden sie mich von innen heraus anpacken, ein gewaltiger Schmerz, den ich nicht beschreiben kann, es tat mir weh bis ins Gehirn, ich zerbiß die Stöcke, die sie mir zwischen die Zähne gesteckt hatten, der Schmerz war so groß, daß ich mir wie ein Tier vorkam, wenn sie mich behandelten, als würde es mich zerreißen. So etwas mochte ich nur Somoza wünschen. Gerade, daß ich nicht ohnmächtig wurde, wenn dieser Mann da mit dem Mull daran ging und der Gestank ... Der Mull kam voller Eiter und Blut heraus. Es kamen Fleischstückchen mit, Stücke, größer als eine Bohne, wie ein Maiskorn, es waren Fleischklumpen, die da abgingen; die Narben habe ich jetzt noch ... Aber das war viel größer, zwölf oder 15 Zentimeter im Durchmesser vielleicht. Eine Spanne weit und nach innen gefressen. Obendrein hatte ich schon in Waslala Schmerzen am Blinddarm bekommen; dann hatte sich die Blinddarmentzündung mit dieser Sache vermischt. Der arme Flavio lag immer ganz bedripst in seiner Hängematte, weil er nicht rauskriegen konnte, was es war. Eines Tages kommt er und sagt: »Lesmaniasis, es ist Lesmaniasis!« – wie wenn einer ruft: »Land in Sicht ... Land in Sicht ... »Was ist denn das, Lesmaniasis?« »Mensch, das was ihr hier habt, Berglepra, das ist Lesmaniasis. Ich erinnere mich, in dem Kurs, bevor ich in die Berge ging ... Tropenmedizin ... Ich habs ... Das ist es ... Repodral! Repodral! Damit geht das weg, mit Repodral!« »Na, hoffentlich Mensch!« »Also gut, laßt Repodral holen!« Weißt du, was das heißt, aus der Stadt Repodral holen lassen? Wann kommt das an? Mal sehen, ob das an den Sperren der *Guardia* vorbeikommt. Ich hatte die Krankheit fünf Monate lang. Ich wickelte mir später ganz viele Binden darum und stand auch manchmal auf, um Holz zu holen, oder sie schickten mich auf Posten, ich bat sie sogar, mir Arbeit zu geben, um nicht herumzuliegen. Die Lepra damals machte mich stärker. Sie härtete mich noch mehr ab. Vielleicht entwickelten wir deshalb so große Ansprüche; wenn du nämlich keine festen Überzeugungen hast, Schamgefühl, dann gehst du weg, bittest darum, sie sollen dich herunterbringen. Ich habe Modesto nie darum gebeten, mich herunterzuschicken, und sie wußten, daß ich völlig kaputt war. Irgendwann war dann Weihnachten, Weihnachten 1974.

Mir gefiel Weihnachten in den Bergen nicht. Ich erinnere mich nicht mehr gleich intensiv an jedes Jahr. Fünf Weihnachten verbrachte ich an verschiedenen Stellen, in verschiedenen Lagern, verschiedenen Gegenden, sogar mit verschiedenen Leuten. Es waren verschiedene Guerrilla-Kolonnen, waren neue Freundschaften, neue Gruppen kamen an, neue *compañeros*. Ich erzählte ihnen, wo wir Weihnachten im Jahr davor verbracht hatten, denn gewöhnlich ist es leichter, sich in Erinnerung zu rufen, was vorigesmal war.

Weihnachten bringe ich immer mit dem Neujahrsfest durcheinander, denn es sind beides traditionelle Feiertage, und die Bauern feiern Neujahr mehr als Weihnachten. In den Bergen ist Weihnachten ein ganz gewöhnlicher Alltag, unbemerkt fast, denn wo es keine Spielsachen gibt, kein Gedanke, da existiert das Fest nicht. In den Bergen merkt man von Weihnachten nichts, aber Neujahr, das merkt man, denn ich weiß noch, wie ich einmal an Neujahr mit Bauern zusammen ein paar Schnäpschen getrunken habe.

Das erste Weihnachten, an dem ich in den Bergen war, habe ich gesagt – war 1974. Im Laufe des Monats waren Carlos Agüero – »Rodrigo«, René Vivas, Nelson Suares, Aurelio Carrasco – »Evelio« – und andere *compañeros* weggegangen, um einen Überfall zu machen. Wir waren im Lager, und Rodrigo war weg. Wir wußten, daß er etwas bestimmtes vorhatte, aber er sagte nicht was. Später kriegten wir die Aufregung über den Überfall von Abisinia mit. »Das war Rodrigo, der Hund«, sagten wir und warteten gespannt darauf, daß er ins Lager zurückkam.

Sie kamen an Weihnachten wieder. Wir, die dies Jahr dazugekommen waren, lagen in den Hängematten, dachten an Weihnachten, an die Lichter, die Geschenke und die Supermärkte.
Ich dachte natürlich an Weihnachten in León, wo im Vorraum der Kathedrale ein Haufen Verkaufsstände aufgebaut werden, Puppen und Lichterglanz. Und an der Ecke vom Sesteo, an der Universität, an der Ecke vom Chinchunte und an der Einfahrt von León, wo an einer Ecke ein Billardsaal ist und ein alter Mann, der »Taponcito« genannt wurde, da an den Ecken stellten sie immer schöne Lichter auf an Weihnachten. Daran dachte ich. Wir lagen in der Hängematte und hörten Musik, hörten ein Lied, das so ging: »Du, der du weit bist von deinen Freunden, komm an Weihnachten in mein Haus.« Wir fingen an zu singen und sangen: »Komm heute an Weihnachten in mein Zelt ...« – und wollten uns nicht schlafen legen. In der Verfassung waren wir. Es war der 23. Am 24. genau erscheint Rodrigo, wenn ich mich nicht irre. Ich weiß nicht, ob morgens oder nachmittags. Wir waren glücklich, denn so waren wir an Weihnachten zusammen, auch wenn es uns beschissen ging. Wir hatten die Vorstellung, mit Rodrigo zusammen wäre es schon etwas anderes. Außerdem war Rodrigo zwar nicht traditionell fromm, aber doch ein Typ, der etwas von der menschlichen Seele verstand und der auch uns verstand. Wir kannten das Problem auch schon, denn verschiedentlich hatten wir Weihnachten in den Kirchen mit Hungerstreiks für die politischen Gefangenen verbracht. Das heißt, in irgendeiner Weise waren wir schon daran gewöhnt, seit wir Studenten waren, die Osterwoche oder Weihnachten und Neujahr in der Kirche eingeschlossen zu verbringen, auf Kampagnen.
Rodrigo erschien mit mehreren Truthähnen: Die Kerle hatten erst den Überfall auf die Bank von Abisinia gemacht und wollten uns dann etwas aus der Stadt mitbringen, denn sie waren im Zentrum gewesen. Wir waren seit Monaten in den Bergen. Ich weiß noch, daß wir René Vivas gefragt haben, als er ankam: »Und, bist du im Ort gewesen? Hast du das elektrische Licht gesehen und die Autos und die Leute?« Wir hatten seit langem kein elektrisch Licht mehr gesehen, keine Autos, nichts von alledem. Rodrigo sagt: »Wir werden jetzt ganz prima Weihnachten feiern, wir haben nämlich etwas mitgebracht, ratet mal was« (Rodrigo war ein begeisterter Koch). Butter ... Erbsen, Tomatensauce, Sojasauce ... Das hatten

sie fast 20 Tage in ihren Rucksäcken mitgeschleppt, um es uns alles am 24. ins Lager mitzubringen. Vielleicht sagt dir das nichts, was es heißt, nur vier Unzen mehr in der Tasche oder im Rucksack zu haben, als Zugabe, wo Marschieren die Regel und Ausruhen die Ausnahme ist, das zeigt eine ungeheure menschliche Größe. Dann schicken sie Luciano zum Kochen. Er ist gerade mit Kochen an der Reihe. Aber Rodrigo kocht auch, denn er sagt, er will einen Truthahn machen wie in der Stadt. Und alles zum Kochen hat er da. Das gibt ein herrliches Essen für uns, wo wir doch seit Monaten nur gekochten und gequollenen Mais gegessen haben. Aber trotz der Freude über das Essen und über die Ankunft von Rodrigo geht es dir manchmal durch den Kopf, wo denn jetzt wohl deine Frau ist oder deine Mutter, deine Freunde, die *compañeros* aus der Stadt, denen es besser geht als dir, die in irgendeinem konspirativen Zimmer, in irgendeinem Durchgang, im Hof eines konspirativen Hauses sitzen. Sicher trinken sie ein paar Gläschen und denken an uns. Denn es gab so eine ständige menschliche Solidarität, immer waren wir überall zusammen, in jedem Moment, die einen dachten an die anderen.
Rodrigo kam am Nachmittag, jetzt weiß ich es wieder, ganz durchnäßt. Wir merkten es, als wir den Ruf des Postens hörten. Wir sahen Evelio, kräftig wie immer mit seinem Rucksack, naß mit demselben Gesicht wie immer. Und dann Rodrigo mit seiner Kappe, immer bleich und immer hinter Evelio. Er kam mit seinem Lächeln an. Rodrigo hatte ein kleines Lächeln, nicht breit. Er kam also mit einem fröhlichen Lächeln, denn er kam von Abisinia, er kam, um mit uns an Weihnachten zusammen zu sein, wir hatten ihm sicher auch gefehlt. Eben weiß ich es wieder, es war am Nachmittag, ziemlich dunstig, dort ist im Dezember schon voller Winter. Und Luciano, der als Helfer von Rodrigo in der Küche geblieben ist – es ist um die Zeit schon halb dunkel – schnappt die Truthähne, salzt sie und gibt sie Rodrigo. Der fängt an, sie zu kochen, ... ein Düftchen, an das ich heute noch denke ... Wir, der Rest der Truppe – in so einem Lager bilden die Unterstände, diese zeltförmig gespannten Plastikplanen über jeder Hängematte einen Kreis – setzten uns in die Mitte zum Plaudern, da wo sonst der Unterricht stattfand. Wir redeten darüber, wie es denen in der Stadt ging. Rodrigo sagte, wir könnten auch singen und wir sangen.

Aber nach einer Weile singen, kriegt jeder mal das Bedürfnis, pissen zu gehen. Im Wald muß man ständig pissen. Und wenn du in einer Gruppe bist und dich dann absonderst, um pissen zu gehen, dann fällt es dir sofort wieder ein, die Stadt, deine Familie, die Mamá, deine Frau, die Möglichkeiten des Sieges. Wie oft noch Weihnachten hier, wie lange das alles, wann kommen wir hier weg. Das geht in dem Augenblick, wo du dich umdrehst und pissen gehst, los. Aber wenn du dich wieder zur Gruppe setzt und weiter singst und rumalberst, dann vergißt du es wieder.

Während wir reden, kocht Rodrigo, und aus der Küche steigen nacheinander die verschiedensten Düfte auf, je nach dem, welche Gewürze Rodrigo gerade dazutut. Und wir erkennen sie auch der Reihe nach wieder: Kapern, Tomatensauce, Sojasauce, Senf. Und das obwohl wir etwa 20 Meter von der Küche entfernt saßen, aber es wehte ein Wind, und es sind so wohlbekannte Gerüche, und man entwickelt da die Sinne, das Gespür. Wir identifizierten sie jedesmal und dachten: Was haben sie jetzt daran getan? Das! Und so weiter.

Wie es dann fertig war, erhob sich ein herrlicher Duft. Wir wußten schon nicht mehr, wie spät es war. Sie hatten auch für jeden zwei Zigaretten mitgebracht. Die Ration war sechs Stück am Tag bei optimalen Bedingungen. Sie hatten zwei mehr mitgebracht und auch drei Bonbons für jeden. Das war ein Gelage, ein richtiges Fest! Mehr Zigaretten, mehr Süßigkeiten, der Truthahn, der Duft vom Truthahn. Trotzdem, wenn du dich von der Gruppe abwandtest, verlor sich die ganze Begeisterung. Deshalb wollte ich fast nicht mehr pissen gehen. Denn manchmal ist es besser zu träumen ...

Schließlich ertönte der von allen lang erwartete Ruf, wie immer halb eindringlich und halb lakonisch, halb eindringlich - halb mechanisch, halb eindringlich - halb trocken: »*Compañeros*, Essen!« Alle stellten sich auf. Und dieser leckere Geruch! Ich steckte zuerst den Finger ins Dunkle, statt des Löffels nahm ich zuerst den Finger. Ich weiß noch, daß ich auf die Oliven stieß, die Kapern. Du berührst etwas und erkennst in der Dunkelheit die verschiedenen Sachen. Ich nehme eine Olive und beiße hinein ... und ich denke wieder an die Oliven, die ich in der Stadt gegessen habe, der Saft oder die mit der Olive vermischte Spucke geben dir ein Gefühl, das dich abheben läßt und Erinnerungen weckt. Und

dann die Kapern, du riechst die Tomatensauce ... Wenn du im Dunklen ißt und die Augen zumachst, kannst du mit ein klein wenig Phantasie jede Menge Wunder erleben.
Aber die große Tragödie, das Riesengefluche und Geschimpfe, das Luciano zu hören kriegte, die Wut von Rodrigo und die Demoralisierung von allen: Das Fleisch war schon gesalzen gewesen, und Luciano hatte es noch einmal gesalzen, es war ungenießbar. Ich habe einmal reingebissen, nicht aus Hunger, sondern um die Phantasie anzuregen. Ich habe nur die Zähne darauf gesetzt. Es waren alle Gewürze daran. Ich habe sie außen herum abgelutscht, alle Gewürze gegessen. Ich habe fast das ganze Fleisch gegessen. An dem Abend nach dem Essen gingen wir tief in Gedanken versunken schlafen, dachten ans Kämpfen, an das Leben, an den Kampf.
Ich habe auch einmal Weihnachten in Tegucigalpa, in Honduras, gefeiert, vor dem Sieg. In einem konspirativen Haus. Es war eine ziemlich städtische Weihnacht. Ich weiß noch, daß ich damals der Verantwortliche für Honduras war. Ich war über die Grenze gegangen und mein Aufenthalt hatte sich in die Länge gezogen. Ich war dort der Verantwortliche, zusammen mit Rafael Mairena. Wir trafen uns mit einigen anderen *compañeros* und *compañeras.* Da wir weniger unter Druck standen, tanzten wir, aßen und dachten an die *compañeros.* Meine Gedanken gingen zu den *compañeros* aus meiner Kampfeinheit. Ich stellte sie mir auf verschiedene Art in den Bergen vor, so wie ich die anderen Weihnachten verbracht hatte, als ich auch in den Bergen war. Denn ich weiß noch, daß wir einmal die ganze Nacht lang marschiert sind. Du marschierst und marschierst und denkst schon nicht mehr daran. Wenn du dich hinsetzt und dich ausruhst, sprichst du mit dem, der neben dir ist: »Da siehst du mal, Mensch, so eine Gemeinheit, so ist die Welt! Wir sind hier und anderswo trinken die Leute Schnaps und machen was weiß ich für tolle Sachen!« Das trifft dich, und wenn du keine festen Prinzipien hast, dann demoralisiert es dich. Denn das sind so traditionsgeladene Tage, so tief in den Leuten drinnen verwurzelt. Du marschierst und denkst an die Stadt, die Autos. Und manchmal habe ich mich damit auch abgelenkt, obwohl ich der Chef war. Das Nachdenken lenkte mich ab. Auch wenn damit geistige Kräfte in Anspruch genommen wurden, setzte ich die Erinnerung gegen die Ermüdung ein, um nicht zusammenzubre-

chen. Ich sagte mir, jeder Schritt, den du machst, ist eine Glühbirne am Weihnachtsbaum im Haus eines Reichen. Eine Birne, noch eine Birne, bis ich ihm alle Birnen am Weihnachtsbaum kaputtgemacht hatte.
In den ersten Jahren betrachteten wir die Bauern wie eine Sehenswürdigkeit. Mal sehen, ob die Hütte geschmückt war, ob es in den Bergen nach Weihnachten riecht. Du weißt, daß in der Stadt alles anders ist. Die Lichter, die Reklame, die Berge von Geschenken, die Weihnachtskarten und die Feiertage. Weihnachten hat einen bestimmten Geruch. Die letzten Tage im Dezember sind eine besondere Sache, die Leute sind fröhlicher, die Leute sind schöner an Weihnachten und Neujahr. Die Häuser, dein eigenes Haus ist anders. Das eigene Haus, auch wenn es genau dasselbe Haus ist wie alle Tage. Wir wollten sehen, ob wir Dezember atmen würden, wenn wir in den Bergen aus dem Wald heraus in ein Haus kamen, ob wir diesen Duft einatmen würden, der sich im Dezember verbreitet. Die Leute kaufen immer etwas, auch wenn es nur eine Kleinigkeit ist. Und wenn nicht, denken sie sich etwas aus, aber die Kinder feiern Weihnachten. Die Kinder kriegen Spielzeug. Es muß schon eine ganz extreme Armut herrschen, wenn an Weihnachten nichts ist.

XIII

Wenige Tage nach Weihnachten passierte etwas Schönes. Da ich krank war, hatten sie mir das Radio anvertraut. Ich war dafür verantwortlich, alle Nachrichten im Radio abzuhören und sollte am Nachmittag das Wichtigste der ganzen Truppe vortragen, die dazu antreten mußte, außerdem eine kurze Analyse der Nachrichten geben, die ich für die Wichtigsten hielt. Man trägt immer etwas bei, arbeitet immer, und ich war zufrieden, daß ich etwas zu tun hatte. Plötzlich höre ich, daß etwas Merkwürdiges auf der Straße nach Masaya passiert sein muß, denn die Durchfahrt auf der Straße nach Masaya ist gesperrt. Ich merke, es ist etwas Ernstes, also gehe ich zu Modesto, ich weiß noch, er war gerade in der Küche: »Hör mal, *compañero,* da passiert gerade schwer etwas in

Managua, sie sagen, die Straße nach Masaya ist gesperrt und die *Guardia* ist ausgeschwärmt.« Sie wußten natürlich schon, daß ein Anschlag der *Frente* in der Stadt bevorstand, aber wir wußten einen Scheißdreck. Sie wußten, was für eine Art von Anschlag das war. Sie wußten, daß es der Anschlag auf ein Fest war, um Geiseln zu nehmen. Ich rede von dem Ding am 27. Dezember 1974. »Welche Häuser, was für Botschaften sind an der Straße nach Masaya?« »Ich weiß nicht, ich bin nicht aus Managua.« »Was für Häuser sind da, welche Botschaften?« »René Vivas ist, glaube ich, aus Managua.« Es war der Anschlag auf das Haus von Chema Castillo. Wir warteten in den Bergen freudig gespannt auf die Nachrichten. Dann, nach einer Weile, hören wir das Kommuniqué der *Guardia*, dann waren die Radios still, sie hatten sie unterbrochen. Ein Überfall war das, ein Handstreich, was konnte das sein, was war los? Und es herrschte eine Zeitlang Besorgnis. Mein Gott, hoffentlich kommen die verdammten *compañeros* da gut wieder raus. Was ist wohl passiert? Wir wußten, es war ein Anschlag. Und dann, nach einer Weile: »Hauptquartier, Hauptquartier der *Guardia Nacional* informiert, das Haus von Chema Castillo ist überfallen und besetzt worden, der Bischof vermittelt, Carlos Agüero wurde als einer der Besetzer identifiziert. »Daß das nicht Carlos Agüero war, wurde mir klar, als ich sah, daß Rodrigo und René Vivas anfingen, schelmisch zu grinsen, und da identifizierte ich ihn, ich wußte schon, daß Carlos weißhäutig sein mußte, groß und mit blauen Augen. Ach, der Kerl ist also Carlos Agüero! ... Ja, das ist er! Und ich bringe langsam eine Menge von Sachen zusammen, die er mir gesagt hat. Ich konnte ihn bisher nicht einordnen, und in dem Moment wurde mir klar, daß Rodrigo Carlos Agüero war. Und den ganzen Tag geht es groß aufgemacht um die Vorfälle in Managua, und da ich der Verantwortliche für die Nachrichten war, hing ich ständig am Radio. »Was gibts Neues?« ... »Was Neues?« »Verhandeln sie immer noch?« »Daß sie ein paar Kommuniqués der *Frente* durchgeben werden.« Und dann kommen die Kommuniqués. Mann oh Mann, dachten wir, die haben tatsächlich das Kommuniqué durchgegeben. So weit wollten wir sie ja kriegen, die Sauhunde. Es war eine Euphorie im Lager, es war richtig lustig, wenn du zu den armen Posten kamst, um ihnen das Essen zu bringen. »Was war los, hier, erzähl mal.« Und du fingst an, ihnen alles zu erzählen, aber das war verboten, und dann gingst du wieder zurück. »Erzähl mir mehr, mehr.« »Nein, heute nachmittag erzähl ich es dir.« Bis dann die *compañeros* rauskamen. Ich weiß nicht mehr, ob wir in die Luft geschossen haben, ob wir es knallen ließen, jedenfalls gab uns der 27. Dezember einen gewaltigen moralischen Auftrieb, wir freuten uns wie wahnsinnig, denn die Anklage wegen all der Morde an den Bauern in den Bergen ging an die Weltöffentlichkeit, die Namen all der Orte, wo wir gewesen waren. Zinica, Waslala, wir fühlten, wir waren schon nicht mehr allein, die Namen der Orte wurden berühmt, an denen die Guerrilla war, und die Repression in den Bergen wurde öffentlich bekannt.

Nach etwa vier Tagen sahen wir, daß im Unterstand von Rodrigo und Modesto Unruhe aufkam: Treffen mit Arcadio und mit anderen. Schließlich brach Rodrigo mit fünf Männern auf. Ungefähr sechs Tage, nachdem sie weg waren, kam ein Bauer: Es heißt, daß die Kaserne von Waslala angegriffen worden ist, daß es zu einer Schießerei gekommen ist; daß es einen Haufen Tote bei der *Guardia* gegeben hat.« Rodrigo war abmarschiert, um die Kaserne von Waslala anzugreifen, das war der Plan. Alles in allem hatte die *Guardia* dabei elf Verluste. Die *Guardia,* die nie geglaubt hatte, jemand würde eine so uneinnehmbare Kaserne angreifen, die *Guardia,* die noch von niemandem in den Bergen angerührt worden war, plötzlich wurde auf sie geschossen. Es war wie im Irrenhaus da drinnen, sie erschossen sich gegenseitig und die *compañeros* zogen sich geordnet zurück, siegreich. Sie richteten außerdem mehrere der von der *Guardia* eingesetzten »Friedensrichter« hin, und die Guerrilla hatte eine prima Zeit, die nur durch den Tod von Tello getrübt wurde.

Ungefähr drei Tage nachdem Rodrigo ins Lager zurückgekommen war, wurde ein Kommuniqué der *Guardia* veröffentlicht, in der Nähe von Zinica oder Cusulí auf der Verfolgung der Bande, die die Kaserne von Waslala angegriffen hatte, wäre eine Patrouille auf den Widerstand eines einzelnen bewaffneten Mannes gestoßen und der Mann, der bei dem Kampf umgekommen sei, wäre als René Tejada Peralta identifiziert worden. Die *Guardia* hatte einen Verbündeten von uns gefangengenommen, und der hatte erzählt, in dem und dem Haus wäre ein Guerrillero. Tello war dort mit einem anderen *compañero* zusammen, der lebend entkommen konnte, barfuß. Es war gegen sechs Uhr abends, sie denken, der *compañero* kommt, der das Essen bringt, mit dem ausgemachten

Zeichen und allem. Plötzlich fallen Schüsse – es ist etwas trüb und wird gerade dunkel, und mit dem ersten Schuß knallen sie Tello ab, ein so mißtrauischer Mensch wie Tello, ein Schuß mit einem GARAND-Gewehr in die Stirn.
Ich will dir erzählen, was ich empfand, als ich die Nachricht bekam, daß Tello gestorben war. Ich hatte Angst, als Tello starb. Ich hatte Angst, denn ich hatte Tello in gewisser Weise nachgeeifert; er hatte mir beigebracht, wie man sich hinschmeißen muß, die Schießpositionen im Liegen, er hatte mir beigebracht, was man macht, wenn die *Guardia* kommt, was man macht, wenn die *Guardia* näherrückt, Tello hat mir gezeigt, was man im Kampf machen muß, was man bei einem Rückzug macht, wie man in der Stundes des Kampfes gegen die *Guardia* den Männern Befehle erteilt. Und plötzlich: Der Mann, der fällt, ist Tello, er, der mir das alles beigebracht hat! Es gab Augenblicke, in denen ich dachte: Alles, was er mir beigebracht hat, nützt nichts, denn wenn er das selbst nicht angewandt hat, wenn er es selbst nicht benutzt hat, dann ist es nur Theorie, ist also Scheiße, hier gibt es keinen Zufall, was ist das für eine Guerrilla, in der der beste von allen zuerst fällt, der, der mich ausgebildet hat. Als Tello fiel, fühlte ich mich schon als richtiger Kerl, etwas gekräftigt, etwas befähigt, besser als der Student, der Politiker, der Studentenführer an der Universität, besser als der; schon ein Guerrillero, der tragen kann, laufen kann, der das Gewehr beherrscht, der die Waffen beherrscht, und plötzlich fällt Tello und das, was er uns beigebracht hat, wozu zum Teufel hat er uns das denn beigebracht? Was haben wir mit seinen Lehren gewonnen, wenn sie ihn als allerersten töten, keinen von den *compañeros* bringen sie um, die mit mir gemeinsam trainiert haben, denn dann hätten wir sagen können: Er hat nicht beherzigt, was Tello ihm beigebracht hat. Nein, es ist Tello, der stirbt. Tello als erster und dann fühlst du dich völlig verwundbar, als wäre die *Guardia* unbesiegbar und das, was wir hier haben, nur die Karikatur einer Guerrilla, nur Nachahmung, als wären das nur gute Vorsätze, überschwengliche Träume, eine kitschige Guerrilla. Solche Gefühle hat man in solch einem Moment.
Ich weiß noch, daß nachmittags ein Hubschrauber über das Lager flog. Es war der Hubschrauber, der die Leiche von Tello nach Waslala bringen sollte, wo sie identifiziert werden sollte, wir wußten da noch nichts von seinem Tod. Wir rannten und machten das Feuer

aus, wir glaubten, er käme wegen uns. Wir waren in dem Moment bereit zu kämpfen, sollte die *Guardia* nur kommen. Wir verdoppelten die Posten und machten das Gepäck fertig. Aber es war nichts. »Wenn diese Arschlöcher gekommen wären, hätten wir sie fertig gemacht«, meinten wir. Und wir erfuhren später, daß Tello gestorben war. Ich habe es Tello nie verziehen, daß sie ihn so einfach mit einem einzigen Schuß getötet haben. Und an dem Nachmittag, als wir es erfuhren, ging ich zu meiner Hängematte, zu meinem Unterstand, um über das alles nachzudenken, was ich eben gesagt habe und dachte an León, an die Stadtteile, an die Universität und auch, daß die Guerrilla ein Scheißhaufen war. Ich konnte mich nicht an den Tod von Tello gewöhnen. Die Studenten schmissen Steine, aber was wußten die Studenten schon, was ein Kampf war, was die *Guardia* war? Ich, der ich einer der Hauptstudentenführer gewesen und jetzt schon ausgebildet war, ich war in meinem Innersten darüber erschüttert, daß der, der mich ausgebildet hatte, der erste Tote war, einer, der mehr wußte als ich und folglich mehr als Subtiava im militärischen Bereich und mehr als die Universität und mehr als alle legalen und illegalen *compañeros* der *Frente Sandinista.*

Als ob die Angst sich auch in die Berge gesetzt hätte. Der Wind aus den Bergen ließ nach, und die Bäume hörten auf, sich zu wiegen; es entstand eine Stille, eine schreckliche Ruhe, ich weiß nicht, vielleicht war das nur meine riesige Angst, aber ich kann mich erinnern: Die Bäume hörten auf, sich zu küssen, kein Blatt, das sich rührte bei so gewaltigen Bäumen, der Wald war zusammengeduckt, kein Blatt bewegte sich mehr, als hätten die Berge ihren Panzer verloren, alles war still, nicht wie sonst, wo man spürt, daß die Bewegung der Bäume Gewalt hat, als würden sie sich wehren gegen den Wind und alles zurückschlagen mit ihren Zweigen, als wollten sie mit ihren Zweigen Tod oder Gefahr verjagen. Und die Vögel sangen nicht mehr, als wären sie aus Angst verschwunden. Alles wurde düster und wartete auf den Moment, daß sie kommen und uns alle töten. Ich weiß nicht, ich kann nicht erklären, was genau dort passiert ist. Alle *compañeros* sprachen darüber, ich weiß nicht, ob die *compañeros,* die mit mir ausgebildet worden waren, vielleicht auch Angst hatten. Einige taten so, als ob ihnen der Tod von Tello nicht sonderlich viel ausmachte. Vielleicht lag das nicht daran, daß er ihnen nicht leid tat, sondern daran, daß Tello sehr hart mit uns gewesen war, und daß sie ungefähr so dachten: Warum hat er sich nicht zusammengerissen, als es so weit war, wie er es von uns immer verlangt hat, so als wollten sie ihm Vorwürfe machen und fragen: Wo war denn das, was er uns beigebracht hat? Sogar das ständige Rauschen des Flusses ließ nach, als ob der Augenblick gekommen wäre, in dem mit diesem ständigen Rauschen etwas passieren sollte, denn das kam dazu, daß die Bäume sich nicht mehr bewegten, die Tiere verschwanden, die Vögel nicht mehr sangen, und es entstand eine Stille, selbst in den Bewegungen der *compañeros* der Guerrilla, man hörte nicht mehr das Lachen der *compañeros,* die in der Küche waren und Mais mahlten oder Essen machten. Ich konnte an den Tod von Tello nicht glauben, ich dachte, das könnte nicht wahr sein. Also das heißt dann ja auch, es ist nicht wahr, daß das Knie so auf den Boden gesetzt wird, wie er gesagt hat, es ist nicht wahr, daß man sich auf diese oder jene Art im Kampf zu bewegen hat. All das ist reine Theorie, die *Guardia* macht das alles mit ihrer Stärke, mit ihrer Macht zunichte. Taugen die Kenntnisse etwas, die er uns vermittelt hat oder sind sie falsch? Die *Guardia* hat sie zur Sau gemacht, obwohl die *Guardia* nicht so viel weiß wie Tello und hat ihm gleich eine Kugel verpaßt. Dann ist die *Guardia* doch tausendfach überlegen, die *Guardia* lacht über diese Scheiße oder die *Guardia* vergißt das einfach oder bringt dich um, obwohl du das weißt. Taugt das also nichts, was du weißt? Es taugt nicht, um sich gegen die *Guardia* zu verteidigen, was macht man also, um sie umzubringen, um sie zu vernichten, wie sollen wir denn dann mit der *Guardia* Schluß machen, wenn es der *Guardia* gar nicht darauf ankommt, daß wir so oder so schießen können oder kämpfen! Ich fühlte mich machtlos und schwach; schon nicht mehr wegen der Last, denn ich wußte, ich konnte tragen, ich konnte laufen, ich konnte steigen, ich konnte den Hunger ertragen, ich konnte allein sein, aber die Zuversicht im Kampf, die Zuversicht, den Feind zu vernichten, die ging mir verloren, die ging zu Boden, und das war das Wichtigste. Dabei fühlte ich mich doch als Vertreter von ganz vielen Leuten, aus den Stadtteilen, von der Universität, dachte doch, ich wäre gut vorbereitet! Der Tod von Tello war für mich unbegreiflich, obwohl ich von Anfang an seine Worte im Ohr hatte, daß in der Guerrilla gut ausgebildete Leute sind, wenn er stirbt; und ich dachte, wenn der Scheißkerl uns ausgebildet hat, wie er selbst ausgebildet worden ist, wenn wir so werden wie er, wenn wir so kämpfen, wie er gekämpft hat, oder wenn die Kenntnisse, die wir haben, einen Scheißdreck wert sind gegen die *Guardia,* sie nicht aufhalten können, zu nichts gut sind, dann bringen sie uns doch alle um! Auch Tello verehrte den Che und Carlos Fonseca. Vielleicht haben sie Carlos Fonseca deshalb nicht umgebracht, weil er nicht in die Berge gegangen ist, dachte ich mir. Das ist unmöglich, diese Scheiß-Guerrilla mit so einem mächtigen Feind! Und wie sollte der Che denn überleben, wenn die, die den Che umgebracht haben, von den Rangers ausgebildet sind und auch die, die Tello getötet haben, von ihnen ausgebildet worden sind. Dann dachte ich, ob der Che nicht vielleicht nur ein Don Quijote war wie Tello, wie wir, die ganze *Frente Sandinista* war vielleicht ein Don Quijote. Und wenn die Studentenbeweung, die Stadtteilbewegungen nur eine von den vielen neuen Bewegungen war, die es in verschiedenen Ländern Lateinamerikas gibt, besonders im Süden, die einen Augenblick lang im Aufwind sind und die dann niedergeschlagen werden, und wenn Kuba vielleicht nur eine Ausnahme war, weil Fidel da war, Raúl und Camilo, und die das geschafft haben, weil der Feind keine Erfahrung hatte, weil der Imperialismus seine Krallen noch nicht gezeigt hatte, und wenn all die Lieder, die ganze revolutionäre Literatur, die aus Lateinamerika herauskommt, am Ende nur ein neues Kleid ist, ein intellektuelles Bad für eine beliebige revolutionäre Theorie, die in der Praxis ergebnislos ist, und wenn Lateinamerika vielleicht keine Chance hat, und wenn wir versagen, verlieren, wie die Kolumbianer verloren haben, die Venezolaner, die Guatemalteken?

Und was rettet dich dann in so einem Moment? Wenn dir der Kopf wieder ruhiger wird, erlöschen diese Anwandlungen und du fängst an, ernsthaft nachzudenken, mit Ruhe; dich rettet die Tatsache, daß die FSLN uns so einen historischen Eigensinn eingebläut hat, eine unendliche, grenzenlose Hartnäckigkeit, und plötzlich fängt dein Gehirn an zu arbeiten: Also gut, es kann sein, daß ein Haufen Leute hier stirbt, aber man muß weiterkämpfen, um den Feind zu besiegen, denn schließlich und endlich ist Guerrillero zu sein, gegen die *Guardia* zu sein, – auch wenn man dabei umkommt –, Guerrillero zu sein ist eine moralische Haltung, und wenn man stirbt, stirbt man mit einer ehrenhaften moralischen Haltung. Dein Tod ist schon ein Protest. Dann war Tellos Tod ein Protest, und wir würden protestierend sterben, auch wenn die *Frente Sandinista* nur eine unter vielen Guerrillabewegungen war, die der Imperialismus und die Diktatur von Somoza irgendwann zerschlagen, so wie viele auf dem ganzen Kontinent zerschlagen worden sind. Wichtig war nicht, ob Tello seine Kenntnisse angewandt hatte oder nicht und ob das, was er uns beigebracht hatte, richtig war oder nicht richtig war; wichtig war, mit diesem Traum zu sterben, wichtig war, ins Leichentuch Träume zu hüllen, Hoffnungen, Illusionen und sich aufzumachen gegen die Berge, sich aufzumachen gegen die Blindheit, sich aufzumachen gegen alles, aber sich aufzumachen schließlich und endlich, sich aufzumachen, aufzubrechen. Das ist wichtig, zu kämpfen, auch wenn wir dabei einstecken müssen, daß sie sich über unsere militärische Ausbildung lustig machen, auch wenn wir Zweifel an unseren eigenen militärischen Fähigkeiten haben, man muß sterben und muß die Zweifel und Frustrationen über unsere eigene Unfähigkeit sammeln und mit ins Grab nehmen, oder aber: Man muß sie sammeln und auf den Feind loslassen, auf die Berge loslassen und dafür sorgen, daß sich die Bäume wieder bewegen und daß der Fluß wieder ein anderes Rauschen bekommt. Da kommt das Gefühl der Ehre heraus. Es entspringt aus dem tiefsten Gefühl für den Kampf, nicht nachzugeben, auch wenn du stirbst. Was dich angeht, du mußt dann deinen Toten erhöhen, ihn hochheben, ihn zu deiner Fahne machen, vor dir hertragen, voranbringen, mußt dich selbst voranbringen zusammen mit deinem Toten, zusammen mit all den *compañeros,* mit den Tieren erreichen, daß die Berge sich auf unsere Seite stellen, daß diese Bäume sich wieder bewegen! Vom vielen Denken schlief ich voller Wut ein, denn es war schon Nacht, und am folgenden Tag wachte ich voller Wut auf, mit Lust zu kämpfen, mit Lust, mich selbst gegen den Feind zu erproben und uns alle zu erproben, mit Lust zu sterben, unser Tod sollte eine Beleidigung des Feindes sein. Das heißt, ich wachte auf und hatte Lust zu leben, um zu sterben und Lust zu sterben, um zu leben. Ich habe gesagt, ich wollte nicht nur sterben, um zu leben, ich wollte kämpfen, um zu leben für Lateinamerika, um zu leben und zu sterben für die Indios, um zu leben und zu sterben für die Schwarzen, um zu leben und zu sterben für die Tiere, um zu leben und zu sterben für meinen Vater, der ein Arschloch war, aber freundlich, für die Studenten, für Subtiava, für alles. Diese Illusion, die ich immer nur ganz egoistisch in mir trug, seit ich aus der Stadt in die Berge gekommen war, die ich nie irgendjemandem vermittelt hatte; ich bin durch den Schlamm gegangen, habe mich ganz voll Schlamm gesogen, mich vollgeschmiert mit Schlamm, im Schlamm geschissen, im Schlamm geweint, habe die Füße in den Schlamm gesetzt, den Kopf in den Schlamm, Schlamm hat sich mir an allen Körperteilen festgesetzt, am Schwanz hatte ich Schlamm, aber ich hatte etwas in den Bergen, von dem ich niemandem etwas sagte, das niemand wußte, ich glaube, ich habe es nur einmal im Suff einem *compañero* gestanden, aber erst 1978; das heißt, ich hatte immer ein Geheimnis, das ich vier Jahre lang gehütet habe, mich daran festgeklammert habe und das war, daß ich leben wollte, denn ich ging in die Berge mit einem Bündel von Illusionen fest mit der Faust umklammert, das ich nie losließ, nie schmutzig werden ließ, das mir nie verloren gegangen ist, und wenn ich bis oben im Schlamm war, zog ich die Hand heraus, und da drinnen in der Hand war ein Bündel Illusionen.

Und ich weiß noch, etwa drei Tage nach dem Tod von Tello glaubten wir, die *Guardia* würde kommen, auf der Suche nach dem Lager. Da marschierten wir flußaufwärts. Wir waren gerade dabei, eine Kuh zu verspeisen. Herrlich das mit der Kuh. Und plötzlich kommt ein *compañero,* es war »Evelio« und sagt: »*Compañeros,* die *Guardia* kommt von da und da, und der und der führt sie her.« Das war ein Bauer aus der Umgebung, den die *Guardia* gefangen und mitgenommen hatte. Also gab es Befehl: Vorhut, Mitte, Nachhut und ich mit den großen Löchern von der Lesmaniasis an den Beinen, gerade beim Rückzug vom Lager. Flavio wird beauftragt, mir Binden darumzuwickeln, Binden, Binden und nochmal Binden. Mit knapper Not paßten sie in die Stiefel. Ich hatte eine Wut zu kämpfen, eine Wut gegen die *Guardia* zu sterben, und wir marschierten flußaufwärts los. Flußaufwärts marschieren heißt, in die Richtung marschieren, aus der das Wasser kommt. Ein Fluß, vielleicht 15 Meter breit, voller Steine, der in Schlangenlinien durch die Berge führt, die Berge, die noch dazu mit der *Guardia* verbündet sind, weil sie ganz still sind, weil sie aufgehört haben, sich zu bewegen, sich drei Tage nicht mehr bewegt haben, um auf den Augenblick zu warten, in dem die *Guardia* endlich kommt und der Tanz beginnt. Wir treten alle an, bilden Vorhut, Mitte und Nachhut und marschieren ab. Und als ob die Berge gemerkt hät-

ten, daß das, was da passierte, kein Spiel war, begannen sie, sich wieder zu bewegen. Natürlich, die Berge bildeten sich etwas darauf ein, daß Tello umgekommen war, deshalb hatten sie sich nicht bewegt und so getan, als würden sie sich auf die Seite der *Guardia* stellen. Sie selbst waren unversehrt, erwartungsvoll ... mal sehen, was passiert: Und wie wir in Kampfstimmung losmarschieren, flußaufwärts, uns zwar von hier zurückziehen, aber doch auf ein Treffen mit der *Guardia* warten, kommen sie langsam wieder, schütteln sich; als ob wir die Berge geschüttelt hätten, als ob wir sie gepackt hätten und ihnen sagen würden: »Also gut, ihr Schweine, was ist?«
Und wir marschieren los, mit Rodrigo an der Spitze der Vorhut, Modesto in der Mitte und Aureliano Carrasco in der Nachhut. In der Mitte geht noch ein Bauer, auch Modesto ist in der Mitte, weil er der Chef ist und ich, weil ich krank bin, auch in der Mitte, denn wer kaputt war, ging immer in der Mitte. Und es ist ein Verhau von Steinen im Fluß, das Wasser kristallklar und gleich zu Anfang werden mir alle Binden naß, und Wasser dringt mir in die Wunden ein, das Wasser in den Leprawunden macht, was es will. Als ob die *Guardia* mit dem Wasser verbündet wäre. Die Wunde fängt an zu stechen, macht mich fertig, wie es ihr paßt, aus purer Lust, mein eigenes Fleisch rebelliert, als ob es auch mit dem Wasser kämpfen würde, und je heißer mir wird, desto heißer wird auch die Wunde, langsam spüre ich immer weniger, stoße mich an den Steinen, aber spüre immer weniger. An dem Punkt kommt es mir einen Scheißdreck darauf an, zu sterben, weil Tello gestorben ist, und hier, zum Teufel, wollen wir es ausprobieren, verdammte Scheiße, wer hier mehr weiß, wer hier Fehler gemacht hat. Ich weiß, daß ich das Gewehr geladen habe und je weiter ich marschiere, desto mehr kriege ich Lust und Wut zu kämpfen, es mit der *Guardia* aufzunehmen, mit allem, der Lepra und allem, auch dem Hunger, den wir haben. Mit allem, auch dem, was wir wegen denen zurücklassen mußten, dem Fleisch; mit allem, auch dem Tod von Tello; also gut, wer, zum Teufel, konnte hier kämpfen, oder wer hatte hier die Vernunft auf seiner Seite. Eine Herausforderung an die Geschichte. Und ich fange an, diese Wut zu spüren, die sich in Millionen winzig kleiner Atomexplosionen in meinen Poren verwandelt. Mein Gehirn ist zusammengedrückt vor Wut. Und meine Hände klammern sich fest, der Finger ist am Abzug, und ich hoffe, daß die

Guardia rauskommt. Ich wußte, daß ich sterben würde, denn ich würde nicht über diesen Fluß herüberkommen, aber ich würde angreifen und um mich schießen. Und einmal müssen wir vielleicht 30 Meter Felsen hoch an einem Wasserfall von der Schlucht aus, die mitten in die Berge führt, da sage ich zu Modesto, der vor mir hochklettert: »Hör mal, Modesto, du hast mir aber nicht gesagt, daß ich das Handbuch für Bergsteiger mitnehmen muß.« Es waren nämlich fast 30 Meter, und Modesto hatte sichtbar Schwierigkeiten, diesen Wasserfall hochzukommen. Oben geht der Marsch weiter, manchmal im Wasser und manchmal im Schatten. Dann sage ich zu Modesto: »Sieh mal, Modesto, wenn ich sterbe, dann sag meinem Kind (ich wußte damals schon, daß ich ein Kind hatte), daß sein Vater ein Revolutionär war, der seine Pflicht erfüllt hat, und daß es sein Leben lang stolz auf seinen Vater sein soll.« Weißt du, wie Modesto reagiert hat, als ich ihm das mitten auf dem Marsch gesagt habe: »Erzähl ich ihm, erzähl ich ihm ...«, und hat so eine Bewegung mit dem nassen Gesicht gemacht, denn das eine hatte ja nichts mit dem anderen zu tun, jeder mußte beim Gehen seine Flanke decken, denn auch wenn die Berge wieder anfingen, sich zu bewegen, konnten sie doch wieder rückfällig werden, die Berge, die unser Schutz waren, die uns halfen, die uns verbargen, die uns in ihren Eingeweiden aufbewahrten, aber weil sie bei Tellos Tod ganz still geblieben waren, mißtraute ich ihnen jetzt. Sie könnten auf Seiten der *Guardia* gestanden haben. Aber jetzt, wo sie wieder anfangen, sich zu bewegen, weil sie uns in Kampfbereitschaft sehen, da beleben sie sich sozusagen wieder, weißt du, kehren zu ihrer normalen Haltung zurück, aber ich denke immer noch: Paß auf mit den Bergen, nicht daß sie mit der *Guardia* verbündet sind, deshalb habe ich das zu Modesto gesagt. Wir sind marschiert, und die *Guardia* kam nicht.

Nachdem wir aus der Schlucht heraus waren, sammelten sich die Berge wieder, als würden sie neues Vertrauen in uns fassen, als würden sie dem folgen, der mehr konnte oder der die Vernunft auf seiner Seite hatte oder die Kraft. Mir aber kam am Ende der Verdacht, daß die Berge nicht darüber nachdachten, wer die Macht oder die Gewalt zu zerstören hatte, sondern ich glaubte schließlich, daß sich die Berge dem zuwandten, der hundert Jahre Leben im Rucksack und in seinen Händen trug. Manchmal bekam ich

Lust, zu ihnen zu sagen: »Seht mal, ihr Berge, ihr seid nur Steine und leblose Pflanzen, ihr habt hier nichts zu sagen, ihr könnt hier keine Unterschiede machen«, denn ich hatte schon den Eindruck gehabt, sie würden anfangen zu unterscheiden, anfangen zu denken, eine innere Kraft würde ihnen möglich machen, zu denken und Partei zu ergreifen, zu unterscheiden. Auf Grund von was, diese Schweine? Ich hatte Lust, ihnen zu sagen: »Seht mal, ihr habt hier nichts zu melden. Ihr seid nur Pflanzen, seid Felsen, ihr schützt hier jeden, der reinkommt«; ich hatte schon gedacht, sie würden die *Guardia* schützen, sie hätten etwas mit den Zeichen der Zeit zu tun und würden die Zeichen der Zeit zugunsten der *Guardia* deuten, zugunsten des Althergebrachten, vielleicht aus Angst, daß sie gerodet würden, eine reine Frage des Überlebens der Berge: »Also gut, ihr seid hier ein lebloses Wesen, aber jetzt kommen wir, die Menschen, die vernünftigen, die Seele und Bewußtsein haben, und wir befehlen euch, wir beherrschen euch, und wir leiten euch, weil ihr Natur seid. Ihr habt hier nichts zu bestimmen!« Ich wußte, was den Unterschied betraf, die Vernunft, die Intelligenz, daß wir die Intelligenteren waren, kultivierter und entschlossener als die *Guardia;* also hatten sie keinen Grund, sich so zu verhalten. Und sie ließen sich überzeugen, als sie unsere Kampfentschlossenheit nach dem Tod von Tello sahen, der vielleicht nicht nur für mich, sondern auch für die Berge Symbol war, denn Tello konnte Symbol sein für die Berge, weil er mit ihnen gelebt hatte. Ich bin sicher, daß er mit ihnen gelebt hatte, daß er Beziehungen mit ihnen hatte, daß sie Tello Kinder geboren hatten, damals hatten die Berge Tello als das Maß aller Dinge genommen, und als Tello starb, merkten sie, daß das vorbei war. Die Berge dachten, daß sie jetzt keine Verpflichtung mehr hätten, daß alles übrige nur noch Geschwätz wäre. Aber als sie sahen, daß diese Gruppe von Männern, die dort marschierten, bereit war, in ihnen zu kämpfen, in ihrem Herzen, da war es, als würden sie merken, daß Tello nicht das Ende der Welt war, noch ihr Anfang, sondern ihr Sohn. Daß Tello ihr Sohn gewesen war, auch wenn Tello vielleicht ihr Leben war, auch wenn er ihr heimlicher Liebhaber war, auch wenn Tello ihr Bruder, ihr Tier und ihr Stein war, auch wenn Tello ihr Fluß war. Sie mußten es merken, daß Tello nicht das Ende der Welt war. Sie mußten wissen, daß Tello der Anfang der Welt war, denn nach ihm kamen wir, alle mit zusammengebissenen Zähnen, mit verbundenen Füßen, mit Lesmaniasis, die Hände verkrampft und den Finger am Abzug, die Rucksäcke auf dem Rücken, und daß wir Feuer machen konnten in ihrem Herzen...

Es war, als würden sie merken, daß das ein Fehler gewesen war, daß sie nicht hätten schweigen dürfen, damals am Nachmittag, als Tello starb, sondern daß sie sich besser weiter gewiegt hätten, und sei es auch nur aus Neutralität; aber wir haben sie in die Knie gezwungen, die Neutralität der großen Bäume zerbrochen, die Flüsse, haben sie zurückgewiesen, denn das Geräusch wurde hinter uns anders, denn uns gehörte der Fluß, wir gaben dem Rauschen des Flusses unsere eigene Note, eine andere, als er sich gegeben hatte, während ich in meiner Hängematte lag und lauschte und dachte, dies Rauschen des Flusses ist ein Rauschen, das absichtlich die Stille der Blätter an den schweigenden Bäumen begleitet, und als sie dann merkten, daß sie sich irrten, zum Teufel, da half ihnen nichts mehr, wir hatten sie überzeugt. Als die *Guardia* hier reinkam, merkten die Berge, daß sie Unrecht hatten.

Wir verließen schließlich den Fluß. Meine Beine waren völlig kaputt von den Stößen der Steine; und wie ich das bedauert habe, daß die *Guardia,* als wir aus der Schlucht kamen, nicht erschienen war, denn wir waren fast sicher, wir würden auf die *Guardia* treffen, sie würde uns überfallen, wir waren in guter Verfassung geistig – gierig fast, auf die *Guardia* zu treffen, wegen dem Tod von Tello und allem: Als wir aus dem Flußbett kamen, freuten wir uns, daß wir ausruhen konnten, hauptsächlich ich mit meinen kaputten Füßen. Gleichzeitig waren wir aber irgendwie traurig, daß es nicht mehr möglich war, uns jetzt gleich zu erproben und den Tod von Tello zu rächen, die Berge zu beschämen, den Fluß und die Steine, daß es nicht mehr möglich war, zu zeigen, wer hier wer war oder unter Protest im Fluß zu sterben, mit Schüssen über den Fluß zu protestieren, so wie viele Guerrilleros in ganz Lateinamerika gestorben sind, in Flüssen, im Kampf. Aber die *Guardia* war nicht da, sie ging uns woanders suchen und folgte uns und verlor unsere Spur, weil wir durch den Fluß marschiert waren. Auf jeden Fall verließen wir den Fluß, ohne zu kämpfen; also schön, wir würden uns ausruhen, ich weiß noch, daß der *compañero,* der mit mir den Unterstand teilte, mir half, die Hängematte aufzuhängen, denn in den Bergen schliefen wir meistens jeweils zu zweit; um weniger

Spuren zu hinterlassen, schlafen immer zwei unter der aufgespannten Plastikplane, wenn die Kolonne sehr groß ist. Der *compañero,* der mit mir zusammen war, half mir also, die Hängematte aufzuhängen. Ich weiß noch, daß es den Befehl gab, nicht die Kleidung zu wechseln, weil wir in Alarmbereitschaft waren.

XIV

Am folgenden Tag veränderten wir die Position und kamen an einen Hang, das heißt eine Bergrücken von oben gesehen; aber anstatt heraufzusteigen, weil man oben auf dem Kamm besser laufen kann, marschierten wir »hängend«, wie wir sagten, weil die *Guardia* die Bergrücken immer absuchte, um Spuren zu finden, denn sie meinte, die Guerrilleros gingen immer am höchsten Punkt. In diesem Fall marschierten wir alle an den Hängen der Bergrücken, was natürlich äußerst mühselig war, weil man mit einem Fuß oben und einem unten gehen mußte und an Steilwände, Halden und Schluchten kam, an Schlingpflanzen und große, umgestürzte Bäume, die schwierig zu überwinden waren, denn du kannst dich da nicht an den Bäumen hochziehen, sondern mußt versuchen, an der Seite, wo die Äste liegen, heranzukommen und über all die Blätter und Zweige zu steigen, dein Rucksack bleibt hängen, dein Gewehr bleibt hängen, es ist ein Kampf, und weil du erschöpft bist und seitwärts gehst, rutscht du aus und fällst hin, hinterläßt Spuren, mußt dich wieder aufrappeln und die Spuren verwischen.
Dieser Hang lag in einer sehr kalten Zone. Wir kamen an einen bestimmten Punkt und kampierten da in einem *cachimbero:* Ein *cachimbero* ist ein *chinchal,* eine Vegetation von tausenderlei Büschen, Gräsern und Blättern, Gehölz und Bäumen, Schlingpflanzen, kleinen Sträuchern und Gestrüpp. Wir kampierten da an diesem völlig abschüssigen Hang, wo es schon schwierig war, auch nur eine Hängematte am Baum zu befestigen, und wenn man dann in der Hängematte lag und sich nach der einen Seite beugte, konnte man mit der Hand den Boden berühren, und wenn man sich nach der anderen beugte, sah man ganz unten den Abhang.

Um von einem Unterstand zum anderen zu kommen, mußtest du ganz vorsichtig gehen, sonst fielst du hin, und jeder Unterstand fünfzehn oder zwanzig Meter vom nächsten entfernt und dann fünfzehn, zwanzig, ich weiß nicht wieviele Unterstände, daran erinnere ich mich jetzt nicht mehr. Wir haben dort mehrere Tage »gelagert«, vielleicht zwei Wochen. Ich glaube, daß wir darauf warteten, daß die *Guardia* aufhörte, die Gegend zu durchkämmen, sicher war das die Entscheidung von Modesto und Rodrigo, denn es gab keinen Befehl für die Guerrilla, zur Offensive überzugehen, damals befanden wir uns eher in einer defensiven Phase. Als wir das Lager eilig verlassen mußten, hatten wir jeder im Rucksack ein Stück Dörrfleisch mitgenommen und außerdem Trockenmilch; es war nur ein kleines Stückchen Fleisch, fünf Zentimeter breit und zwei Spannen lang, weil wir das Fleisch in Streifen geschnitten hatten, lange Dörrfleischfetzen. Das erste, was wir anbrachen, war das Fleisch, weil es schlecht wurde und wir nicht wußten, wie lange wir dort blieben und wie lange wir ohne Kontakt mit der Bevölkerung, die die Repression sicher schon zu spüren bekommen hatte, verbringen würden. Das Fleisch haben wir fast roh heruntergeschlungen, wir haben es zum Essen nur gesalzen und auf ein Spalier ans Feuer gelegt, wir haben es nicht gebraten, nur im Rauch mehr oder weniger weich werden lassen.

Abends machten wir Feuer, um das Fleisch weich zu kriegen, und das Wasser gingen wir etwa einen Kilometer weit bergab holen. Wir hatten Töpfe: Es ist schon schwierig, an diesen Abhängen mit einem Topf bergauf zu gehen, das war ein richtiges Kunststück. Wir wurden zu Spezialisten für solche Kunststücke, es war wie im Zirkus. Gleichgewichtskünstler sind nichts dagegen. Wir vollbrachten wahre Heldentaten, um - koste es was es wolle - das Wasser nicht zu verschütten.

Wenn wir das Fleisch gewaschen hatten, tranken wir das Wasser als Suppe und fanden das noch sehr lecker. Es war unglaublich kalt, und das Wasser von der »Suppe« war warm. Wir konnten nicht am Feuer bleiben, weil das Feuer an einer kleinen ebenen Stelle war, nur etwa einen Meter breit und wir uns außerdem nirgends sammeln durften, denn das war zu gefährlich. Wenn du dann in der Hängematte gelegen hast und keinen Küchendienst hattest, konntest du sie von deinem Unterstand aus ganz unten am Feuer sehen. Später hast du dann im Dunkeln weit weg gehört:

»*Compañeros,* Essen!« In einem fast kehligen Ton, aus dem Hals, und schon sind wir langsam heruntergegangen, auf Zehenspitzen, jeder um sein Essen zu holen. Dort auf dem Hang hatten wir Hunger, anders als der Hunger später. Ich weiß noch, daß nach vier, fünf Tagen das Fleisch schon schlecht wurde. Der Hunger wurde größer, und die Ration wurde immer kleiner. In das Fleisch kamen langsam die Würmer, es fing an zu stinken, zu faulen, und der Hunger war so groß, daß wir den Geruch richtig gut fanden, wir waren schon wie die Tiere, bekamen den Geruch von Fleisch in die Nase ... ah, das war lecker, denn das war Essen, auch wenn es faul war, wir fanden den Fleischgeruch lecker, nachher war es natürlich nicht mehr als ein fürchterlich stinkender Furz. Wir hätten kotzen können. Und als das Fleisch alle war, fingen wir mit dem Milchpulver an. Die Ration war erst drei Löffelchen voll, und die fraßen wir so in Pulverform, denn wir konnten bei Tag nicht zum Wasser gehen, weil man Lärm macht, wenn man mit dem Topf gegen die Stämme schlägt und man dann das Geräusch vom Metall hört. Da bist du mit deinem völlig verbeulten Töpfchen angekommen, hast die drei Löffelchen in dein Töpfchen bekommen und bist zu deinem Unterstand gegangen, es war wie ein Ritual. An deinem Unterstand angekommen, hast du dich in dich selbst zurückgezogen und dich hingesetzt, um dein Milchpulver zu essen. In dem Moment hattest du sogar etwas zu tun, es war eine Aktivität und außerdem lecker, weil es Essen war. Du hast den Löffel genommen und ihn in den Topf gesteckt, nicht mehr als die äußerste Spitze des Löffels, um ein bißchen von der Milch zu erwischen und angefangen, die Milch mit der Zungenspitze und den Zähnen zu essen, und da es nur drei Löffel waren, hast du davon natürlich einen fürchterlichen Hunger bekommen, drei Löffel zum Frühstück, zum Mittagessen genausoviel und das in der Kälte; es war verboten worden, die Decken herauszuholen und sich zuzudekken, denn sonst waren die Decken weg, wenn wir plötzlich kämpfen mußten. Die Kälte war unerträglich, sie erinnerte mich an diese mexikanischen Filme mit Indios, die alle ganz traurig vor Kälte in ihren Ponchos dastehen, Bettler ohne Ausdruck, ein paar traurige Gesichter, irgendwie resigniert, ich kann dir nicht erklären, wie. Beim Abendessen dann dasselbe, und am nächsten Tag waren es zwei Löffelchen und dann nur ein Löffel; da hast du Wunder vollbracht, denn der Löffel ist nicht eben, sondern die

Spitze ist rund und paßt nicht in all die Rillen hinein, die die zerbeulten Töpfe am Boden und an allen Seiten haben, und es war ganz schwierig, das, was da kleben blieb, herauszuholen, wir haben die Fingernägel benutzt, du hast gerieben und dir dann die Fingernägel durch die Zähne gezogen, bis sich der kleine Rest Milch in der Spucke aufgelöst hat. Der letzte Teil der Operation bestand darin, dir das Zahnfleisch und die Zähne mit den Fingern zu reinigen, um das, was du da noch hattest, herauszuholen und auch noch zu lutschen.

Mir steht noch ein Bild vor Augen, daß ich niemals vergessen werde: wir, nach zwei Tagen ohne Kampf mit der *Guardia* in Erwartung von ich weiß nicht was, ohne viel Kenntnis von Taktik und Strategie der Guerrilla, fertig von der Kälte und allem, und Modesto liest »Politische Ökonomie« von Ernest Mandel. Wenn einer da noch irgendein zerfetztes Buch gehabt hätte, es wäre ihm sicher nicht eingefallen, es herauszuholen, wir fühlten uns in diesem Moment nicht dazu in der Lage, persönlich wenigstens, uns mit solchem Geschwätz abzugeben, oder auch nicht Geschwätz, sondern eben jetzt dazusitzen und ein Buch zu lesen, weißt du, über revolutionäre Theorie. Aus solchem Holz war Modesto. Er benutzte die Zeit zum Lesen, zum Studieren. Manchmal trafen wir uns am Nachmittag am Unterstand von Rodrigo, der sehr unterhaltsam war und von dem man immer etwas lernen konnte. Mit Modesto wurde weniger geredet, außerdem war Modesto komplizierter, sein Wortschatz. Modesto war ein ganz besonderer *compañero,* aber ich glaube, der Kerl ist so scharfsinnig, so intelligent, daß es manchmal schwierig ist, ihn zu verstehen; heute verstehe ich ihn etwas besser, damals verstand ich kaum, was zum Teufel er eigentlich meinte, wir wußten nur immer, daß er recht hatte, denn was er sagte, war richtig, ich verstand es zwar nicht, aber ich fand, es war richtig. Rodrigo, der verstand, was er sagte. Und Nelson Suárez, der war – glaube ich – intelligenter als wir alle, denn Nelson verstand Modesto; er war Bauer, und sie kamen immer gut miteinander aus. Rodrigo sprach ganz verständlich, deshalb führten wir dann mit ihm die Gespräche nachmittags, als man dann nach ein paar Tagen schon spürte, daß die Gefahr geringer wurde; wir sprachen immer über Vietnam, über die internationale Politik oder erzählten Geschichten, alberten rum. Rodrigo brachte uns immer etwas bei, erzog uns, bis wir von dort weggingen.

Wir gingen in eine andere Gegend, weit weg von dort. Wir marschierten, wenn ich nicht irre, mehrere Wochen lang. Und dann weiß ich noch, daß es bei der Ankunft an dem neuen Standort ein Treffen des Generalstabs der Guerrilla, die in der Gegend operierte, gab. Wir marschierten los in Richtung Yaosaca, Cuscawas, El Chile, da ungefähr hin; wir kamen von Las Bayas und Waslala. Unterwegs, ich weiß nicht mehr, an welchem Tag es war, sagt mir Modesto, sie bringen mich in die Stadt, um meine Lesmaniasis zu kurieren und mir den Blinddarm zu untersuchen. Ich glaube, es war auch bei diesem mehrwöchigen Marsch in die neue Gegend, daß unterwegs das berühmte Repodral auftauchte; anscheinend hatten sie es besorgen lassen und plötzlich tauchte es in den Händen von einem Verbindungsmann auf. Ich habe nur noch ein verschwommenes Bild davon und erinnere mich nicht mehr genau. Das Problem ist, daß man die Repodral-Injektionen dreimal täglich bekommen muß, ich weiß nicht, wieviele Tage hintereinander, irgend so was von drei Tagen. Das war ein Witz, denn damals waren unsere hygienischen Bedingungen dürftig, außerdem marschierten wir durch eine sehr gefährliche Gegend; also gaben sie mir die Spritzen, bevor wir aufbrachen, im Liegen, und unterwegs gab es eine Marschpause, weißt du, dann bekam ich wieder eine Spritze. »Die Spritze, Eugenio.« Dann kam der kleine Doktor Edwin Cordero, ich machte mir den Gürtel auf, in voller Montur, den Rucksack auf dem Rücken, das Gewehr umgehängt, ließ ich mir die Hose halb herunter ... so ... im Stehen, und der kleine Doktor auch mit seinem Rucksack auf dem Rücken, das Gewehr umgehängt, packte die Spritze ohne Alkohol, ohne Watte, ohne alles und – peng – setzte er sie, wir waren halbe Wilde sozusagen. Glücklicherweise hatte der kleine Doktor eine gute Hand, und es tat mir die ersten Tage kaum weh; aber als ich schon mehrere bekommen hatte und wir dann am Abend ins Lager kamen, da kannst du dir vorstellen, wie schmerzhaft das beim Laufen ist, zu marschieren, wenn dir der Hintern weh tut und mit den Schmerzen von der Berglepra, es ist unbeschreiblich, und mit dem Hunger und mit dem Tod von Tello, der dich belastet, den konnten wir nie loswerden und dann das Gefühl, wenn sie dir eine Spritze geben, das ist ein Gefühl, als wärst du jetzt doch schon ein Tier, wenn du dich dazu nicht hinlegst und keine weiße Watte siehst und keinen Alkohol. Die Erinnerungen blühen, ich sah mich in den Ferien auf dem Hof von meinem Onkel Victor, der den Kühen beim Laufen Spritzen gab, er lief hinter ihnen her, um ihnen Spritzen zu geben, während sie herumliefen, oder er gab ihnen Spritzen, wenn sie angebunden waren; daran dachte ich damals, ich fühlte mich wie eine Kuh oder wie ein Pferd ... Und den Tod von Tello im Rücken. Der kleine Doktor sagte, ich sollte die Arschbacke entspannen, und wenn er mir die Spritze gab, ließ ich sie auch locker, damit es mir nicht weh tat, aber wenn die Nadel drin war, dann habe ich den Hintern zusammengekniffen, zum Ausgleich oder aus Wut über die Spritze. Und wenn ich dann diese Spritze bekam, die Umstände, in denen ich sie bekam, das alles war wie die Bestätigung meiner eigenen Tierhaftigkeit, ich war wie die Kuh von Onkel Victor, denn wenn ich die Spritze bekam, dann machte ich einen kleinen Satz, wie die Kuh einen kleinen Satz machte. Die Kuh von meinem Onkel ging dann weg, und schon war sie kuriert, ging mit ihrem Kälbchen fort, und die Kühe waren fröhlich auf der Weide, und es machte ihnen einen Scheißdreck aus, daß sie gepikt worden waren, aber mich, mich pikten sie ständig und dann marschieren; ich kam nicht über den Tod von Tello hinweg und obendrein wußte ich nicht, ob Claudia einen Jungen oder ein Mädchen bekommen hatte, denn sie hatten mir gesagt, ich hätte ein Kind, und ich wußte nicht, ob es ein Junge oder ein Mädchen war, und das ging mir ständig durch den Kopf.

Schließlich kamen wir zu einem bestimmten Punkt, der eigentlich kein richtiges Lager war, man sah, daß er ein bißchen außerhalb lag, das heißt in einer Gegend am Rande der Berge. Es waren nicht richtige Berge, aber auch nicht wie das Land im Westen von Nicaragua, denn das Land im Norden von Nicaragua ist anders. Dort erlebte ich eine meiner größten Freuden, einen meiner unvergeßlichsten und glücklichsten Augenblicke, und das war, als wir dem Punkt näher kamen, und sie mir sagten, der »Kater« Munguía ist da. Donnerwetter. Das war was, das große Wiedersehen der zwei, ich glaube, es war nicht seine Rückkehr und auch nicht meine Rückkehr, ich glaube, es war das Wiedersehen von uns beiden, ich neige mehr zu dem Wiedersehen von uns beiden. Und dann: »Der 'Kater'!« sage ich, und der »Kater« wußte auch, daß ich kommen würde, der »Kater«, der für mich so wichtig, so etwas ganz besonderes war, das habe ich vorhin schon gesagt, denn wir drei waren die innigsten Freunde: Leonel, Juan José ... fünf waren wir,

Leonel, Juan José, der »Kater«, Camilo Ortega und ich. Ich hatte gehofft, Camilo da oben drinnen zu treffen, in den Bergen. Camilo hatte beim Rennen, wenn die *Guardia* hinter uns her war, lange Beine, weil er lang und dünn war, wenn Camilo dann rannte, was weiß ich warum, vielleicht weil er nicht militärisch ausgebildet war oder weil jemand ihm das so gesagt hatte, jedenfalls lief er gebückt, und dann dachte ich mir: »Verdammt nochmal, Camilo, der 'Kater', Leonel, Juan José und ich in den Bergen!« Und dachte, wenn wir eines Tages in den Bergen sind, Camilo und der »Kater« in den Bergen und ich und Juan José in den Bergen, wir würden die Guerrilla sein, dachte ich, denn ich meinte, Camilo, der Kerl ist dünn und – hopp – springt er weg! Über jeden Stamm springt er, und der »Kater« mit seinen grünen Augen, die er hatte, da bildete ich mir ein, der kann besser sehen und besser treffen. Ich fand damals, wir fünf zusammen wären unbesiegbar. Und wie sie mir sagen, der »Kater« ist da und ich nachdenke, wie es sein würde, ob der »Kater« Führer einer Kolonne wäre ... Das konnte sein, denn er war ausgebildet, der »Kater« war in Kuba gewesen, und wenn der »Kater« in Kuba war und Studentenführer war und schon seit zwei Jahren in den Bergen war, dann mußte der »Kater« der Chef sein.

Das Wiedersehen mit dem »Kater« war das Wiedersehen mit dem Mysterium oder das Wiedersehen mit der Wirklichkeit, eins von beiden, aber das Treffen von mir und dem »Kater« war ein Treffen von etwas. Ich erinnerte mich an jedes Hemd, das der »Kater« besaß, und an jede Hose, die der »Kater« hatte und an alle Freundinnen, die der »Kater« hatte und erinnerte mich an alle seine Gesichtszüge oder die verschiedenen Gesichtsausdrücke. Ich erinnerte mich gut an seine Augen, ich erinnerte mich an alles, was der »Kater« gesagt hatte. Und dann kommen wir an, bei Nacht. Ich sehe in der Dunkelheit vier oder fünf Guerrilleros. Ich wußte, daß der »Kater« »Ventura« hieß. »Und wo ist Ventura?« sage ich, da sagen sie: »Ventura schläft.« »Wo schläft denn Ventura?« Sie bringen mich an eine Stelle im Lager, da schläft Ventura. Er lag in einer Hängematte, es war schon Sommer, denn ich weiß noch, daß das Laub trocken war, ich ging hin, ging langsam, um den »Kater« nicht aufzuwecken, obwohl ich ihn auf jeden Fall aufwecken wollte, aber ich ging langsam, damit er nicht merkte, daß wir gekommen waren. Und man geht in den trockenen Blättern langsam, sie verraten einen. Es ist vielleicht drei Uhr morgens, und ich komme zur Hängematte vom »Kater«. Er schläft in seiner Hängematte, die ganz tief hängt, fast am Boden, vielleicht eine Spanne vom Boden. Ohne Plastikplane, denn es war Trockenzeit, und der Mond schien und drang durch die dünne Vegetation. Und dann sehe ich das Gewehr vom »Kater«, ein AR-15, die Waffe vom »Kater« war eine bessere Waffe als mein M-1 Karabiner, klar, er war besser als ich, war älter als ich. Ich stelle mich neben den »Kater« und rieche denselben Geruch wie bei mir, denselben Geruch wie mein Rucksack, denselben Geruch wie meine Hängematte, wie meine Decke, denn der »Kater« war in die Hängematte eingewikkelt, aber er hatte auch einen etwas anderen Geruch, der Geruch vom »Kater« war anders als meiner, und weißt du, ich will dir mal sagen – ich war nervös, weil ich nicht wußte, ob der »Kater« sich freuen würde, mich zu sehen, ich wußte nicht, ob er das empfinden würde, was ich empfand und war nervös, denn ich wußte nicht, wie er reagieren würde, denn wenn der »Kater« nur einfach sagen würde: »Na, wie gehts?« – was wußte ich, was der »Kater« sagen würde. Dann, nachdem ich die Hängematte eine Weile betrachtet und die Gerüche gerochen und an tausend Sachen gedacht, und innerlich zu ihm gesagt hatte: Da siehst du mal, du, was wir angefangen haben, oder: Da siehst du ja, wie weit wir gekommen sind, da berühre ich ihn und sage: »Ventura ... Ventura ... Ventura ...« und der »Kater« wacht auf. »Ahaaaaaaaaaaah?« – sagt er. »Ventura, ich bin's, Eugenio.« Wie ich Eugenio gesagt habe, hat sich der »Kater« mit einem Ruck aufgerichtet und bleibt in der Hängematte irgendwie halbwach sitzen. Wie er gehört hat: »Eugenio«, muß er geglaubt haben, er träumt; er schwitzte und dann sage ich: »Kater, ich bin's, Eugenio«, und fasse ihm so an den Kopf im Dämmerlicht des Mondes und dann sagt er: »Mein Lieber!« und sagt es und umarmt mich, und dann umarme ich ihn, und der »Kater« fällt aus der Hängematte, und wir liegen uns in den Armen am Boden. Und dann bleiben wir beide auf dem Boden liegen, denn ich hatte ihn im Hocken beobachtet, und wir beide bleiben am Boden, und ich spüre den ganzen Geruch vom »Kater«, und er sagt: »Wie geht es dir denn?«, als würde er sagen: »Wie ist es dir ergangen, seit ich weg bin, wie ist es dir ergangen, nachdem du so viel da und so viel dort gemacht hast, und jetzt so viel hier erlebt hast, wie geht es dir jetzt, wo wir uns wiedersehen,

nach all dem Ganzen?« Und dann bleiben wir eine Weile so, wir beide, halb auf den Boden gefallen und umarmt, und dann stehen wir auf, und der »Kater« setzt sich in seine Hängematte, und ich setzte mich ihm gegenüber, und es gab so viel zu reden, und wir wußten nicht, was wir sagen sollten. Ich sehe im Halbdunkel, daß der »Kater« einen Bart hat, ich hatte auch einen Bart, aber der war sehr klein, der von dem »Kater« war ein bißchen dichter, ein roter Bart, der machte, daß man seine Lippen weniger sah, und ich merkte, daß er noch immer grüne Augen hatte; er fragte mich nach Claudia: »Und die Claudia?« sagt er: »Ich weiß nicht, sie sagen, ich habe ein Kind, und du und die Susy?« sage ich. »Mensch«, sagt er, »nichts mehr.« »Wie, nichts mehr?« sage ich. »Red nicht davon«, sagt er, »sie ist da, und ich bin hier und nichts weiter.« »Aber du trägst doch den Ring«, sage ich, denn die Susy hatte ihm den Ring geschenkt; hatte zwei Ringe gekauft, die Susy, und in dem von ihr stand innen »Edgard« und das Datum, an dem sie sich kennengelernt hatten und in dem, den Edgard trug, stand »Susy«. »Ja«, sagt er, »aber ich bin hier, und sie ist da, sie hat einen Freund, hat einen Mann, ich weiß es nicht ...« »Mach keine Dinger, und warum trägst du dann den Ring?« »Weißt du, der Ring geht nicht mehr ab, auch wenn sie einen neuen Freund hat«, sagte er.
Also gut, wir blieben erstmal schweigend sitzen, und dann fingen wir an zu lachen und zusammenhanglos und locker zu sprechen; nicht zusammenhanglos, sondern unsystematisch haben wir geredet, über dies und das, und als wir dann schlafen gehen wollten, war es schon Morgen. Und wir beide waren die ersten, die am nächsten Tag aufgestanden waren, als hätten wir nicht schlafen können, vor lauter Lust zu reden oder Lust uns zu sehen. Und wie wir uns am nächsten Tag sahen, fing ich schon an, ihm zu erzählen. Da sagte er: »Ich habe gehört, du hattest Schwierigkeiten, wie du reinkamst, die Berge haben dir Mühe gemacht, oder sie haben mir einfach erzählt, daß du Probleme hattest. Für mich war es am Anfang sehr hart«; und er erzählte mir, daß es für ihn auch sehr hart gewesen war, und dann war die Unterhaltung schon gemütlicher, flüssiger, ruhiger. »Anscheinend wollen sie dich in die Stadt herunterbringen.« Und dann sagt er: »Ich glaube, es ist gut, denn du bringst mehr in der Stadt als hier.« »Mensch, nein«, sage ich, »ich habe inzwischen eine gute physische Kondition.« »Ja«, sagt er, »aber hier geht es jetzt nicht um physische Kondition, sondern

darum, wo wir vom politisch-militärischen Gesichtspunkt aus mehr leisten können. Ich glaube, dich brauchen sie in der Stadt.«
»Gut, wenn sie mich in die Stadt herunterbringen, sollen sie mich herunterbringen, meinetwegen, ich gehe dahin, wohin sie mich schicken, aber ich habe seit einiger Zeit auch die Voraussetzungen dazu, in den Bergen zu bleiben, das habe ich schon bewiesen.«
»Ach, Mensch«, sagt er, »beharr doch nicht auf der Kondition, wo es jetzt gar nicht darum geht, es geht darum, wo jeder am besten hinpaßt.«
Tatsächlich, am nächsten Tag rufen sie mich zum Treffen mit Modesto, Rodrigo und dem »Kater«. Der »Kater« schweigt. Rodrigo soll es mir sagen, und ich weiß in dem Moment genau, daß das eine Entscheidung ist, daß Rodrigo es mir sagen soll. Ich wußte bei der ganzen Sache nicht, ob sie mich wegen der Lesmaniasis runterbringen wollten oder weil ich auch an Blinddarmentzündung litt, ich hatte manchmal Anfälle von Blinddarmentzündung – oder weil sie die Kader aufteilen wollten oder weil die Stadt mich angefordert hatte. Jedenfalls rufen sie mich, und Modesto schweigt. Edgard schweigt, und Rodrigo eröffnet das Gespräch: »Sieh mal, Eugenio, wir haben uns gedacht ... Wir haben dich beobachtet, wir haben deine Fähigkeit gesehen, haben deine Moral gesehen, haben deine Fähigkeit, dich schnell einzugewöhnen gesehen, aber die Berge sind nur eine Schule, in die viele *compañeros* aus der Stadt kommen, um sich auszubilden, und später müssen sie wieder heruntergehen. In diesem Sinn sind die Berge eine große Schule, in der wir auch den Menschen verändern und bilden, und dann geben wir der Stadt eine Spritze von solchen gestandenen Männern, die helfen, die Stadt zu entwickeln, denn die Berge, das ist nicht alles, wir brauchen auch die Arbeit in der Stadt und auf dem Land ...« Er gibt mir eine ganze Erklärung ab, sagt eine Menge Sachen und fügt dann hinzu: »Etwas wollen wir dir noch sagen, das ist, daß der Eugenio, der hergekommen ist, nicht der Eugenio ist, der wieder zurückgeht; du wirst in die Stadt kommen, und die Genossen werden dich da hinstellen, wo sie es für richtig halten.« Es gingen mir da so viele Dinge durch den Kopf ... Warum? Und dann dachte ich: Also gut, wenn sie mich in die Stadt herunterbringen, ist es dann León? Ja, aber in León kennen sie mich doch, und ich kann keine Straße weit gehen in León oder drei Straßen weit, ich kann mit dem Auto an keiner einzigen

Ampel in León stehen bleiben, ein Polizist erkennt mich, kann mich wiedererkennen oder ein *Guardia*. Aber trotzdem, ich würde nicht bitten: Bringt mich nicht runter, ich würde immer da hingehen, wohin sie es mir sagten.
Jedenfalls teilten sie mir mit, daß sie mich in die Stadt herunterbringen wollen. Ich will mal sagen, ich mußte mich schon zusammenreißen, denn ich hatte diese Welt lieb gewonnen, die Leute schätzen gelernt, hatte Vertrauen in mich selbst bekommen, hatte so viele Sachen in den Bergen gelernt, und dann dachte ich: Ich kann die Männer nicht im Stich lassen, ich kann nicht runtergehen, ich kann sie nicht in dem Schlamm lassen, im Wald, ich kann sie nicht in der Einsamkeit zurücklassen. Aber jetzt war die Entscheidung auf höchster Ebene schon gefallen: Sie bringen mich herunter. Das war in der Trockenzeit, Mitte April 1975.

XV

Ich breche mit Juan de Dios Muñoz und mit Valdivia auf, José Dolores Valdivia, der sich damals »Faustino« nannte und Silvestre. Faustino blieb an einem bestimmten Punkt zurück, und ich ging weiter. Faustino sollte nach Cuá herüber, um eine neue Region zu erschließen oder eine neue Verbindungslinie oder was weiß ich. Wir marschierten mehrere Tage, bis wir eines nachts an eine kleine Hütte kamen; in dieser Hütte lernte ich Francisco Rivera kennen. Juan de Dios kannte ich schon, er war mit dem »Kater« im selben Lager gewesen, ich kannte Juan de Dios, weil er mich in die Berge gebracht hatte, als ich 1974 heraufging. Wir kommen also zu einer Hütte, machen das Zeichen, und das Zeichen wird beantwortet; wir gehen hinein, es war eine kleine Hütte, so groß wie dies Zimmer, vielleicht fünf mal fünf Meter, eine Küche, ein paar Hocker mit einem kleinen Tischchen, schmucklos, eine Hängematte, ein Bett, der Herd und ein Hocker neben dem Herd, wir warten, bis der Kaffee fertig ist. Beim Hereinkommen sehe ich einen Mann mit hellem, schönem Gesicht, blauen Augen, er hat einen Hut auf dem Kopf und läßt sich nicht aus der Ruhe bringen. Wie dann Juan de Dios sagt: »Romulo, das ist Eugenio«, sagt er: »Ach, du

bist Eugenio ... Freut mich, Genosse«, und gibt mir die Hand. Das war Francisco Rivera, er blieb sitzen. »Und wie war der Weg?« sagt er. »Gut, gut.« »Sag mal«, wendet er sich an die Frau: »Es sieht so aus, als ob das schon kocht.« Er war ganz mit dem Kaffee beschäftigt, goß ihn ein, tat neue Scheite aufs Feuer und rauchte. »Wie geht es den *compañeros?«* fragt er mich. »Gut ...« Er hatte dieselbe Art zu reden, wie die Bauern, sah aber aus wie ein Mann aus der Stadt; im Schein des Feuers wirkte er wie so ein nordamerikanischer Cowboy mit seinem Hut, denn er hatte blaue Augen, helle Haut, feine Gesichtszüge und so eine Art Texashut auf. Verdammt nochmal, der Kerl, dachte ich, der sieht aus wie aus Texas und spricht wie ein Bauer. Wir blieben eine Zeitlang da und redeten, er sprach wie ein Bauer und fragte und erzählte allerhand Sachen. Und dann gingen wir alle schlafen, draußen in Hängematten, vielleicht fünfhundert Meter von der Hütte enfernt. Wir redeten am nächsten Tag noch etwas und machten uns dann auf, weiter nach unten, wir gingen immer weiter nach unten. Und auf dem ganzen Weg abwärts merkte ich, wenn ich hinguckte: Es war eine Tatsache, um die ich nicht herum kam, ich ging auf die Stadt zu, mein Kopf war ein Gewirr von halb verarbeiteten Gedanken und Eindrücken; auf der einen Seite ließ ich zurück, was mir im Augenblick am liebsten war, meine Freunde in den Bergen; und gleichzeitig kam ich immer näher zu denen, die ich am meisten liebte, das waren die Stadt und meine Freunde in der Stadt. Und dann diese völlige Ungewißheit, wo sie mich hinschicken würden, und die Stadt und das elektrische Licht und wieder Farben, die Autos und der Klang der Radios, Fernsehen und immer Zucker, dreimal am Tag und Eis essen und die Cafés, das Pop's und die Chips und einmal ins Kino. Und die Autos ...
Ich habe nie endgültig klären können, ob ich die Berge nun mochte oder nicht, denn ich bedauerte, sie zu verlassen, und ich haßte sie auch, ich ging so weit, die Berge zu hassen, aber ich liebte sie doch, ich weiß nicht, was zum Teufel in mir vorging. Jedenfalls dachte ich wieder an die Stadt. Also gut, sie würden mich operieren – und dann, was mache ich dann? Sie schicken mich in eine andere Stadt, sie bringen mich wieder in die Berge, ich gehe aufs Land: und die Stadt und die Frauen, ich würde Claudia sehen. Und dann würde ich natürlich auch mit ihr schlafen und mich begeisterte der Gedanke, mit Claudia zu schlafen oder mit irgend-

einer anderen Frau, das Gefühl, wieder eine Frau zu küssen, eine Frau zu streicheln, einer Frau mit der Hand über den ganzen Körper zu streichen, auf einer Frau zu liegen, der Orgasmus mit einer Frau, und ich dachte an die Frauen, die damals im Untergrund waren und ging sie in Gedanken der Reihe nach durch, welche gefiel mir vom Aussehen her am besten, nach Claudia, oder wenn Claudia mich nicht mehr liebte, welche Frau dann? Oder welche Frau könnte es geben und wie wäre diese Frau, die es geben könnte und die ich nicht kannte, denn es war schon genau ein Jahr her, daß ich niemand mehr mit der Hand über das Gesicht oder die Haare gestrichen hatte, keine Frau, die mir mal ein Küßchen gegeben hätte, mit der ich nackt sein konnte und ihre Haut fühlen. Und all diese Gedanken gingen mir durch den Kopf. Wieder Universität? Und wenn sie mich mit der Studentenbewegung beauftragten? Wer arbeitete jetzt in der Studentenbewegung, und wer waren die neuen *compañeros* in der Studentenbewegung? Bin ich dann vielleicht mit einer von denen zusammen? Schicken sie mich in eine andere Stadt, wo es keine *compañeros* gibt? Hoffentlich gibt es eine Freundin für mich ... Was weiß denn ich? So träumte ich auf dem Weg, und sobald ich nicht mehr daran dachte, dachte ich wieder an die Berge. Und wenn sie mich in der Stadt umbringen? dachte ich, wenn sie mich erkennen und umbringen, und wenn sie mich lebendig schnappen? Mich tot schnappen ...? Bis wir irgendwann die Kleidung wechselten und die Guerrilla-Kleidung auszogen, ich rasierte mich und ließ nur den Schnurrbart stehen, sonst nichts. Vorher in der Legalität hatte ich keinen Bart getragen. Wir gingen weiter abwärts, bis wir an einen Ort kamen, ich glaube Cuá, irgendwo da in Cuá stiegen wir in ein öffentliches Verkehrsmittel. Nach so langer Zeit höre ich zum erstenmal wieder das Geräusch von einem Auto, und mit welcher Sicherheit ich sagte: Das ist ein Auto, ich kenne dies Geräusch. Ich war neugierig gewesen, ob ich die Autos wiedererkennen würde, und wie ich essen würde, und ob ich noch mit Messer und Gabel und Löffel essen konnte, nachdem ich so lange mit der Hand gegessen hatte, gegessen hatte wie ein Wilder und Manieren hatte wie ein Wilder. Wir stiegen in einen Kleinbus voll mit Leuten, die in ein kleines Dorf fuhren, und als ich all die Leute sah, versuchte ich mich ganz normal zu verhalten, all die Leute, die Männer aus der Stadt in allen Farben gekleidet. Die Leute in dem Bus waren eine Mischung von

Stadt und Land. Wir waren noch nicht ganz in der Stadt, wir waren zwischen dem Land und den Bergen, und den ganzen Weg über denke ich immer an das, wovon ich jetzt eben erzählt habe. Und mir fällt ein, daß wir irgendwann Demonstrationen gemacht haben mit Ocote-Zweigen und Kerzen, und daß ich in Chile eine Parole gehört hatte, die lautete: »Wer nicht hüpft, ist eine Mumie.« »Mumie« hieß in Chile zur Zeit von Allende so viel wie Bourgeois, und als ich zurück war, ist mir das bei einer Demonstration plötzlich wieder eingefallen. Ich habe gerufen: »Wer nicht hüpft, ist ein Frosch«, denn in Nicaragua wurden die Anhänger von Somoza »Frösche« genannt, und alle Leute auf der Demonstration, vielleicht drei Straßen weit fingen an zu hüpfen. »Wer nicht hüpft, ist ein Frosch; wer nicht hüpft, ist ein Frosch; wer nicht hüpft, ist ein Frosch ...« Und alle Leute fingen an zu hüpfen, und dann kam die *Guardia* nachts zu mir nach Hause und suchte mich – daran erinnere ich mich und wußte nicht, ob das derselbe war, ich, der die Demonstration gemacht hatte und gehüpft war, und ich, der in den Bergen gewesen war und zurückkam und nicht wußte, was jetzt passieren würde, diese große Ungewißheit, was da unten entschieden werden würde, und ich dachte auch daran, daß wir einmal eine Demonstration gemacht hatten und ich gesagt hatte: »Jeder Student nimmt eine Büchse ...«, und wir hatten Plakate in der Universität geklebt: »Jeder Student nimmt eine Büchse mit«, und alle Studenten holten sich alte Büchsen aus den Mülltonnen der Universität, und dann machten wir die Demonstration mit den Büchsen, und der Bus, ein einziges Gehüpfe, er wirbelte die klassischen Staubwolken auf, die den Fahrzeugen im Sommer folgen, wenn sie über die Staubstraßen fahren. Ich war noch weit von León entfernt und schon roch es nach León, denn der Staub setzt sich in die Nase und die Ohren und in die Kehle, und meine Haare wurden langsam braun, die Haare auf den Armen wurden blond, der Schnurrbart wurde weiß, und das erinnerte mich an León, immer intensiver, denn die Sonne wurde immer stärker und die Luft immer heißer, die Gegend wurde kahler. Es roch nach León, denn die Leute im Bus fingen an, sich die Taschentücher auf den Kopf und auf das Gesicht zu legen, um sich vor dem Staub zu schützen, wie wir das in León gemacht hatten, als die Wolken von Asche aus dem Vulkan aufstiegen, 1971, beim Ausbruch des Cerro Negro.

Damals schlachteten wir alles gegen Somoza aus: Der »Kater« und ich, wir machten uns die Tatsache zunutze, daß sich in der durch die Staubwolke erzwungenen Dunkelheit, während es Asche auf León regnete, alle Leute Taschentücher auf das Gesicht legten und gingen mit verhülltem Gesicht zum großen Markt und sagten während wir zwischen den Körben mit gequollenem Mais, Muscheln und Gemüse durchgingen: »So eine Sauerei, so eine Sauerei, eine Strafe Gottes, eine Strafe Gottes... das ist die Strafe Gottes dafür, daß wir Somoza noch immer nicht gestürzt haben. Gott wird uns weiter bestrafen, weil bei uns Somoza noch immer regiert.« Und wir gingen bei den Fleischverkäuferinnen und den Fruchtsaftverkäuferinnen vorbei: »Eine Strafe Gottes ... eine Strafe Gottes!« - und bei den Textilverkäufern: »Eine Strafe Gottes!« - und bei den Flickschustern und den Gemischtwarenhändlerinnen: »Das geht so weiter, bis wir Somoza gestürzt haben« - und die Leute waren wütend, weil der Staub ihnen alles dreckig machte und die Verkäufe zurückgingen und suchten logischerweise jemanden, gegen die sie ihren Zorn richten konnten. Deshalb hörten sie uns zu, denn wir gaben ihnen jemanden, dem sie die Schuld zuschieben konnten; und dann fingen die Leute selber an: »Der Hurensohn hat uns den Fluch gebracht. Er bringt uns ins Unglück, weil er mit der Dinora rummacht.« (Dinora war die Geliebte von Somoza.) Wir benutzten die Gelegenheit dazu, Propaganda gegen Somoza und die *Guardia* zu machen.
In diesem Bus zu fahren, war ein einziges Rennen und Hüpfen oder Reiten wie auf einer Zeitmaschine, nur in entgegengesetzter Richtung; je weiter du kommst und je mehr sich die Gegend verändert, an die du dich in den letzten Monaten gewöhnt hast, und du eine neue Landschaft siehst, die der schon ähnelt, die du von klein auf kennst, wieder der Meerkirschenbaum, der Jiñocuago, dieselben Steine, die Leguane, die großen Eidechsen und das heiße Land, je weiter du den Weg nach unten herunterfährst, desto mehr Gedanken kommen dir in den Kopf, die sich auf die Vergangenheit beziehen. Nicht nur auf die jüngste Vergangenheit, wie du in die Berge gegangen bist, sondern auf deine Jugend, auf deine Kindheit; denn als ich die Meerkirschenbäume und den Kürbisbaum sah, da dachte ich zum Beispiel daran, daß in dem Hof unseres Hauses auch Kürbisbäume standen und daß mein Vater Zweige von den Kürbisbäumen abschnitt, um uns damit zu

verprügeln, wenn wir Unsinn gemacht hatten. Da merkst du, wie dich ein Kürbisbaum mit unwahrscheinlicher Geschwindigkeit bis in deine Kindheit zurückbringt.

Nach etwa acht Stunden Fahrt, am Nachmittag schon kamen wir in Sauce an, wo wir den Zug nehmen sollten. Ich erinnerte mich wieder an die Eisenbahn in León und wie ich zum erstenmal eingestiegen war, der Gedanke an den Zug brachte mich auch in meine Kindheit zurück. Diese Fahrt aus den Bergen herab im Bus war ein ständiges Kommen und Gehen auf der Spur der eigenen Geschichte, schnell und beweglich wie ein Affe: Du weißt ja, wie die Affen ganz schnell von einem Zweig zum anderen herüberklettern, genauso schnell kommt man von der Kindheit wieder in die Berge zurück, von den Bergen in die Stadt und so weiter, das sind Kunststückchen, das ist geistige Akrobatik, die dich flugs von einem Teil deines Vorlebens zu dem bringt, der noch davor liegt. Es waren wenig Leute auf der Straße in Sauce, und wir gingen in Richtung Bahnhof. Nach einer Weile kamen wir um eine Ecke, da sah ich den großen Zug stehen, ganz lang, schwarz und alt, derselbe Zug, derselbe Zug wie in meiner Kindheit. Da hatte ich plötzlich das Gefühl, die Dialektik wäre stehengeblieben; denn es war genau derselbe Zug mit denselben Gittern, denselben Leuten und denselben Rufen: »Eiswasser, Fleisch und *yuca!* Fleisch und *yuca!«* Dieselben Verkäuferinnen mit ihren Schüsseln, die Träger, die die Säcke aufladen und das Gewicht auf der Waage prüfen, die sie auf kleine Wagen laden, um sie zum Zug zu bringen; andere trinken Schnaps, dann die Besoffenen, die auf dem Bahnhof herumhängen, unschuldige Kinder beim Betteln, Nutten stehen an der Straßenecke, die Billardtische auf der anderen Seite; schließlich der ganze Lärm auf dem Bahnhof selbst, genauso wie ich ihn kannte, die Leute mit ihren Hühnern in der Hand und ihrem Kram, ihren Tüten mit Obst, die Bäuerinnen vom Land in ihren buntesten Röcken, weil sie heute in der Stadt waren mit frisch geschminkten Lippen, mit so einem rot, so rot, wie es nur die Bäuerinnen haben, die vielen dicken, alten Frauen mit ihren Schürzen, die den Hund wegjagen, ein Mann ist betrunken und fällt vom Pferd, Schweine, die die Kacke der Kinder auf der Straße fressen, Schweinezüchter, die Schweine vor sich hertreiben, die sie zum Zug bringen wollen und die Verkäuferinnen, die die Schweine wegjagen, krummbeinige Schweine mit kurzem Schwanz,

schwarze, kastrierte Schweine und Eber und dann noch so ein Typ da, ein halber Zauberer, der Murmeln wirft und die Zukunft voraussagt, und die Bauern drängen sich mit erstauntem Gesicht, und die Marktschreierin steht da und preist eine Salbe an, die gegen alles hilft, sogar gegen den Kummer und die Sorgen; und der *Guardia* dort, immer derselbe *Guardia* an der Ecke, der sich noch nie in irgend etwas eingemischt hat und am Ende doch ...
Wir gingen die Fahrkarten kaufen. Im Durchgang alles voller Pisse und Fußstapfen, da wo die Fahrkarten verkauft werden, der Fahrkartenverkäufer ist genauso ein Mann wie immer, mit seinem Hundegesicht, dem man schon von Weitem ansieht, daß er ein Spitzel ist, er stellt uns dieselben Fahrkarten aus wie immer, mit demselben Ding da, das aussieht wie eine kleine Schere zum Lochen und dann - kurze Zeit später - derselbe Pfiff - piiiiiii! - zur Abfahrt und die Leute kaufen alle eilig noch ihre letzten Sachen, der Schaffner jagt die Kinder vom Waggon und ... »Warte mal gerade ...« sagt sie und kauft noch was. »Gib mir das Eiswasser rauf und die *tortilla* mit Fleisch und *yuca.«* Und der andere rennt, weil er kein Wechselgeld hat, und der am Fenster streckt die Hand aus: »He, du, was ist mit dem Wechselgeld, das Wechselgeld ...!« Und der, der ihm das Wechselgeld schuldet, tut so, als käme er mit dem Zeug nicht zurecht, bis er angeschrien wird: »Verdammte Scheiße, gib das Geld her!« Und dann gibt er es auch herauf, immer derselbe Trick. Und dann fährt der Zug los; wahrhaftig, wir fahren in Richtung León und die Zeitmaschine fährt noch schneller, und man spürt schon keinen Staub mehr, aber wir sehen dann etwas, was ich schon lange nicht mehr gesehen hatte: die weißen Baumwollfelder. Die Baumwolle und dann wieder die Erinnerungen, die Lastwagen, die morgens, wenn es noch dunkel ist, mit der Menge von Pflückern herausfahren; alles zum Baumwollepflükken, die Frauen mit Männerhemden und Männerhüten - und mein Vater, der sich immer aufregt, weil die Arbeiter in seinem Geschäft ihm zum Pflücken weglaufen, weil sie da besser bezahlt werden; die Baumwollspinnereien in León arbeiten, und ich spüre die Härchen der Baumwolle schon fast in der Nase. Der Zug fährt weiter mit demselben Geräusch und kommt zu einem Bahnhof, das Pfeifen und wieder das Eiswasser, die Lotterielose und die Hunde, die Leute, die heraufklettern und der Schaffner, der sich wieder mit ihnen herumstreitet, und wieder die Glocke an der

nächsten Station, und der Zug fährt schnell, und je weiter der Zug fährt, desto stärker spüre ich einen inneren Druck, ich weiß nicht, warum – und wie sich dann der Zug Malpaisillo nähert, macht sich bei mir langsam ein gewisses Unbehagen breit, ich werde immer unruhiger, weißt du, je klarer mir wird, daß ich wieder mit León konfrontiert werde, mich wieder mit meiner Vergangenheit treffe, die mir ganz unwirklich vorkommt. Ich werde immer nervöser, unwilliger und unruhiger, stehe immer mehr unter Druck und kann mir nicht erklären, was in mir vorgeht, was da passiert. Ich fühle mich langsam wie nach außen geworfen. Als der Zug dann bei der Ankunft in Malpaisillo anfing zu pfeifen, da war es so stark – ich weiß nicht warum –, daß ich mit den Armen gegen das Fenster gedrückt habe, ich saß nämlich an der Außenseite am Fenster, ich drückte dagegen, stemmte mich in den Sitz, weil ich das Gefühl hatte, sonst würde ich nach vorne geschleudert; nicht, daß ich lieber zurückwollte, im Gegenteil, aber es war ein Gefühl, als würde ich mit einer Kraft, die ich nicht im Griff hatte, nach León geschossen. Als der Zug im Bahnhof von Malpaisillo anhielt, stiegen wir nicht gleich aus, sondern warteten, bis die Leute zusammengelaufen waren, um in dem ganzen Gewühl dann etwas unterzutauchen zwischen den Verkäufern von Eiswasser, den Gemüseverkäufern, den Kleiderverkäufern, den Verkäufern von all den Sachen. Da im Bahnhof fühlte ich mich plötzlich irgendwie nackt. Wir hatten in den Bergen so lange Zeit verborgen ohne Verbindung mit Leuten verbracht, hatten uns immer nur untereinander gesehen, ohne uns den Hütten auch nur zu nähern, denn wir durften nicht alle zu den Hütten gehen. Also waren wir nicht mehr daran gewöhnt, daß uns Leute ansahen. Als wir immer im Wald verborgen waren, ließen wir uns nicht sehen. Da begriff ich, daß du dich nicht nur daran gewöhnst, keine Leute zu sehen, sondern daß du dich auch daran gewöhnst, daß dich keiner sieht; du gewöhnst dich daran, allein zu sein, nicht wahr? Ich kam mir nackt vor in Malpaisillo, das heißt also, jeder sieht dich, nackt heißt, du gehst und stößt auf nichts, was vor dir ist, du fühlst dich nackt ohne Verdeck, du fühlst dich wie auf freiem Feld, fühlst dich wie am Strand, was weiß ich ungeschützt, du mußt die Füße nicht heben, um beim Gehen die Hindernisse im Gelände zu vermeiden, du gehst ganz normal und biegst nicht beim Gehen die Zweige der Bäume auseinander, und dann entdeckst du, daß in den Bergen die Bäume und das Gelände in irgendeiner Weise zu deiner Kleidung werden, wie ein Schutz für dich. Ich dachte darüber nach, ob es mir nicht jetzt genauso ging, ob ich jetzt nicht dasselbe empfand wie damals, als ich in die Berge ging, nur diesmal in entgegengesetzter Richtung.

In den Straßen bekam ich plötzlich Angst, denn ich stamme aus León und war ab und zu in Malpaisillo gewesen, deshalb gab es Leute, die mich kannten, Klassenkameraden, Leute aus Malpaisillo, die in León lebten; und dann gab mir die Tatsache, bekannt zu sein, ein Gefühl der Nacktheit, denn ich merkte, daß mich jeder sehen, wiedererkennen konnte; und das Gefühl, nackt zu sein, wurde dadurch noch größer, daß man in den Bergen immer mit seiner Pistole herumlief und mit seinem Gewehr oder mit der Maschinenpistole, dem Karabiner, und du hast einen Haufen Munition im Gewehr und in den Magazinen und trägst im Rucksack manchmal noch Essensvorräte, du versorgst dich in der Umgebung selbst und fühlst den Schutz des Gewehrs, das dir in den Bergen in Fleisch und Blut übergeht, das Gewehr ist ein Teil von dir selbst in den Bergen, du schläfst mit deinem Gewehr, du marschierst mit ihm, badest dich neben ihm, machst Ausbildung mit ihm; kaltes Gewehr, öliges Gewehr, Gewehr auf der Schulter, Gewehr in der Hand, beschlagenes Gewehr, Gewehr als Stütze, sauberes Gewehr, nasses Gewehr, Gewehr ... immer das Gewehr um den Hals, auf der Schulter oder in der Hand. In den Bergen wird das Gewehr zu einem Stück von dir, ein weiteres Glied und eines der wichtigsten Glieder, denn wenn man stürzt, dann schützt man eher das Gewehr als die eigene Hand, damit es sich nicht weh tut. Dann brichst du dir manchmal lieber die Hand als das Gewehr. In den Bergen ist das Gewehr wichtiger als irgendein Körperteil sonst; und du fängst an, dich in dein Gewehr zu verlieben und meistens gibst du deinem Gewehr auch einen Namen, oder? Zum Beispiel hatte Aurelio Carrasco sein Garand-Gewehr »El Garanón« genannt, ein anderer *compañero* hatte einen Karabiner mit schwarzem Schaft, der hieß »Die Schwarze«. Ich benutzte einen Karabiner M-1, und da ich immer mit ihm schlief und manchmal in der Hängematte mit meinem Karabiner einschlief, da hatte ich ihn meinen »Teddybär« genannt.

Und als ich nach Malpaisillo kam, fühlte ich mich ungeschützt ohne meinen »Teddybär«, denn mein »Teddybär« gab mir die

Sicherheit, im Kampf zu sterben und mich gut zu verteidigen. Ich war verkrampft, wollte mich aber ganz normal bewegen, flüssig, ich trug einen kleinen Hut, ein Paar Stiefelchen, Blue-Jeans und ein einfaches Hemd; ich war aus den Bergen mit meinem Schnurrbart zurückgekommen, mein Gesicht war schon etwas verändert, rasiert, aber mit Schnurrbart, trotzdem hatte ich Angst, mich würde jemand erkennen. Ich gab mich ganz normal, beobachtete aber immer die Reaktion der Leute; so ... versteckt achtete ich auf die Leute, die mir entgegenkamen und die mich ansahen, um festzustellen, ob mich jemand wiedererkannte, und unglücklicherweise erkannte mich auch jemand, und als ich erkannt wurde, war es wie ein Stromstoß im Körper, ich weiß nicht, etwas im Magen, ich wollte schnell weg, wollte wegrennen ... Grüßt er mich? Ruft er mich heran? ... Ich ging unbewußt etwas schneller, bis wir an die Straße nach León kamen. Ich weiß noch, daß wir uns etwa eine Stunde versteckt hielten und darauf warteten, daß sie uns anzeigten und die *Guardia* käme, aber es passierte nichts. Nach einer Weile beschlossen wir, auf der Straße in Richtung León zu gehen: Niemand hatte mich erkannt und Juan de Dios Muñoz auch nicht, mit dem ich zusammen war, oder sie hatten sich nicht getraut, uns anzuzeigen, wenn sie uns erkannt hatten.

Bei dem Fußmarsch auf der Straße wurde ich ungeheuer neugierig und freute mich darauf, die *compañeros* zu treffen, aber richtig begeistern konnte ich mich daran nicht mehr, es waren schon zu viele Dinge passiert, um sich daran zu begeistern, ich freute mich, wenn ich daran dachte, daß ich die *compañeros* in der Stadt sehen würde, hauptsächlich Iván Montenegro, aber es war schon nicht mehr diese Freude, diese Begeisterung wie damals, als ich in die Berge ging, es war anders, und es waren Leute gestorben. Wir wußten schon, daß man stirbt und daß man lebt, und wir wußten auch, daß man leidet, daß es Traurigkeit gibt und nicht nur Freude. Sagen wir mal – am meisten begeisterte mich die Möglichkeit, meine Tochter kennenzulernen oder meine Söhne, denn jetzt fällt mir gerade ein: Rodrigo, der Sauhund, hatte, bevor ich wegging, zu mir gesagt: »Und herzlichen Glückwunsch zu den Zwillingen.« Die *compañera* hatte einen sehr dicken Bauch gehabt und anscheinend hatte irgend jemand, ein Bote da oben darüber eine Bemerkung fallengelassen, daß sie einen sehr dicken Bauch hätte und daß es vielleicht Zwillinge würden, und das ging dann von Mund zu Mund, bis es in den Bergen ankam, und irgend jemand hatte Modesto und Rodrigo gesagt, es wären Zwillinge. Dann war da oben natürlich die Witzelei groß: »Donnerwetter, Eugenio ... Du hast ja eine Kraft!« – und diese ganze Scheiße, die anfängt, wenn einer Zwillinge kriegt. Das ging so weiter, bis wir zu Fuß ein Haus in der Nähe von Telica erreichten und ich dort einen *compañero* namens Francisco Lacayo traf, der mich von meinen Zweifeln erlöste. »Eugenio, wußtest du schon, daß du eine Tochter hast?« sagte er. »Ach Mensch«, sage ich, »sind es keine Zwillinge?« »Nein, Mann, es ist eine Tochter, und sie sieht dir ähnlich.« Wie ich mich da gefreut habe! Als sie mich aufklärten, daß es keine Zwillinge und keine Söhne, sondern ein Tochter war, also da überkam mich eine große Zärtlichkeit, als sie mir das sagten, daß es eine Tochter war. Ich hatte nie daran gedacht, daß ich eine Tochter haben könnte, eine kleine Frau und dann, als sie mir sagten, es ist ein Mädchen – ich weiß nicht, da befiel mich eine ganz besondere Zärtlichkeit, ich fühlte mich so empfindlich, so zärtlich, verstehst du? Und ich dachte natürlich schon daran, ich wollte darum bitten, ein Treffen mit Claudia zu arrangieren, um mit dem Kind zusammenzusein, um das Kind zu sehen. Also gut, sie kamen uns holen, wir schickten einen Boten nach León, und sie kamen uns holen; sie ließen uns sagen, der Chef der Gegend kommt persönlich zum Treffpunkt an der Straße, um uns abzuholen. Der Chef war Iván Montenegro. Tatsächlich erscheint Iván Montenegro am Abend in einem Taxi; der mit dem Taxi war auch ein *compañero,* und du kannst dir vorstellen, wie ich mich gefreut habe, den Dikken zu sehen, er ist etwas nervös und sagt: »Einsteigen, einsteigen, einsteigen.« Wir steigen ein und fahren nach León. Wie ich nach León kam, weißt du, wie ich mir vorkam? Wie in den Alpträumen, in denen immer León auftauchte, als würde ich träumen, ich wäre plötzlich in León, jeder würde mich sehen, und ich wäre unbewaffnet, und die *Guardia* würde mich verfolgen, und ich würde schießen, und mein Gewehr würde nicht funktionieren, ich würde schießen, und die Schüsse würden nicht ankommen, ich würde auf die *Guardia* schießen und die *Guardia* auch treffen, aber die Schüsse würden ihnen nichts ausmachen, oder sie würden einfach nicht sterben oder der Gewehrlauf würde sich verbiegen, das war der Alptraum, wenn ich an León dachte. Wie ich dann nach

León komme, im Auto, am Abend, gegen acht Uhr abends – Himmel, Herrgott! Derselbe Boulevard, dieselbe Avenida Debayle wie damals, das Krankenhaus, derselbe Drive-In, der Bahnhof, wir biegen am Bahnhof ein, die Spitze vom San Juan-Park, und sie geben mir so eine dunkle Sonnenbrille, kannst du dir das vorstellen, damit mich niemand erkennt. Und ich sah die Leute. Wahnsinn, es war nicht mehr nur das Gefühl, nackt zu sein, das ich hatte, es war schon mehr, weißt du, wie ich mich fühlte? Ich fühlte mich, als wäre ich im Untergrund, als ich nach León kam. Das heißt, für mich war das unbegreiflich, unvorstellbar, das was ich immer befürchtet hatte, der höchste Ausdruck der physischen Unsicherheit, die ganz konkrete Möglichkeit, umgebracht oder gefangen zu werden. Das war wirklich so völlig ungedeckt zu sein, völlig im Freien zu stehen, dann war es irgendwie auch verrückt, aber es mußte sein, ich kam nach León. Wir versuchten durch die Außenbezirke zu fahren, die Stadt selbst zu umgehen, um zu dem konspirativen Haus zu kommen. Es war ein Haus in Subtiava von einem *compañero,* der Schneider war, bei dem mir jetzt nicht mehr einfällt, wie er heißt, ich erinnere mich auch nicht mehr genau, wo es war, aber es war in Subtiava, vielleicht zwei Straßen oder eine von der Calle Real entfernt. Ich steige aus und freue mich dann riesig, wie ich Luis Guzmán und Quincho Ibarra sehe, und Jorge Sinforoso Bravo lernte ich dort erst persönlich kennen. Sie sagten, es gibt gleich Essen, ich wusch mich, und sie gaben mir Stadtkleidung. Ich wollte alles haben, wollte Schokolade, wollte »Popsicle« (das sind Eisstückchen mit Fruchtgeschmack), ich wollte »Eselsmilch« von Prío ... Und was wollte ich nicht noch alles? Es kam mir so vor, als wäre es nicht wahr, ich hier wieder im Herzen von León, und weder die *Guardia* und der Sicherheitsdienst von Somoza wußten es, noch meine Freunde, noch meine Familie.

XVI

Nachdem ich etwa vier Tage dort war, kam eine Anweisung von Pedro Aráuz, Mitglied der nationalen Leitung: Ich soll nach Ocotal, dort werde ich erst operiert und dann in der Nordregion eingesetzt. Damals war »Pelota« Chef dieser Region, »Pelota«, bekannt als Manuel Morales Fonseca, und Bayardo Arce war auch dort in derselben Regionalleitung. Wir gingen zu Fuß los um fünf Uhr morgens vielleicht, es wurde schon Tag; sie sollten uns etwa zwei Straßen weiter abholen. Kannst du dir das vorstellen: Iván Montenegro, Quincho Ibarra, der Präsident der CUUN war, und ich, wir drei laufen um die Zeit auf der Straße herum, wo schon Türen offen sind, die Bäcker das Brot verkaufen und Leute frische Butter kaufen; die beiden, die nicht so heiß waren, gingen außen, um mich ein bißchen vor den Blicken zu schützen, denn wir gingen mitten auf der Straße, es war eine unbefestigte Straße, Lehm, und ich dachte: So eine Schweinerei! Das ist das Ende ... Natürlich erkannten sie mich sofort, und ich merkte, daß die Leute mit weit aufgerissenen Augen stehen blieben, als sie mich sahen, einige sagten sogar »Guten Tag« ... Aber Subtiava war eben kämpferisch, ein politisch fast völlig befreites Gebiet; dann setzten sie mich in ein Auto, ich weiß nicht mehr, wer am Steuer saß, wir fahren die Straße von León nach San Isidro. An der Einfahrt von San Isidro wartet ein anderes Auto, ich steige um, ich habe nichts dabei außer meiner 45er mit einem Ersatzmagazin und ein paar Patronen. Ich erkenne den Typ, der den Wagen fährt und freue mich riesig, es ist Toño Jarquín, der Doktor Antonio Jarquín Toledo, geliebter Sohn von Nueva Segovia. »Nanu«, sagt er überrascht zu mir – weil er dachte, ich wäre in den Bergen – »wie gehts dir denn, mein Lieber? Verdammt nochmal, du bist dick geworden.« »Ach komm, wo soll ich denn dick geworden sein?« sage ich. »Du siehst aber dick aus«, sagt er. Weil wir uns so lange nicht gesehen hatten, fand er mich dick, ich war aber eher aufgeschwemmt von all dem Mais, denn der Mais schwemmt einen auf; aufgeschwemmt vom *posol,* und ich sah weißer aus, die Sonne fehlte mir natürlich, ich war bleich. Sie bringen mich also nach Ocotal und fangen mit den Vorbereitungen für meine Operation an. Ich hatte Angst, weil ich dachte, sie würden mich in irgendeinem konspirativen Haus operieren, irgendsowas, ein befreundeter Arzt in einem kleinen Guerrillahospital, ich hatte über die Tupamaros gehört, die hätten Kliniken und sowas gehabt unter dem Deckmantel von Kosmetiksalons, und ich dachte, wir hätten auch schon all sowas.

»Wann ist denn die Operation?« frage ich ihn. »Nein«, sagt er, – »wir müssen erst sehen, wie das Krankenhaus von Somoto ist, ich muß dich in Somoto operieren.« »Was, ihr wollt mich im Krankenhaus von Somoto operieren.« »Na ja doch, wo glaubst du denn, daß wir dich operieren sollen.« »Nein, nein, ich frage ja nur«, sage ich, »reine Neugier, ich wollte bloß wissen, was für ein Krankenhaus.« Ohne Scheiß, das Herz rutschte mir in die Hose. Wir fuhren also nach Somoto, ich kannte seine Frau schon, es war eine alte Freundin von mir, sie heißt Luisa Molina. Ich dachte, ich würde in seinem Haus bleiben, aber nein, sie ließen mich gegenüber wohnen, und ich hatte so gehofft, ich würde Luisa sehen, aber sie war in Estelí.

Am nächsten Tag frage ich Toño: »Und was ist jetzt mit dem Krankenhaus?« »Mensch«, sagt er, »wir regeln das jetzt gerade erst, wir müssen sehen, wer die Krankenschwestern sind, weil die dich sehen, und wir müssen eine Anästhesistin finden.« »Und die Anästhesistin und die Krankenschwestern, sind das *compañeras?«* frage ich. »Nein, keine von beiden. Weder die Anästhesistin noch die Krankenschwester, aber die Ärzte sind wir, Saúl und ich, das ist kein Problem. Aber mach dir mal keine Sorgen, ich sage, du bist ein Vetter von mir und bleibst nur so lange, wie unbedingt nötig ist, vielleicht drei Tage, dann holen wir dich hierher.« »Also gut«, sage ich, ohne zu ahnen, was mir bevorsteht.

Am nächsten Tag sagt er zu mir: »Also gut, mein Lieber, auf geht's«, und ich mache mich zum Krankenhaus auf, vielleicht um fünf Uhr nachmittags. Ich hatte eine Handgranate dabei und dachte mir: Mein Gott, da sitze ich in der Falle, wenn sie mich da erwischen und die *Guardia* mich frisch operiert abholen kommt, mich einfach mit Kolbenhieben herausjagt. Mit Schlägen und Stößen frisch operiert, ich kann nicht aufstehen, kann mich nicht verteidigen, und wenn ich hinfalle, dann platzt mir die Wunde auf, und die *Guardia* tritt mir gegen die Wunde und die Därme kommen heraus. Das Schlimmste war aber nicht, daran zu denken, was sie mit mir alles machen könnten, sondern der Gedanke, mich den Arschlöchern gegenüber völlig ohnmächtig zu fühlen. Also sage ich mir, wenn hier die *Guardia* kommt, dann weiß ich, was ich mache, ich lege mir die Handgranate und die Pistole unter das Kopfkissen. Ich bog an der Handgranate den nach beiden Seiten abgeknickten Sicherungsstift gerade, so daß man sie nur noch am Rand festhalten und an dem Ring ziehen mußte. Wenn die *Guardia* kommt, dachte ich, nehme ich die Granate und lasse sie hier in dem Zimmer platzen, und die *Guardia* ist weg und ich bin weg, aber mich murksen die Hunde nicht ab, mich ermorden sie nicht, wenn ich frisch operiert bin; ich dachte immer nur an Enrique Lorente, der Epileptiker war und dem sie im Gefängnis auf den Kopf hauten um einen epileptischen Anfall auszulösen. Sie beschimpften ihn als Epileptiker und schlugen ihn; dann ging der Anfall vorüber, und sie schlugen ihn wieder und folterten ihn, wenn der Anfall vorbei war, und dann lösten sie den nächsten aus; die Vorstellung, von ihnen in solch einer Situation mißhandelt zu werden, war für mich ganz entsetzlich. Ich hatte mit Toño vereinbart, er sollte nach der Operation in meinem Zimmer schlafen und immer ein Auto für alle Fälle bereithalten, verstehst du?

Also gut, die Krankenschwester kommt und sagt: »Machen Sie sich bitte frei, wir müssen Sie sauber machen.« Ich gehe hin und ziehe mir die Schuhe aus, die Socken, die Hose, das Hemd und fertig. Da sagt sie: »Ziehen Sie sich die Unterhose auch aus, wir müssen Sie rasieren.« »Macht das denn nicht der Doktor?« frage ich sie schüchtern. »Nein, nein«, sagt sie, »das mache ich, beeilen Sie sich.« Scheiße nochmal, sage ich mir, wenn die Frau mich anfaßt, dann wird er mir steif, und sie denkt, ich kann mich nicht benehmen, ich bin ordinär, wie soll sie denn wissen, daß ich seit einem Jahr keine Frau mehr angefaßt habe oder daß keine Frau ihre Hand auf mich gelegt hat, und zu allem Überfluß ist sie noch braun und hübsch, vom Ansehen allein geht er mir hoch! So eine Schande, denke ich. Es hilft nichts, ich ziehe die Unterhose aus, sie ist völlig ernst und mit all ihren Geräten beschäftigt, den Bestekken und Schüsseln, dem Haufen bunter Gläschen, Saepso-Tinktur, Alkohol, Jod und was weiß ich, Gaze, Scheren, Watte ...; ich ziehe mich also aus und lege mich auf die Bahre, die Hände unter dem Kopf. Ich mache die Augen zu, sage ich mir, aber dann fällt mir gleich wieder ein: Wenn ich die Augen zumache, meint die Frau, ich denke an irgend etwas Anzügliches, aber wenn ich die Augen zu habe, dann sehe ich sie nicht, und die Gefahr ist geringer, daß ich heiß werde; eine einzige Unentschlossenheit in meinem Kopf. Dann kommt die Frau, nimmt das Rasiermesser und fängt an – kratz – kratz – kratz – nimmt meine Hoden und hebt sie hoch, faßt sie von unten an, und dann nimmt sie den Penis ... so ... legt ihn mir auf die andere Seite. Ach Gott, ach Gott, ach Gott – ich merke, daß ich erregt werde; da mache ich etwas, ich denke an den Schlamm in den Bergen, ich denke daran, wie ich im Matsch marschiert und hingefallen bin, wie ich Holz holen war, wie ich müde marschiert bin und eine Anhöhe hinauf mußte, ich stelle mir vor, ich mache einen Schritt, noch einen Schritt und noch einen Schritt und noch einen Schritt, und ich gehe im Schlamm, aber die Frau faßt mir so mit den Fingern –, mit ihrer zarten weiblichen Hand den Penis an, macht so und fährt mir dann weiter mit der Hand nach unten, hier zu den Eiern mit der feuchten Watte und fängt an, mich mit Saepso-Tinktur zu bestreichen, und es fühlt sich schön kalt an, angenehm, ich halte es schon nicht mehr aus, höre auf, die Schritte zu zählen. Ich spüre, was sie mit mir macht und spüre ihre Hände und stelle sie mir vor mit lackierten Fingernägeln, ich spüre ihre Haut auf meinem Fleisch, auf meinem Penis, wie sie ihn befühlt, knetet, reibt und bewegt, und dann dachte ich schnell wieder an die Berge und faßte mir an den Kopf, strich mir die Haare aus dem Gesicht, schloß die Augen und öffnete sie wieder ... Es war zu viel verlangt, das Ding kam hoch, stand auf, und ich sah, wie die Frau, die mich schon fertig saubergemacht hatte, die Watte wegwarf und sah, wie sie mir den Penis anfaßte, ihn rieb, und ich sagte mir dann schließlich: Mensch, ich bin hier der Dumme! Ich werde erregt, und was soll ich dann machen? Wenn ich nicht mehr an mich halten kann, ja, ich bin ein Christ, einfach und geradeheraus, aber er hat sich eben erregt ... hart ... hart, völlig hart, so eine Schande, ich wußte nicht, was ich auf der Bahre da machen sollte, nackt und völlig steif, nervös und peinlich berührt, da fängt die Frau an zu lachen und sagt: »Mach dir nichts daraus Junge, wir sind solche Sachen schon gewöhnt.« Scheiße, denke ich, die verdammte Frau hat mich mit Absicht angefaßt. Ich hatte gespürt, wie sie mich saubergemacht hatte und alles, aber dann hatte ich den Verdacht bekommen, daß sie mich gestreichelt hatte beim Einseifen, und du weißt gar nicht, wie das ist, wenn du Seife und Wasser an den Penis kriegst und hast seit Ewigkeiten nicht mehr mit einer Frau geschlafen, und dann kommt so eine Frau mit ihrer schönen Hand und allem, mit ihren schönen Fingernägeln, der schönen Hand, sanft und faßt dir den Penis an und die Hoden und das alles, es ist tödlich. Schließlich kommt Toño Jarquín und schüttelt sich vor Lachen: »Ja, ja, du bist heiß geworden, du Sauhund, nicht wahr?« »Ja, Mensch, weißt du«, sage ich, »so eine Scheiße, ist mir furchtbar peinlich, hat deine Kollegin etwas gesagt?« »Nein, nein, vergiß doch die Scheiße«, sagt er, »eben habe ich wegen dir fünfzig Eier verloren.« »Was«, sage ich, »was ist das für eine Schweinerei?« »Ja«, sagt er, »ich habe mit der Krankenschwester gewettet, daß du nicht heiß wirst, und die Frau hat gesagt, sie kriegte das doch hin.« Kannst du dir das vorstellen, dieser Arsch, dieser Toño Jarquín wettet, nur um mir einen Streich zu spielen, daß ich nicht heiß werde, der Verbrecher, und natürlich gewinnt die Frau, reizt mich, um die Wette zu gewinnen, ich hatte ganz recht, als ich dachte, sie hätte mich mehr als nötig war angefaßt.

Sie ziehen mir das Operationshemd an, und ich lege meine Pistole voller Besorgnis, meine Pistole und die Granate unter das Kopfkissen; sie bringen mich zum Operationssaal – ich war noch nie irgendwo operiert worden – und geben mir die Spritze, sagen, ich soll anfangen zu zählen, eins, zwei ... ich bin nur bis drei beim Zählen gekommen – bums – eingeschlafen; dann – wie ich wieder aufwache, bin ich im Zimmer, zugedeckt und in meinem Krankenhaushemd, halb verstört und schlaftrunken und richte mich etwas auf und sehe den Haufen von Binden an mir ... Ach Kind, da fängt das an ... Herr Gott im Himmel! hoffentlich kommt die *Guardia* nicht, verdammte Scheiße, entweder sterben wir hier alle – aber mich schnappt ihr nicht – und wenn die *Guardia* kommt und ich schlafe, dann bringen sie mich um, ich spürte nämlich den Schmerz im Blinddarm und konnte nicht aufstehen. Dann frage ich Toño: »Wie steht's, alles ruhig?« »Alles ruhig, mach dir keine Sorgen«, sagt er, »keine Probleme, alles unter Kontrolle, ich schwör's dir.« »Paß auf hier«, sage ich, »Scheiße mit der Vorsicht – ich schwör's dir, die kommen mich hier holen, die Arschlöcher.« »Mach dir keine Sorgen, nichts ist hier«, – und sagt dann noch: »Weißt du was, mein Lieber, ich will schnell noch mal nach Estelí fahren und nach der Luisa sehen, weißt du, wir haben nämlich gerade Streit«, sagt er. »Aber du kommst doch zurück und schläfst hier?« »Ja, ich schlafe hier, mach dir nur keine Sorgen.«

Und Toño geht weg und versöhnt sich nicht mit Luisa, der Idiot, säuft sich in Estelí kräftig mit Schnaps voll, streitet sich nochmal mit ihr und will dann nach Somoto zurück. Weil er aber so besoffen ist, will er nicht mehr fahren und hält an, um am Straßenrand zu schlafen. Natürlich achtet er da nicht mehr darauf, wo er zum Schlafen anhält und stellt sich am Ortsausgang von Condega hin.

Die *Guardias* haben den Wagen natürlich schon bemerkt und gehen nachsehen, klopfen und klopfen an die Scheibe, bis er schließlich aufwacht und fragen, was er da macht, fangen an, den Wagen zu durchsuchen und finden die Pistole, die er bei sich hat mit ausgeschlagener Nummer, Bücher, revolutionäre Literatur aller Art und nehmen ihn gleich fest, und ich erfahre nichts von all dem bis zum folgenden Tag, als eine *compañera* und zwei *compañeros* kommen, vielleicht um zehn Uhr morgens und sagen: »*Compañero,* zieh dich an, wir gehen.« »Was ist passiert?« frage ich. »Heute nacht haben sie Toño Jarquín festgenommen, und wir wissen nicht, was er sagt, denn er war voll bis zum Rand.«
»Und was jetzt?« sage ich zu mir. Ich ziehe mir das Hemd über, und sie helfen mir, die Hose anzuziehen, ziehen mir die Schuhe an, denn ich kann mich nicht bücken. »Und unter welchem Vorwand gehen wir hier raus?« Sie wissen keinen. »Also«, sage ich, »die Tarnung ist die folgende: Wenn wir auf dem Gang draußen sind, hänge ich mich an euch beide, so, um die Schultern, als wenn ich betrunken wäre, und ihr haltet mich und stützt mich am Gürtel, als wenn ich sonst vor Besoffenheit umkippen würde, und ich rede auch wie ein Besoffener.«
Sie stellen sich also neben mein Bett, ich setze mich im Bett auf, ziehe sie zu mir heran und hänge mich an den Hals von einem von ihnen und halte mich mit der anderen Hand am Gürtel fest. Und dann gehen wir los. Sie halten mich auf den Beinen. So sind wir aus dem Krankenhaus herausgekommen. Sie brachten mich zu einem Willys-Jeep, und wir fuhren in Richtung Ocotal. Ich hatte nach der Operation noch keinmal Verdauung gehabt, kannst du dir das vorstellen, Wasser hatte ich gelassen, das schon, aber hatte noch keinen Stuhlgang gehabt; sie bringen mich in ein Haus in Ocotal und abends dann, sobald es dunkel ist, holen sie mich von da ab, denn in dem Ort ist die Überwachung zu stark. Und dann fängt eine schreckliche Tortur an; sie bringen mich zu einem Hof im Wald – weißt du –, der Weg ist schlecht, und der Jeep fährt durch die Schlaglöcher, ein Weg, steinig, holprig, entsetzlich; das Auto kann noch so vorsichtig fahren, jedes Steinchen schlägt durch bis in die Seele, in die Wunde, mein Gott, bei jedem Steinchen tat mir die Wunde weh, ich hätte durch die Luft fliegen müssen, damit das mir nicht weh tat; wenn es mir schon auf ebenem Weg und in einem guten Auto weh getan hätte, dann kannst du dir

vielleicht vorstellen, wie das in einem Willys-Jeep war, ohne Stoßdämpfer, der Scheißkarren ein uralter Willys-Jeep, den ein alter Mann fuhr – jetzt fällt es mir ein –, dem dieser Gangster von Pelota den Spitznamen »Fittipaldi« gegeben hatte, er war der Fahrer von Pelota, und da der Jeep bis zu fünfzig fahren konnte und der Alte höchstens dreißig fuhr, da hatte Pelota ihn Fittipaldi genannt nach dem italienischen Autorennfahrer. Und ich saß im Jeep von Fittipaldi und mit Fittipaldi am Steuer, und der Weg wurde mir natürlich lang, denn ich spürte, wie mir jeder Stein in die Wunde schlug, es war, als ob jeder Stein, der mich an der Wunde traf, mich weiter zurückgeworfen hätte; und ich dachte: Mein Gott, jetzt kommen wir gleich an eine Straßensperre der *Guardia*, ich kann noch nicht einmal aus dem Jeep springen. Wenn sie mich anhalten und ein *Guardia* sagt, ich soll aussteigen, dann ziehe ich die Pistole und schieße ihn nieder und halte immer die Handgranate zum Abziehen bereit, das war mein Trost, die Handgranate schmeißen, damit mehrere sterben, die *Guardias* und ich, ich nicht allein weg war, mein Leben nicht diesen Arschlöchern schenkte.
Es dauerte vielleicht zwei Stunden, bis wir ankamen oder drei Stunden, und die Nacht war schon fortgeschritten; es war eine Stelle bei Macuelizo, in der Nähe der Ortschaft in einem kleinen Hof von einem *compañero,* der Teófilo Cáceres hieß, sein Pseudonym war Fidel, weil er Fidel Castro ähnlich sah, groß, breit und mit langer Nase. Und dann fing für mich noch ein Alptraum an: Ich hatte immer noch nicht kacken können, und die Operation war schon mehr als 24 Stunden her. Und da im Hof von Fidel sollte ich kacken, und es gab keinen Klostuhl, keine Toilette und keine Latrine; um ihre Notdurft zu verrichten, gingen die Bauern aus dem Haus etwa 150 Meter weit zu einem Abhang. Ich konnte mit knapper Not gehen, und so ging ich das erste Mal: Zwei *compañeros* mußten mich zwischen sich halten, sie ließen mir die Hose herunter, und dann fasse ich sie um die Schultern, ich mußte im Stehen kacken: es war eine höchst unbequeme und mühsame Sache ... Da fühlst du dich wie ein Tier oder eine Pflanze, unter solchen Bedingungen kannst du dich nicht als Mensch fühlen.
Das andere war die tägliche Behandlung der Wunde und die Injektionen, es behandelten mich abwechselnd Pelota und ein anderer Bauer namens Manuel Mairena, der dort aus der Gegend kam und seine Mutter, eine Bäuerin; sie behandelten mich jeden Tag und

gaben mir Antibiotika-Spritzen, um eine Entzündung der Wunde zu verhindern, denn es fehlte jede Hygiene. Die Wunde tat mir weh, außerdem fühlte ich mich noch sehr gebrechlich, und die Arschbacken hielten so viele Spritzen nicht aus, denn sie spritzten mir Antibiotika was reinging.

Nach ungefähr acht Tagen, als die Zeit, mir die Fäden zu ziehen, schon vorbei war, konnten wir schließlich nach Ocotal zurück, wobei wir den Umstand ausnutzten, daß die Repression schon etwas abgeebbt war. Sie brachten mich zu einem konspirativen Haus, um mir die Fäden zu ziehen. Saúl, der andere Arzt, der mich zusammen mit Toño operiert hatte, mußte einen Finger breit mit einem desinfizierten Rasiermesser einschneiden, um mir die Fäden zu ziehen, denn das Stückchen Faden, das herausguckte, war von all dem Wischen mit Watte und Alkohol an der Wunde zersetzt worden, es war eine ganz moderne Naht, die sie mir gemacht hatten, die Stiche waren unter der Haut. Das war eine schmerzliche Gratis-Zugabe ...

Das Haus, in das sie mich gebracht hatten, gewannen wir sehr lieb, sagen wir mal, beide Häuser, denn es waren zwei Familien, die sich in derselben Straße gegenüberwohnten, ein kleiner konspirativer Komplex, denn die beiden Familien standen durch ihre Arbeit in Verbindung und hatten Leute aus dem Untergrund im einen und in dem anderen Haus oder nur in dem einen, aber jedesmal sahen wir alle beiden Familien. In dem einen Haus lebten drei alte Frauen, die freundlichsten Frauen, die man sich vorstellen konnte, die Jüngste von ihnen war vielleicht sechzig, die drei waren Boten für die *Frente*, sie sind nie erwischt worden, denn die *Guardia* konnte sich nie vorstellen, daß diese alten Frauen Boten der *Frente* waren; sie entwickelten diese ganze traditionelle Atmosphäre der Konspiration, die die alten Leute im Norden von Nicaragua von der Zeit des Kampfes von Sandino her hatten, sie sprachen mit dir im Flüsterton und mit leiser Stimme und erzählten dir so alle Anekdoten aus dem Krieg von Sandino, als würden sie gerade vom letzten Kontakt reden, den sie gestern abend verabredet hatten. Für sie war unsere Sache eine Fortsetzung davon, und sie fühlten sich wie in jenen Zeiten, genauso wie damals, als sie mit ihren Männern und mit den Brüdern in ihren Höfen konspiriert hatten, jetzt also mit uns in der Stadt. Diese alten Frauen liebten uns wie Kinder, wie Revolutionäre, es war eine ganz mystische Zuneigung,

großzügig; immer kamen sie in das Zimmer, wo wir waren, um uns etwas zu bringen, die eine kam und brachte uns Jocote-Früchte, die andere brachte uns Mangos und die dritte brachte uns Bretzeln. Und jedesmal, wenn sie kamen, freuten wir uns, denn obwohl wir sie in Schwierigkeiten brachten, ihnen zur Last fielen, ihnen Ärger machten, Banditenstreiche: Sie verehrten uns. Wir nannten sie die Heiligen Drei Könige, denn jedesmal, wenn sie kamen, brachten sie Geschenke mit.
Die andere Familie war von der Frau bestimmt. Er war ein alter Revolutionär, ein alter Sandinist von damals mit zwei oder drei Töchtern, begeistert für Hahnenkampf. In dem Haus machten wir auch mit den Frauen Späße. Die älteste, die in Leonel Espinoza (Marino) verliebt war, nannte Pelota »Marina« - sie sahen alle ziemlich gut aus. Ich wußte, daß in dies Haus eine Frau von der Pazifikküste kommen sollte, um mit Pelota zusammenzutreffen, ich wußte nicht, wer es war, aber ich vermutete, es war Luisa, die von Toño, aber wir konnten sie nicht sehen, ich wollte ihr gern sagen: Luisa, Luisa, Luisa, hier sind wir, denn sie war immer lustig, und wir waren sehr befreundet, und sicher hätten wir uns beide darüber gefreut, uns zu sehen, aber es war nie möglich; später war ich mehrere Tage in einem anderen Haus, wo mich eine *compañera,* die Lehrerin war, auch behandelte, eine sehr tapfere Frau, an die ich schöne Erinnerungen bewahre. Sie heißt Rosario Antunez. Sie wurde mehrfach festgenommen und von der *Guardia* gefoltert, ihre 15jährige Tochter ist in Nueva Guinea umgebracht worden, sie selbst lebt noch und arbeitet mit der *Frente* in Ocotal.

XVII

Als ich dort bei der Lehrerin wohnte, vielleicht zwanzig oder dreißig Tage nach der Operation, plante die nationale Leitung die Durchführung von zwei großen Guerrillalehrgängen, um die militärische Ausbildung voranzubringen und die verschiedensten Arbeitsbereiche einschließlich der Berge in Anzahl und Qualität zu verstärken. Einer der Lehrgänge sollte in Macuelizo, etwas weiter als der kleine Hof, zu dem ich nach der Operation hingebracht worden war, stattfinden. Der Lehrgang hieß »Julio Buitrago« und hatte 30 Teilnehmer, das war im Juni 1975. Ich wurde benachrichtigt, daß ich in die Regionalleitung aufgenommen worden war, und daß wir einen Lehrgang für Leute machen sollten, die nachher auch in die Berge gehen würden. Ich wurde für den Lehrgang abgestellt, um an der Ausbildung der Leute teilzunehmen und ihnen in Anbetracht der Kenntnisse, die ich besaß und der Art der Ausbildung, die ich genossen hatte, die Grundkenntnisse des Guerrillakampfes zu vermitteln, sie bestimmten mich als militärischen Verantwortlichen des Lehrgangs; Manuel Morales und Bayardo Arce waren der erste und zweite Chef des Lehrgangs, und Augusto Salinas Pinell war verantwortlich für die Logistik, denn er arbeitete in der Gegend und organisierte die *compañeros* im Untergrund dort. Dieser Lehrgang wurde für mich eine wichtige Erfahrung, denn ich sah mit der Zeit, wie sich meine eigene Erfahrung auf breiter Ebene widerspiegelte, auf kollektiver Ebene, bei 30 *compañeros;* dort waren Jorge Matus, der in der Guerrilla umkam, Marcelino Guido, der jetzt Hauptmann und zweiter Chef der II. Militärregion ist, von den anderen weiß ich die Namen nicht mehr, erinnere mich aber an ihre Gesichter, einige von ihnen sind gefallen, andere am Leben geblieben; dort waren alle Arten von Leuten, Studenten, Arbeiter und Bauern.

Als ich im Laufe des ersten Tages auf dem Lehrgang die Grenzen der *compañeros* kennenlernte, wurde mir klar, daß meine Entwicklung in den Bergen kein einmaliger Vorgang war, sondern daß alle *compañeros* das durchmachten. Natürlich waren dort auf dem Lehrgang die Bedingungen etwas anders, denn es gab keinen Urwald sondern Kiefernwälder, kiefernbewachsene Berge, die von den nordamerikanischen Holzgesellschaften schon ziemlich dezimiert worden waren, im Gegensatz zu der dichten, geschlossenen Vegetation war das ein äußerst spärlicher Bewuchs, fast als würde man den Lehrgang auf einem Zeltplatz machen; wir mußten die Unterstände und die Sachen im Lager tarnen, damit wir vom Flugzeug aus nicht entdeckt werden konnten, so als würden da Bäume fehlen, es war ein Berg, der »El Copetudo« hieß, ziemlich abgelegen, und das Lager war auf dem Gipfel des Berges. Dort sah ich dann die *compañeros* hinfallen, sich ärgern, sich noch einen Ruck geben, dort sah ich, wie sie ihre Probleme loswurden und ihre Schwächen sich korrigierten, dort sah ich die unterschiedliche Entwicklung der Leute, was ihre Fähigkeit betraf; natürlich gab ich mir Mühe, ihnen das Beste von meinem Wissen zu geben, und in diesem Sinne stand mir René Tejada immer vor Augen; er war ja schon tot; ich machte den Lehrgang im Geiste Tellos. Dieser Lehrgang wurde am 14. Juli 1975 abgeschlossen, er hatte etwa am 14. Juni begonnen. Ich weiß noch, daß einer von den Teilnehmern schwerhörig war, man rief nach ihm - nichts, wir sahen, daß er schwerhörig war; da sagte Pelota ... »der Kerl ist taub, ist taub - *sordo* - ist *sorbete* - Eis am Stil - Ice-Cream« - also war sein Spitzname Ice-Cream. Es gab einen anderen, der hatte Asthma und brachte ins Lager seine Spritzen mit Aminofilin mit, da sagte Pelota: »Sieh diesen Asthmatiker Aminofilina, den nennen wir Aminofilina ... nein, besser nennen wir ihn Amin statt Aminofilina ... Amin, Amin, Amin, Uganda ... Uganda!« Denn Idi Amin war in Uganda an der Macht. So taufte Pelota alle. Später erfuhren wir, daß Carlos Fonseca über so etwas wütend wurde und sagte, wir wären eine Verbrecherbande, die sich »Alias« gab, verstehst du, er fand es nicht richtig, daß wir die alten Sandinistinnen die »Heiligen Drei Könige« und den alten Fahrer »Fittipaldi« nannten, und auch nicht »Ice-Cream« den Schwerhörigen und »Uganda« den Asthmatiker, dem *Comandante* Carlos Fonseca gefiel das nicht.

Etwa zehn Tage, nachdem der Lehrgang angefangen hatte, erreichten uns die ersten Nachrichten über merkwürdige Leute in der Gegend, anscheinend Offiziere des militärischen Abschirmdienstes der *Guardia*, die bemerkt hatten, daß dort bei Nacht Fahrzeuge durchfuhren, Zeichen und noch mehr Zeichen. Die *Guardia* kam lange Zeit nicht, und wir konnten den Lehrgang zu Ende führen; aber eines Tages sagten sie uns, die *Guardia* wäre angekommen, und wir standen mit dreißig jungen Leuten da, die in ihrem Leben zwar ein paar Schüsse abgegeben hatten, aber keine Erfahrung im Marschieren besaßen, schon bei dem Marsch zum Lager waren sie mit kaputten Füßen angekommen, und das waren nicht mehr als acht Stunden Marsch, ihr einziger Marsch bisher, aber für die Jungens war das schon wer weiß was für eine Sache gewesen, sie fühlten sich da schon ganz als Guerrilleros. Und dann mit Leuten, die noch nie gekämpft hatten, die nicht marschieren konnten, nicht tragen konnten und mit wenig Waffen, Jagdwaffen, nur zwei, drei Kriegswaffen im ganzen Lager und die Munition genau abgezählt, in offenem und ziemlich bewohntem Gelände; es war klar, daß das eine Katastrophe wurde, wenn die *Guardia* bis zu uns kam. Den Lehrgang hatten wir dort gemacht, weil wir keinen anderen Platz mit besseren Bedingungen hatten. Und dann heißt es, daß die *Guardia* schon im Anmarsch ist! Es wurde beschlossen, daß Manuel und Bayardo in die Stadt heruntergehen sollten, denn wir konnten den Kampf nicht aufnehmen, wir hatten nur eine Anzahl von Leuten, die wir an die Stadt zurückgeben mußten, damit sie später in die Berge geschickt werden konnten. Pelota und Bayardo sollten Mittel und Wege finden, um sie sofort zurückzubringen und eine Konfrontation zu vermeiden, Fahrzeuge zu schicken, Häuser in der Stadt zu suchen, um sie unterzubringen oder sie schnell in die Provinzen weiterzugeben und zu sehen, wie die Staßen aussahen und wo die Straßensperren in der Stadt waren und sollten die Sicherheitsmaßnahmen für die ganze Organisation treffen. Aber nichts dergleichen, das einzige, was wir erreicht haben, war, daß Bayardo und Manuel herauskamen, nachher konnte nämlich keiner mehr herunter: Die *Guardia* kreiste uns langsam ein, ich war der militärische Verantwortliche des Lehrgangs und Augusto Salinas Pinell war verantwortlich für die Gruppe, denn der Lehrgang war schon zu Ende, der Lehrgang hörte am selben Tag auf, an dem die *Guardia* kam oder einen Tag vorher oder sowas.

Wir begannen den Abstieg, und nach einer Weile erreichten wir die Hütte eines Helfers und warteten auf den Verbindungsmann, der aus der Stadt kommen sollte, um die Leute abzuholen, erst durch den Wald und dann auf Straßen. Und jetzt die Lehren von Tello: Tello stirbt ungefähr 500 Meter von dem Haus eines Helfers entfernt. Die *Guardia* kommt zu dem Helfer und nimmt ihn fest. Der Helfer verkauft ihn und kommt, um ihn der *Guardia* auszuliefern. Also stellte ich einen Posten auf, um das Haus des Helfers zu beobachten, denn sollte die *Guardia* kommen, dann könnten wir uns zurückziehen, bevor der Helfer uns auslieferte, beziehungsweise obwohl er uns auslieferte, man mußte schließlich Sicherheitsvorkehrungen treffen. Wahrhaftig, nach einer Weile sagt uns der Posten, der da oben steht, daß 40 bis 50 *Guardias* im Haus des *compañero* sind und ihn festnehmen. Ich gebe sofort den Befehl zum Rückzug, aber da sind schon überall Patrouillen, die einen geschlossenen Kreis um die ganze Zone bilden, Patrouillen der

Guardia, die kommen, um Kontakt mit uns zu suchen. Die *Guardia* hatte ihre Einsatzmittel zur Hand, Hubschrauber, Flugzeuge, alles; sie wußten von dem Lehrgang und wollten ihn aufreiben. Also entschied ich, einen *compañero* – Veteran von Raiti und Bocaya – Heriberto Rodríguez – damit zu beauftragen, den Rückzug in eine Gegend zu leiten, wo wir einen anderen Helfer hatten, dahin, wo Augusto Salinas Pinell gerade war, denn der war vom Lager weggegangen, um Verbindung mit anderen Helfern zu suchen, die uns den Abstieg ermöglichen sollten. Während die Leute sich für den Rückzug fertigmachen, bleibe ich mit anderen *compañeros* zurück, entschlossen, die *Guardia* durch einen Überfall aufzuhalten, denn wenn die *Guardia* dahin kam, wo wir gerade waren, ein tiefes Bachbett oder eine kleine Schlucht, ein trockener Fluß, dann konnten wir sie mit einem Überfall aufhalten. Aber wir konnten uns ohne Probleme zurückziehen, und wenn wir erst woanders waren, dann wollte ich von da aus andere Verbindungen suchen, um zu sehen, wie wir herunterkommen könnten, denn wir merkten, daß wir von der Stadt nichts zu erwarten hatten. Wir waren ein Haufen Leute mit Waffen und konnten nicht anders als durch Kampf herauskommen. Man mußte sich mit dieser Scheiß-*Guardia* unter ungleichen Bedingungen anlegen, jedenfalls wußten wir nicht, was wir sonst machen sollten, die Situation war äußerst schwierig. Du mußtest sehen, wie du in die Stadt kamst, damit sie dir ein Fahrzeug besorgten, wenigstens für ein bestimmtes Stück, damit sie Häuser in der Stadt vorbereiteten, um all diese Leute unterzubringen.

Ich mache mich mit Manuel Mairena in Zivil und nur mit der Pistole bewaffnet auf, um eine Verbindung mit dem Haus von Fidel aufzunehmen, wo ich gewesen war, als ich frisch operiert war. Ich gab Heriberto Rodríguez Anweisungen, mit den *compañeros* zu einem anderen Punkt zu marschieren, um uns dort wieder zu treffen. Wir liefen den ganzen Tag, und als wir uns dem Haus von Fidel näherten, gingen wir durch ein trockenes Bachbett. Wir kommen aus dem Graben heraus, es ist vielleicht vier Uhr nachmittags, zwischen vier und fünf Uhr, und ich sage zu Manuel: »Du machst den Kontakt, du bist von hier, ich gehe hinter dir her, wenn irgendwas ist, hauen wir nach hinten ab.« Ich weiß nicht wieso, aber im Weitergehen höre ich plötzlich eine Stimme: »Da kommt ja einer von diesen Arschlöchern.« Da sagt Manuel: »Mensch, wir müssen zurück, jetzt haben sie uns entdeckt.« Wir gehen rückwärts, schießen zweimal und fangen an zu laufen; die *Guardia* war schon in dem Haus – aber drinnen, die Arschlöcher lagen auf der Lauer und hatten ein paar Leute als Bauern verkleidet, auch *Guardias,* und die waren draußen zusammen mit einem Verräter, einem Spitzel, der Manuel Mairena kannte und wußte, daß er mit uns im Untergrund war. Sie fangen an, mächtig hinter uns herzuschießen, und wir nur mit der Pistole und einem Ersatzmagazin, wir rennen im taktischen Laufschritt, im Zickzack durch das Bachbett, bis wir an eine Stelle kommen, an der wir anscheinend wieder aus dem Bett des Baches heraus können. Wir kommen heraus, aber da sind andere Gruppen von *Guardias* auf der anderen Seite schon vorgerannt, und die Hetzjagd beginnt. Da ist kein Wald, nur lichtes Gehölz, niedrige Büsche, Hecken, ein bißchen Gestrüpp. Die *Guardia* hat sich aufgeteilt zu zehn und zehn, fünf und fünf, acht und acht mit ihren MGs, mit ihren GARAND, mit ihren Gewehren, mit neuer und guter Bewaffnung, mit Granaten ... Wir verließen also den Graben, und sie entdeckten uns, und wir rannten wieder, und das war nicht mehr und nicht weniger als eine Hetzjagd, wie wenn du ein paar Tiere nimmst und anfängst, sie zu jagen, wir waren verschreckt, aber ich hatte auch eine Wut, ich konnte ohne große Probleme sterben, aber ich war wütend, daß sie uns so liquidieren sollten. Es kam der Moment, in dem sie uns gefangen hatten, aber sie wußten nicht, daß sie uns eingeschlossen hatten; ich sage Manuel ins Ohr: »Spann den Hahn der Waffe und entsichere sie, aber schieß nur, wenn ich schieße.« Die *Guardias* fingen an, die ganze Gegend durchzukämmen, wir hockten zusammengekauert zwischen vier kleinen Bäumen, solchen niedrigen, ganz kleinen Bäumen, saßen auf den Fersen, denn im Hocken kannst du wenigsten hüpfen; und in der wackeligen Stellung sehen wir die *Guardias,* die da neben uns sind, aber sie sehen uns nicht. Wir verabreden, jeder einen *Guardia* aus der Gruppe auszusuchen und zielen auf ihn mit dem Lauf der Waffe, verfolgen alle seine Bewegungen von dem kleinen Gebüsch aus, damit wir schießen und herauslaufen können, wenn uns ein *Guardia* sieht und sie uns nicht schon vorher eine Kugel in den Leib jagen. »Diese Arschlöcher müssen doch hier sein!« In ihren Gesprächen erwähnen sie andere Patrouillen im Bachbett oder daneben. »Die sind hier, hier«, sagen sie, »hier, wir gehen hier weiter vor.« Und sie gehen vor und gehen an uns vorbei, dicht vor dem Gebüsch, wo wir versteckt sind. Es ist mittlerweile schon ungefähr sechs Uhr, und es fängt an, trüb zu werden, schön duster. Scheiße, wie ich mich danach sehnte, daß es endlich dunkel würde! Dann wurde es dunkel, und sie gingen nicht weg; sie wußten, daß wir da waren, sie wußten nur nicht wo. Gegen sieben oder acht Uhr abends sage ich Manuel ins Ohr: »Jetzt verschwinden wir langsam, aber paß genau auf: Erst legst du die Hand auf die Erde, ganz leise, mit der Hand in Zeitlupe, nimmst die Blätter weg bis nur noch Erde da ist und nimmst die Stöckchen weg. Wenn du die Blättchen und die Stöckchen von der Erde weg hast, setzt du den einen Fuß hin und dann mit der anderen Hand weiter vor, du nimmst die Stöckchen und die Erde weg und setzt den anderen Fuß auf, damit du ganz sicher weißt, daß du kein Geräusch machst und gib acht: Wenn du die Stöckchen wegnimmst, ein Knacks hier in dieser Stille verrät uns, und da es Nacht ist, schießen sie bestimmt sofort ungezielt Dauerfeuer in unsere Richtung und bringen uns um.« Als wir gerade angefangen haben, die Stöckchen und die Blätter wegzunehmen, hören wir es husten, und ich flüstere Manuel zu: »Wir warten noch, wenn mehr Zeit verstreicht, gehen sie vielleicht weg, und wenn sie nicht gehen, werden sie jedenfalls im Laufe der Zeit müde und schlafen ein.« Wir bleiben weiter in der Hocke; die Füße waren uns schon eingeschlafen, wir wechselten das Gewicht des Körpers von einem Fuß auf den anderen, beide schliefen uns ein, einer schlief uns ein, entsetzlich, was? Wir konnten uns nicht bewegen, wir lagen uns fast in den Armen.

Um drei Uhr morgens machten wir den Versuch wegzukommen, aber nicht durch den Bach, denn wir wußten, daß sie uns am Bach auflauern würden, sondern durch den Wald, und wir schafften es, kamen schließlich heraus, und wir liefen, bis wir in die Stadt kamen. Und ich finde eine Stadt im Kriegszustand vor, komme schließlich zum Haus von dem Mann mit den Hahnenkämpfen, und wie ich reinkomme, vielleicht so um fünf Uhr morgens, da springt er hoch und sagt: »Mann Gottes, was machst du draußen auf der Straße?« »Kontakt suchen, was sonst«, sage ich, »weißt du, wir sind nämlich da draußen, und die *Guardia* hat uns umzingelt, die *compañeros* sind dageblieben und warten, daß wir sie rausholen.« »Ach, mein Junge, geh lieber wieder, ganz Ocotal ist festgenommen«, sagte er, »sie haben alle Helfer festgenommen und

zum Reden gebracht.« Die Situation in Ocotal war wirklich hart, die *Guardia* hatte die Stadt besetzt, und es gab massenweise Verhaftungen; Guillermo Cáceres Vaungh, der *compañero,* der Fahrer von dem Wagen da war, den wir liebevoll Fittipaldi nannten, den hatten sie an den Fußzehen in der Kaserne aufgehängt und verprügelt. Alle Strukturen, die konspirativen Häuser und das Mitarbeiternetz waren zerschlagen, und die Leute waren terrorisiert. Das schockte mich, machte mich fertig, denn die armen Leute waren wieder darauf eingestiegen, und die Sache kam nicht voran. Aber wir wußten auch, daß wir vorwärts kommen mußten. Jedenfalls gingen wir zu einem anderen Haus, brachten es fertig, mit Bayardo und Pelota Kontakt aufzunehmen, und die *compañeros* sagten: »Hier können wir gar nichts machen, wir sind fertig, von unten bis oben. Die Regionalleitung hier am Ort liegt am Boden, wir können uns nicht bewegen, schon wenn ihr hier heil aus dem Ort herauskommt, ist das ein Erfolg, ein Erfolg! Geht dahin zurück! Du, Omar, übernimmst mit Salinas die Verantwortung für die Leute«, sagten sie zu mir. Sieh, wie du die Leute da rauskriegst, über die Straße, wie du willst . . . Aber ihr kriegt die Leute da heraus. Hier hast du etwas Geld. Hier noch ein paar Büchsen Konserven . . .« Die Leute da oben starben vor Hunger.
Also gehen wir am Abend wieder los, machen einen großen Bogen um die Ortschaft, haben Angst vor den Patrouillen, die die Gegend durchkämmen mit unseren großen Säcken, in denen wir die paar Büchsen mit Lebensmitteln haben, und ohne Fahrzeug. Es fehlte nur noch, daß wir sie nicht mehr wiederfinden, dachte ich, denn es konnte sein, daß die *Guardia* die übrigen Helfer in der Gegend auch fertig gemacht hatte und wir die Verbindung mit den Genossen nicht mehr wieder aufnehmen konnten. Wir erreichten schließlich die Hütte von Don Bonifacio Montoya, der einer der ersten Scouts der FSLN war. Er erzählte, daß er Scout von Carlos Fonseca gewesen war. Es war ein freundlicher alter Mann, groß, schlank, helles Gesicht, blaue Augen, halb blond, halb braun das Haar! Gut aussehend. Er war 82 Jahre alt und von einer Reinheit wie ein Kind. Er lebte in seinem elenden Hüttchen, winzig klein mit seiner alten Frau, deren Namen ich nicht mehr weiß, die auch ein helles Gesicht hatte, blaue Augen, Bauern aus dem Norden von Nicaragua, beide Sandinisten aus der Zeit von Sandino.

Wir treffen ihn, wie er gerade vom Fluß kommt und mit einem Eimer Wasser holt und begrüßen ihn: »Don Bacho, Don Bacho!« »Jungens, geht nach drinnen, geht in die Hütte«, sagt er, kaum daß er gehört hat, wie wir ihn rufen. »Vorsicht, daß sie euch da draußen nicht sehen, hier läuft die *Guardia* herum.« »Hast du unsere Leute nicht gesehen?« frage ich ihn. »Aber natürlich, ich habe sie auf einem Berg«, sagt er zu uns. Es war ein kahler Gipfel, und nur die Ziegen kamen da herauf und die Esel. Er bietet uns Kaffee an, und wir fragen ihn: »Ist die *Guardia* nicht hier zur Hütte gekommen?« »Nein«, sagt seine Frau, »und wenn ich nur heißes Wasser da habe, wenn die *Guardia* kommt, ich schütte es ihr drüber!«
Dieser alte Mann, Don Bacho, war ein eigenes Blatt der Geschichte. Salinas Pinell hatte mir erzählt, daß sich der alte Don Bacho gleich gefreut hatte, als er zum erstenmal zu ihm im Namen der *Frente* kam: »Siehst du«, sagte er, »siehst du, ich wußte es doch, daß ihr wieder vorbeikommt. Ich habe nämlich noch ein paar Sachen von euch eingegraben, die habt ihr voriges mal hier zurückgelassen.« »Was ist es denn?« fragte ihn Augusto. »Etwas von den Machos, hier ist es, ihr habt das hiergelassen, als ihr das letztemal vorbeigekommen seid.« Und er suchte unter einem Baumstamm und grub eine kleine Militär-Patronentasche aus der Zeit der Yankee-Besatzung aus – wenn man sie in die Hand nahm, zerfiel sie und in der Tasche ein Haufen Enfield-Patronen, kannst du dir das vorstellen? Der Alte hatte das aufgehoben! Verstehst du? Der Alte hatte es aufgehoben und jeden Tag herausgeholt und an die Sonne gelegt, damit es nicht verdarb, denn er wußte, eines Tages kommen die Sandinisten wieder vorbei.
»Wenn ihr mir helft, bringe ich euch hin, wo die Jungens sind«, sagte Don Bacho. Und wir hielten ihn, er konnte kaum noch gehen, so alt war er und fingen an, mit ihm aufzusteigen; wir hatten ihn fast auf dem Arm, Mairena und ich. Wir trafen nur noch einen Teil der *compañeros* an, halb tot vor Hunger; auf einem der Märsche war die Kolonne zerrissen, weil es so viele Leute waren und nur Heriberto und Rodríguez als Chef dabei waren und es nur einen ortskundigen Führer gab oder gar keinen, ich weiß es nicht mehr. Ein Teil blieb zurück, die Reihe riß auseinander, denn wenn einer den *compañero,* der vor ihm geht, nicht mehr sieht und das Gelände nicht kennt, verirrt er sich, und die Kolonne reißt ab. Danach versucht man, auf eigene Faust weiterzukommen. Drei

oder vier *compañeros* haben sie uns umgebracht, die anderen erreichten die Straße. Und von denen, die zur Straße durchkamen, schnappten sie noch einen oder zwei, einen davon in Estelí, einen ganz hervorragenden Jungen, der einer der besten im Lehrgang gewesen war. Salinas Mairena und ich übernahmen die Verantwortung dafür, etwas zu finden, wie wir die übrigen herauskriegten. Auf dem Berg verteilten wir an die *compañeros,* was wir an Essen mithatten, die Büchsen und ein paar Mangos, die wir bei Don Bacho gepflückt hatten. Don Bacho hatte fast acht Tage lang nur Mangos gegessen, er hatte nichts anderes. Da waren die *compañeros* jeder einzelne auf seinem Posten an den Abhängen, fünfzehn oder höchstens achtzehn *compañeros;* auf dem Weg bergauf fandest du sie auf ihrem Posten mit Flinten, Kleinkalibergewehren, Enfields, was gerade da war, auf Posten und in den Schluchten; um sie da herauszuholen, hätte die *Guardia* Flugzeuge gebraucht, denn es war sehr schwierig, sie herauszukriegen. Wir waren innerhalb der Umzingelung der *Guardia,* bewegten uns in diesem Kreis, und es ging darum, da herauszukommen, denn die *Guardia* fing an, Patrouillen von einer Seite nach der anderen zu schicken, um irgendwo auf uns zu treffen, um dann den Kreis zu verengen. Salinas erzählte mir, daß sie den Berg erreicht hatten, weil Don Bacho sie über einen Weg geführt hatte, auf dem die *Guardia* nicht war, denn es gab Zwischenräume zwischen einer und der nächsten Patrouille, und da sich Don Bacho gut auskannte, wußte er, wie man dicht an einer Patrouille vorbeikommt, ohne von der nächsten gesehen zu werden.

Wir kommen also an, und ich sehe die hoffnungsvollen Gesichter, sie sind gespannt, denn sie glauben, daß wir den Stein der Weisen für den Rückweg dabei haben. Wir essen dann ein wenig und fangen an, Kriegsrat zu halten. Also gut, sagen wir, hier gibt es nur zwei Möglichkeiten: Entweder versuchen wir, die Umzingelung der *Guardia* zu durchbrechen, oder wir warten, bis die *Guardia* mit uns Kontakt bekommt und sterben alle hier auf dem Berg. Das war die einzige Alternative, aber wenn wir uns entschieden aufzubrechen, wohin sollten wir dann gehen? Je weiter du nach außen kommst, desto offener wurde das Gelände, Weiden, Felder, ganz ohne Deckung, Maisfelder, kleines Gestrüpp, irgendein winziges, lichtes Wäldchen: Pinienwäldchen mit Zwergkiefern, es war schwierig, da herauszukommen. Die Entscheidung war schließlich die, zur großen Panamerikanischen Überlandstraße zu marschieren, und da sollte jeder einzelne sich bei den Helfern an der Straße Zivilkleidung besorgen, in ein öffentliches Verkehrsmittel steigen und verschwinden, es gab keine andere Möglichkeit. Der Auftrag war, die Leute zu retten, damit sie wieder in die Stadt zurückkehren konnten. Es gab *compañeros,* die waren für die Kampftruppen in den Bergen bestimmt, andere sollten in die Stadt gehen, wieder andere sogar legal nach Hause zurückkehren und weiterarbeiten. Also planten wir mit Don Bacho und seinem Sohn, denn Don Bacho hatte auch seine Söhne als Mitarbeiter eingesetzt, wie wir von da bei Nacht rauskamen. Ohne Lampe, stell dir das vor, an solchen Steilhängen! Glücklicherweise schien der Mond hell, das war gleichzeitig ein Vorteil und ein Nachteil: ein Vorteil, weil du sehen konntest, wo du lang gingst, eine Hilfe für die Führer, für Don Bacho, sich zu orientieren und ein Nachteil, weil die *Guardia* dich sehen konnte. Wir fingen an abzusteigen, ich ging zur Vorhut, aber Augusto nahm mich da weg und stellte mich in die Mitte. Ich weiß noch, daß wir am Nachmittag vor dem Aufbruch, vor dem Marsch die Decknamen wechselten; ich hieß Eugenio, und weil der Name schon bekannt war, gab ich mir den Namen Juan José; seit damals nannte ich mich Juan José, denn der Feind kannte einige Decknamen, und es ging darum, operative Kenntnisse des Feindes zu zerstören. Wir legten die Verhaltensmaßnahmen für den Marsch fest und gingen los, ohne Licht, jeder mit einer Nylonschnur hinten angebunden, weil ich Angst hatte, wir würden uns auf dem Marsch verlieren, und sie würden die Jungens dann ermorden, so wie sie die anderen ermordet haben, die sich verirrt hatten. Deshalb banden wir jedem eine dünne Nylonschnur hier hinten an die Gürtellasche, damit sein Hintermann die Schnur in die Hand nehmen konnte und nicht verloren ging; wir hatten während des Lehrgangs schon Nachtmärsche geübt, sie kannten die Regeln des Nachtmarsches einigermaßen, was wir nur machten, war, sie zu verschärfen, denn es war ein Nachtmarsch mit der realen und unmittelbar bevorstehenden Möglichkeit eines Zusammentreffens mit dem Feind. Ich beschloß, im Falle eines Kampfes den Rücken zu decken, damit Augusto, der die Gegend kannte, sich mit den Leuten zurückziehen konnte; aber dann führten wir eine Diskussion darüber, wer in die Vorhut gehen und wer den Rückzug decken sollte: Augusto bestand darauf, daß ich nicht in der Vorhut

ging, sondern er, daß auf jeden Fall er den Rückzug decken müßte, weil er die Gegend kannte und weil noch ein Führer da war, nämlich Manuel Mairena, und daß ich bei der Truppe gehen sollte. Ich glaube, im Grunde genommen wollte er nur nicht, daß sie mich umbringen, und lieber wollte er fallen, wir hatten nämlich schon auf dem Lehrgang Freundschaft geschlossen und mochten uns beide gern. Augusto war ein ganz außerordentlicher Mensch, er war Lehrer in Somoto, Dorfschullehrer, er war an der Grundschule in Estelí gewesen, und diese Praxis als Lehrer bestimmte seine Persönlichkeit. Er war ein sanftmütiger *compañero,* ruhig, sehr freundschaftlich, ganz herzlich, hatte Führungsqualitäten, aber so, wie ein Lehrer seine Schüler führt, er brachte den Bauern lesen bei und benutzte dazu die Rückseite der Bananenblätter; wenn man darauf ritzt, bleiben die Buchstaben stehen. Er gab seine Berufung als Lehrer nie auf, und deshalb benannte ich ihn immer als Verantwortlichen für die Alphabetisierung der Bauern, zu denen wir hinkamen, denn ich wußte, daß er sich als Lehrer eignete. Das war Mauricio, er konnte dich nicht beleidigen, war immer uneigennützig in allem, und immer brachte er irgend etwas bei, er war kräftig, rauchte nicht, ein Schleckermaul, auf Bonbons besonders, er hatte literarische Anwandlungen, denn er machte Gedichte, die er mir dann zeigte, er sprach viel von seinem Kind, er hatte eine kleine Tochter, von seiner Frau sprach er wenig, hauptsächlich sprach er von seiner Tochter, ich weiß sogar noch seine Hosenweite: zweiunddreißig.
Wir begannen im Dunklen den Abstieg über die Steilhänge ohne viel Gepäck, aber physisch sehr schwach, weil wir schon seit ungefähr vierzehn Tagen nur noch von einem bißchen Zucker lebten und den paar Konserven und von Mangos, außerdem gab es kein Wasser auf dem Berg, man mußte es nachts holen, die Ration war ein halbes Täßchen pro Tag, ein Stück Mango, so ungefähr war die tägliche Essensration. Deshalb waren die *compañeros* schwach, wir waren alle schwach, aber ich war mehr daran gewöhnt als die *compañeros,* die eben erst aus der Stadt zum Lehrgang gekommen waren, und die Leute stolperten und rutschten an den Steilhängen ab, es war ein sehr anstrengender Abstieg, denn ein Sturz dort hätte den Tod bedeutet, außerdem konnte die *Guardia* in der Nähe am Rand des Berges sein und einen hören, oder man konnte einen Steinschlag auslösen. Jedenfalls schafften wir den Abstieg vom

Berg und begannen, durch offenes Gelände zu marschieren. Es klingt, als ob es nicht wahr wäre: Wir liefen drei Stunden geduckt, die Leute übertrafen sich selbst dort, wir konnten uns nicht beklagen, die *compañeros* wuchsen dort über sich selbst hinaus, natürlich stand auch unser Leben auf dem Spiel. Augusto sagte, es ging darum zu versuchen, da herauszukommen, um in der Zukunft bessere Möglichkeiten zum Kampf zu haben. Und so gingen wir weiter, von einem Ort zum nächsten, marschierten die ganze Nacht. Don Bacho ging bis zu einem bestimmten Punkt mit, dann marschierten wir mit Pastor, einem seiner Söhne. Nie habe ich so hungrige Leute so schnell bei Nacht marschieren sehen, so beispielhaft, das habe ich ja schon gesagt. Ich weiß noch, daß wir vielleicht zweimal einen Feldweg von Ocotal in die Gegend von Macuelizo gekreuzt haben, wir überquerten ihn in Keilformation, das hatten wir gerade geübt, mit angelegten Waffen. Wir hatten eine Moral, eine hohe Moral trotz der schwierigen Lage, wir hatten intensiv politische Arbeit mit den Leuten gemacht, das half natürlich einiges.

Um fünf Uhr morgens kamen wir schließlich müde an einem Berg an, der den hübschen Namen »Das Fräulein« hatte, ein steiniger aber dicht mit Wald bewachsener kleiner Berg, ein kleiner Gipfel, vielleicht zweihundert Meter von der großen Panamerikanischen Überlandstraße entfernt, in der Nähe von Totogalpa, schon südlich von Ocotal in Richtung Estelí.

Dort stellte sich folgendes Problem: entweder die Leute auf die Straße zu schicken oder nicht, jeweils zu zweit, um irgendjemanden anzuhalten, der sie mitnimmt, um einen Bus zu nehmen oder zu Fuß loszulaufen. Wir waren aus dem Gröbsten schon heraus, waren außerhalb von dem Kreis und dachten, jetzt wäre es das Schlimmste, diese Jungen und uns selbst auf die Straße zu werfen und sie uns umbringen zu lassen. Mit all der Erfahrung, die wir im legalen Leben gesammelt hatten und diesem reichhaltigen Jahr in Pablo Ubeda in den Bergen in meinem speziellen Fall, sie damit hier am Straßenrand liegenzulassen, das war eine riskante Entscheidung. Dann kommen sie womöglich und bringen uns die frisch ausgebildeten *compañeros* um! Wir überlegten hin und her und entschieden schließlich, dort zu warten. Manuel Mairena und ich sollten uns nochmal nach Ocotal durchschlagen, um zu sehen, ob wir nicht einen Wagen kriegen konnten, der sie nach Estelí

fuhr, und wenn sie einmal in Estelí waren, konnte jeder selber sehen, wie er nach Managua kam.
Die Helfer aus Totogalpa brachten den Jungen etwas zu essen, Mangos und sowas, ein Huhn für fünfzehn Mann, täglich zehn *tortillas* für fünfzehn Mann den ganzen Tag, denn sie konnten wegen der Repression in der ganzen Gegend auch nicht jeden Tag auf den Berg kommen.
Wir ließen sie dort auf dem »Fräulein« und machten uns früh morgens wieder auf den Weg nach Ocotal. Ich erinnerte mich daran, daß ich einmal mit einem Mann dort gesprochen hatte, der aber noch kein *compañero* war, zu dem ich vielleicht gehen konnte, denn wir hatten sonst nichts, wo wir bleiben konnten; er war ein Schreiner, der eine kleine Werkstatt hatte. Manuel Mairena und ich versteckten uns unter dem Tisch; er rückte ein paar Kisten neben den Tisch, damit man uns nicht sehen konnte, dann kamen die Kunden, und niemand wußte, daß wir da waren; wir konnten da keinen Furz lassen, konnten nichts machen, nicht einmal rauchen; und ich hatte außerdem noch Sorge, ob der Schreiner uns nicht verriet wegen dem Terror, der herrschte. Dann schickte ich ihn los, um einen Kontakt herzustellen, und der Mann geht zu der Kontaktperson, damit wir da wegkommen. Er trifft die Lehrerin Antunez an, und sie bemüht sich und schafft es auch, die Verbindung herzustellen, aber es zeigt sich, daß die Strukturen so wackelig sind, daß alle Häuser aufgegeben worden sind, weil die *Guardia* über alle Helfer herfällt, und daß es nur noch ein einziges Haus gibt, das bisher nie benutzt worden ist. Mónica Baltodano hat es besorgt, sie war damals schon in der Regionalleitung. Der Helfer war ein sehr nervöser Mensch, aber es blieb uns trotzdem keine andere Wahl, als die heroische Entscheidung zu treffen und alle in das einzig vorhandene Haus zu kommen, und das war seins. Stell dir vor, was der Mann für einen Schrecken bekommt, wie am Abend Bayardo Arce, Manuel Morales, Mónica Baltodano, Manuel Mairena und ich auftauchen, die komplette Regionalleitung im Norden, er möchte uns am liebsten wegjagen, aber wir wären nicht weggegangen. Ich erinnere mich jetzt nicht mehr genau daran, aber anscheinend war geplant, daß Bayardo nach Estelí fahren sollte, ich weiß es nicht mehr, entweder um ein Auto aufzutreiben oder weil er Ocotal verlassen mußte, das sich in eine riesige Mausefalle verwandelt hatte. Jedenfalls fuhr Bayardo mit

einem Mann in einem Lieferwagen ab, den er sich - was weiß ich wie - besorgt hatte, vielleicht hatte er den Besitzer überredet, wer weiß - Bayardo fährt also von dem Haus los nach Estelí. Sie hatten geplant, falls sie von dem Posten an der Brücke angehalten wurden, dann sollte der Mann mit dem Lieferwagen auf die *Guardia* zufahren, und sie sollten sofort anfangen zu schießen und fliehen, aber der Mann - keiner weiß warum - vielleicht aus Feigheit, wie auch immer, steigt aus, wie sie ihn anhalten und ihm befehlen abzusitzen; dann holen sie Bayardo heraus und fangen an, ihn abzutasten, und in dem Moment, wo der *Guardia* die Pistole berührt, schnappt Bayardo dessen Garand-Gewehr, so daß der *Guardia* mit der Pistole dasteht und Bayardo mit dem Garand, und der andere *compañero* schießt auf den *Guardia* und rennt über die Brücke, und Bayardo rennt unter einem Hagel von Kugeln auf die andere Seite in Richtung Ocotal. Sobald er von der Straße herunterkommt, versteckt er sich. Die *Guardias* fangen an, ihn zu suchen und setzen die Jeeps ein, die sie haben, ich weiß nicht wieviele, vielleicht einen oder zwei und umkreisen das Gelände, wo er ist und fangen an, ihn zu jagen, aber nach der Aktion von Bayardo waren sie so feige geworden, daß sie nur ganz vorsichtig vorgingen und einer zum anderen sagte: »Paß auf, er hat ein GARAND, dies Arschloch hat ein GARAND«, weil sie Angst hatten, in den Wald zu gehen, denn wenn Bayardo drinnen war ... Der erste, der hereinkam, wäre weg. Jedenfalls blieb Bayardo dort und wartete. Am frühen Morgen hören wir, wie es an die Tür klopft ... bum - bum - bum ... die *Guardia!* dachten wir, denn es waren schon Patrouillen der *Guardia* im Jeep auf der Straße oder zu Fuß auf dem Gehsteig vorbeigekommen und hatten an die Türen geschlagen, um die Leute zu erschrecken; als es dann drei oder fünf Minuten, nachdem die letzte Patrouille vorbeigekommen war, an der Tür klopfte, brachten wir uns in Gefechtsstellung, jeder bezog seine Position; da kommt Bayardo herein, und das blanke Entsetzen steht im Gesicht von dem armen Mann, dem das Haus gehört, denn Bayardos Gesicht war ganz rot angelaufen, zerschlagen das ganze Gesicht, der Mund und die Lippen waren wund, ich weiß nicht, ob das davon kam, daß er bei dem Kampf mit dem *Guardia* gestürzt war.

XVIII

Manuel Mairena und ich kehrten wieder zum Berg »Das Fräulein« zurück, mit Geld für die *compañeros,* um sich Essen zu kaufen, und dann konnten wir schon den Abmarsch planen. Die auf dem Berg hatten von sich aus durch die Vermittlung eines Helfers aus Totogalpa erreicht, daß Salinas Pinell mitgenommen wurde, um ein Fahrzeug zu besorgen, und er schaffte es auch, denn er war dort zur Schule gegangen und hatte ein paar Verbindungen, kannte Leute und erschien also mit einem Lieferwagen. Er machte vielleicht drei Fahrten, manche blieben in Zivil an der Straße; ich weiß noch, daß sie zwei *compañeros* bei dem Abmarsch erwischt haben, zwei von den besten Leuten, anscheinend haben sie sie in einem Bus in Estelí erwischt, weil sie ihre Militärstiefel gesehen haben, sie holten sie heraus und brachten sie um, einer von ihnen war dunkel, kräftig, ein Oberschüler, an dessen Namen ich mich nicht mehr erinnere.
Augusto mußte den Aufenthalt der Leute in Estelí vorbereiten, Mairena und ich verließen den Berg als letzte und fuhren in dem Lieferwagen eines Mitarbeiters aus Palacaguina nach Estelí. Sie setzten uns am Haus von Tobías Gadea ab, zu unserem Entsetzen platzen wir mitten in ein kleines Fest hinein. Ich war wie ein Viehzüchter gekleidet, trug Lederstiefel und Blue-Jeans, ein Jackett und eine *pialera,* das ist so ein Lederseil, mit dem sie das Vieh einfangen und hatte meine Granate und die Pistole dabei. Tobías war völlig überrascht, als er uns sah, weil alle Radiostationen Kämpfe in Ocotal gemeldet hatten, die gar nicht stattgefunden haben, aber da sie sowohl Hubschrauber als auch Flugzeuge eingesetzt hatten, beides, und wegen dem großen Aufgebot von *Guardias* ... Und dann die »piripiii«, die Kommuniqués der *Guardia* und die Toten, die nach den Kämpfen gemeldet wurden, das war niemand anderes als die *compañeros,* die sie umgebracht hatten. Nach all dem ist der Mann überrascht, aber er verhält sich prima: »Hier könnt ihr nicht bleiben, aber wir wollen jemanden suchen gehen, einen Verbindungsmann, damit sie euch abholen kommen«, sagt er und bringt uns in den Hof hinter dem Haus, und wir verschwinden durch ein Gartentor zu einem trockenen Graben am Ende des Hofes, einem Graben, der hinter der Umfassungsmauer des Hofes

vorbeigeht und in dem etwas Gestrüpp wächst. Mairena und ich setzen uns mitten in den Graben, weil es da am wenigsten hell ist und wegen dem Gestrüpp dort. Nach jedem Tanz kamen die Leute in den Hof und gingen bis an den Rand des Grabens, in dem wir waren, und nach zwei Stunden Tanz müssen natürlich die ersten Besoffenen pissen und fangen an zu kotzen. Du kannst dir mein Entsetzen vorstellen, wie so eine Drecksau da oben am Grabenrand auftaucht, und ich sehe, wie er den Pimmel rausholt und mir auf den Kopf pißt. Wir können keinen Ton sagen, weder Manuel noch ich. Sie haben uns viermal vollgepißt, ich lüge und übertreibe nicht und haben uns zweimal vollgekotzt; nach dem ersten Pissen zogen wir uns den Jutesack über, den wir dabei hatten, und so überstanden wir das weitere Gepisse und Gekotze. Die Atmosphäre in Estelí war äußerst gespannt, aber es war nicht so eine militärische Besetzung zu spüren wie in Ocotal.
Am frühen Morgen kam schließlich die Verbindung zustande, aber es gab keine Autos, um uns hinzufahren, und wir mußten vom Ortseingang in Estelí bis zur Kirche des Leidenswegs Christi zu Fuß gehen; Alberto Blandón, ein Genosse, der im Aufstand von 1978 gefallen ist, kam uns abholen; es war ein Uhr morgens, und der Weg durch die Straßen wurde uns lang; ich weiß noch, daß wir unterwegs das Geräusch von einem Jeep hörten, der uns anscheinend entgegen kam und wir uns versteckten. Als wir uns ein bißchen vorbeugten, sahen wir, daß die *Guardia* kam, aber glücklicherweise entdeckten sie uns nicht, so wie wir aussahen! Mónica sagte immer: »Dein Gesicht sieht aus wie das, was es ist, das Gesicht eines Guerrilleros. Armer Kerl, auch wenn man versuchte, man würde es nicht so typisch hinkriegen.
Wir kommen zur Kirche des Leidenswegs Christi. Ganz Estelí ist still, schläft und schweigt. Und in der Kirche vermehrt sich plötzlich die Stille durch die Unantastbarkeit des geweihten Raumes, durch alles mögliche, durch die reglosen Bilder, durch die Abgeschlossenheit, durch die unbeweglichen Vorhänge, durch das Weiß der Wände, durch die Bänke, denn ich war seit über einem Jahr nicht mehr in einer Kirche gewesen, es war wie eine Höhle, weil die Kuppeln nicht sprachen, weil sich die Scheiben in den Fenstern nicht bewegten und kalt waren, und plötzlich komme ich da herein, und es ist, als wäre dort auch die Zeit stehengeblieben, denn es war eine Ruhe, die bei der Spannung von Estelí ganz

fremdartig war, eine Ruhe, die nichts mit »El Copetudo« zu tun hatte, noch mit dem Marsch, noch mit »Dem Fräulein«, mit nichts, als gäbe es dort keine Zeit, als wäre dort alles nackt, ohne Gehör, du konntest dort deinen Atem, deine eigene Anwesenheit hören, und es empfing uns ein junger Priester, er hieß – wenn ich mich nicht täusche – Julio López und war ein in Estelí sehr beliebter Priester, sehr revolutionär; er brachte uns in das Pfarrhaus, dort waren schon Mauricio und Heriberto Rodríguez, es fehlten nur noch Bayardo, Pelota und Mónica, sie waren in einem anderen Haus in Estelí. Wir waren so aufgeregt, daß wir nicht schlafen konnten, ich weiß noch, daß wir gebadet haben und der Pater mir ein bißchen Wein geschenkt hat; ich kam mir vor wie ein Wilder, denn sein Zimmer war ein ganz schönes, sauberes Zimmer mit einem Bett und zwei Matrazen, seine Truhen waren hübsch, seine Bücher, das Meßbuch, ein kleiner Teppich, der Schrank mit seinen Sutanen, alles sauber, das Badezimmer ganz schön geputzt und wir da drinnen im Zimmer, wir fühlten uns wie seltsame Tiere. Er sagte zu uns dann: »Badet und eßt, hier ist Wein«, und wir fangen an zu reden. Mauricio, Heriberto und ich, alles zu berichten, was vorgefallen ist, ob wir denunziert worden sind, ob wir nicht denunziert worden sind, ob sie informiert waren, ob sie nicht informiert waren, ob sie uns unterwandert haben wie die Regionalleitung zerschlagen worden ist, wie sie die Leute abgemurkst haben, beklagen den Verlust der *compañeros.*

Das Zimmer des Priesters war die Verlängerung der Ruhe in der Kirche, so sauber war es, so kühl, man spürte diese Luftströme wie im Film, und es war ein Teil von der Kirche, und es gab sogar einen Christus da, den klassischen Christus mit der Dornenkrone, das Gesicht zur Seite geneigt, ein paar rote Blutstropfen auf der Stirn, die hier so nach unten laufen, ein Bild, das dir immer das Gefühl von Frieden vermittelt. Die Kirchen mit allen ihren Heiligen haben eine Atmosphäre von Frieden, eine Art von Frieden der Jahrhunderte, als ob sich in den Kirchen diese geräuschlose Leere versammelt, das Erlöschen von Millionen von Stimmen, Millionen von schlafenden Menschen, die sich ausruhen, die tot sind, die ruhig sind, es ist der Frieden der erloschenen Geister, der Frieden des Leidens. Und da im Zimmer des Priesters, da nahm ich dies Fehlen von Geräuschen wahr, von Stimmen, das war ein großer Kontrast zu dem, wo ich herkam, zu all dem, was da geschehen war, der Hetzjagd, die die *Guardia* gegen Manuel Mairena und mich veranstaltet hatte, dem Hasten bei Nacht, der Flucht der *compañeros* des Lehrgangs, der militärischen Besetzung von Ocotal, ich weiß nicht, ob es beim Eintreten in die Kirche oder beim Betreten von dem Zimmer des Priesters war: Die winzige Kirche des Leidenswegs Christi in Estelí hatte diese kleinen Ewigkeiten zum Schweigen gebracht, die wir in »El Copetudo«, auf dem »Fräulein« und in Ocotal durchlebt hatten, oder vielleicht hatte das Zimmer des Paters den Frieden durch den Schutz des Untergrundes in sich vereinigt. So, daß du nicht laut sprechen möchtest, als wolltest du das Schweigen, das dort war, nicht brechen, das Schweigen der Jahrhunderte, dessen, was vor dir geschah, als wolltest du die Leere nicht mit dieser gegenwärtigen Absurdität deiner beharrlichen, bewußten und notwendigen Einsamkeit verletzen. All das bewegt dich unabhängig davon, ob du nun an Gott glaubst oder nicht, das ist so wohl verwahrt, so intim wie die Pantoffeln des Priesters neben dem Teppich, ein Paar flauschige Pantoffeln, die nicht sprechen, nur dastehen als stumme Zeugen für das Gewicht eines Menschen, der in dieser Welt lebt.

Von dem Haus aus setzten wir uns mit Bayardo in Verbindung, er besuchte uns mit Pelota. Es wurde entschieden, daß wir nicht alle in diesem Haus bleiben konnten, und außerdem mußte die Arbeit fortgesetzt werden, es durfte kein Augenblick verloren gehen. Pelota und Bayardo entschieden nach Absprache mit Pedro Aráuz, der Mitglied in der Direktion war, daß ich aufs Land gehen und daran arbeiten sollte, daß sich der Krieg dort belebte, schlicht und einfach anfangen ohne jeden Ausgangspunkt, ohne zu wissen, wo auf dem Land, weil nichts da war. Es stellte sich dann heraus, daß es einen jungen Mann gab, Lehrer an einem Institut in Condega mit Namen Aguilera, der aus Somoto stammte und in irgend etwas verwickelt worden war, und daß sie beschlossen hatten, ihn in den Untergrund gehen zu lassen. Sie hatten für ihn das Häuschen eines Mannes mit Namen Zavala gefunden, der irgendwie christlich eingestellt war; den hatten sie gefragt, ob er jemanden verstecken könnte, der von der *Guardia* verfolgt werde, für ein paar Tage, irgendsowas. Und der Mann hatte einfach aus dem Gefühl der Nächstenliebe heraus zugesagt, er lebte an der Straße von Condega nach Yalí in einem kleinen Dorf namens San Diego, neben der Viehzüchterei von René Molina, einem Spitzel der Diktatur. Sie bringen mich also zu dem Mann, mich allein, Salinas Pinell bleibt in Estelí und Manuel auch, sie schicken mich allein zu Aguilera nach San Diego. Der Hausherr kriegt einen Schrecken, wie er noch einen sieht. Aguilera dagegen freut sich. Aguilera hatte eine Pistole mit einem Ersatzmagazin, ich glaube, es war eine 38er; ich hatte immer eine 45er dabei, die mich mehrere Jahre begleitete, dazu ein Ersatzmagazin. Am nächsten Tag fragte uns der Hausherr, wann wir weggehen wollten, wir waren nicht direkt in seinem Haus, sondern etwa 50 Meter davon entfernt in einem anderen Häuschen verborgen. Am folgenden Tag ging ich zu ihm hin, und er fragte mich wieder, wann wir weggehen wollten; ich antwortete ihm, daß wir nicht gekommen wären, um wegzugehen, sondern um zu bleiben und mit ihm für den revolutionären Kampf zu arbeiten, um Krieg zu führen und um die Diktatur zu stürzen. Da reißt der Mann die Augen auf: »Nein ... nein ... nein ...«, sagt er, »mir hat man gesagt, sie wären hinter einem jungen Mann her, und weil ich Christ bin, habe ich euch hier behalten, aber was ihr mir vorschlagt, ist mir zu gefährlich, ich habe eine Frau, ich habe Kinder und meine Arbeit, ich kann mich auf so etwas nicht einlassen, denn solche Sachen bringen nichts, und ich rate euch, mischt euch nicht ein, sie machen euch fertig, seht euch mal an, was in Ocotal passiert ist, bei Macuelizo.« Er hatte nicht die leiseste Ahnung, daß wir von dort kamen. Aber für den Mann war schon die Tatsache, daß er den *compañero* Aguilera aufgenommen hatte, ein gewaltiger Schritt, denn rund herum gab es nur Terror.

Bayardo schickte uns einen Boten, einen Verwandten von diesem Mann, der mit der FER in Condega zusammenarbeitete. Ich antwortete Bayardo mit demselben Boten und sagte, daß das Haus nicht sicher wäre und der Besitzer nicht über seine christlichen Gefühle hinausgehen und uns drängeln würde zu verschwinden; darauf antwortet Bayardo umgehend und schreibt: »Sieh mal, komm mir nicht mit Problemen sondern schick Lösungen; auf jeden Fall müßt ihr euch von dort aus erweitern und eine Verbindungslinie zu Henry Ruíz in den Bergen eröffnen, denn da, wo ihr seid, soll sie mit einer Linie zusammentreffen, die ein paar *compañeros* von der anderen Seite aus herstellen werden.« Eine Verbindungslinie von mehr als 300 Kilometern bis zu Modesto! Der Kerl ist verrückt, dachte ich, der weiß nicht, was er sagt. Aber auch wenn

das, was Bayardo mir sagen ließ, absurd schien, war ich mir völlig klar darüber und davon überzeugt, daß Krieg geführt werden mußte, und daß ich dafür im Untergrund war, und daß man sich sogar das Unmögliche einfallen lassen mußte, um die Diktatur von Somoza zu stürzen und Nicaragua zu befreien. Also fange ich an, den Mann zu bearbeiten, sage ihm, daß ich mit ihm sprechen will, daß wir nur studieren wollen, daß wir gehen, wenn wir eine Broschüre durchgearbeitet haben. »Nein, weißt du, ich weiß so ungefähr, was in diesen Broschüren drin steht, mach dir darüber keine Gedanken, ich stehe auf eurer Seite, ich verstehe es, ich bin mit allem einverstanden, ihr sucht die Gerechtigkeit«, sagt er, »aber bitte geht, denn das ist eine ernsthafte Verpflichtung, die ich da eingehen soll, so viele Leute haben sie schon umgebracht.« Und dann sagt er: »Meine Frau ist krank, die arme, sie wird krank werden.« (Krank werden hieß so viel, wie ein Kind kriegen.) Aber wir gingen nicht. »Also gut, hör zu«, sage ich, »wir machen folgendes: Wenn du willst, daß wir gehen, dann besorg uns ein Haus«. »Wie?« sagt er. »Besorg uns ein Haus«, sage ich, »wo sollen wir denn hingehen? Wer wird uns etwas zu essen geben?« »Die Sache ist die«, sagt er, »hier sind sie alle Anhänger von Somoza, hier saufen die Leute viel, alles nur Schnaps und Spitzel; warum wollt ihr euch dafür fertig machen lassen und mich auch fertig machen lassen, geht lieber weg.« »Nein«, beharre ich, »erzähl mal, wir wollen sehen, wer wer ist«, und ich kriege langsam die Namen von den Leuten, die dort wohnen, aus ihm heraus. »Und der, was ist das für ein Mann?« »Gut, es ist auch keine Sünde, sich einen reinzukippen«, sage ich, »nur weil der Mann Schnaps trinkt, braucht er nicht schlecht zu sein, sprich doch mit ihm.« »Gut, wollen wir mal das versuchen.«
Eines Tages kommt er und sagt: »Ich komme, um dir mitzuteilen, daß ihr heute nachmittag gehen müßt.« »Wie?« frage ich überrascht und mit strengem Gesicht, mit autoritärer Mine, und versuche mich ihm gegenüber als Autorität aufzubauen: »Und habe ich dir nicht aufgetragen, mit dem und dem zu reden? Und jetzt kommst du und sagst, wir sollen heute Nachmittag gehen? Nein, nein, mit mir läuft so etwas nicht, geh und sprich mit ihm, wir können doch nicht selbst herausgehen, denn wenn sie uns vor deinem Haus schnappen, dann wird man sagen, wir waren da, und wird dich umbringen und außerdem, wieso willst du als Christ denn

plötzlich, daß wir weggehen?« Scheiße nochmal, habe ich den vollgepumpt und habe es schließlich geschafft, ihn zu beruhigen. Aber es war beängstigend, denn wir verbreiterten unsere Basis nicht, gingen nirgends hin, waren Flüchtlinge in einem einzigen Haus da; weil der *compañero* Aguilera nicht ausgebildet war, fing ich an, ihn in dieser ganzen Zeit da in unserem Zimmerchen zu trainieren. Wir begannen mit dem Auseinandernehmen und Zusammensetzen der 45er; mit einem Knüppel als Gewehr brachte ich ihm die Schießposition im Knien bei, im Liegen, mit Verlagerung nach den Seiten im Kriechen, die Vorhut und die Nachhut; den ganzen Tag verbrachte der arme Aguilera mit der Ausbildung auf dem Lehmfußboden in einer einzigen Staubwolke, bis er weiß davon war. Und dann kommt der Besitzer des Hauses wieder und sagt: »Stell dir vor, ich konnte mit dem Mann nicht sprechen, der Mann ist ein Spitzel; und jetzt komme ich wirklich, damit ihr hier weggeht, denn ihr habt mein Vertrauen schon zu lange mißbraucht.« Und der Mann wird zornig. Da wurde ich noch zorniger: »Hier sind unsere beiden Säcke; du bist mir ein schöner Christ, nimm doch die beiden Säcke und leg sie auf die Straße, wenn du die auf die Straße legst, dann schickst du uns als Christ in den Tod. Dann gehen wir zur Straße, damit sie uns umbringen.« »Nein«, sagt er, »ich bin für euren Tod nicht verantwortlich.« »Wieso nicht, nimm doch die Säcke und leg sie dort hin ... oder nimm sie nicht, und wir bleiben hier!« »Ach, es ist doch meine Frau, die das verlangt, die Frau ist nervös, das bin nicht ich, wenn es nur um mich ginge, wenn ich nicht Frau und Kinder hätte ...« Gut, also das wars: aber unglücklicherweise macht sich Aguilera irgendwann an der Waffe zu schaffen, lädt sie durch, und ein Schuß geht los ... peng ... der Knall der Fünfundvierziger und das in so einem Hüttchen, jeder weiß, wer da eine Pistole hat und wer nicht und noch dazu mit so einem Kaliber. Wir begriffen, daß wir verschwinden mußten und beschlossen zur Freude des Mannes, zu Fuß nach Condega zu laufen und dort zu Leuten namens Espinoza zu gehen. Ich erzählte jetzt schon von August 1975. Dort nehmen wir wieder mit Bayardo Verbindung auf. »Sieh mal, mein Lieber«, sagt er, »es geht uns beschissen, hier könnt ihr nicht bleiben, denn es gibt keine sicheren Häuser, und wir müssen die Arbeit fortsetzen.« »Nein«, sage ich, »ich komme doch nicht, weil ich vorschlagen will, in Estelí oder Condega zu

bleiben; ich bin ein Mann der Berge und kann mich schon nicht mehr daran gewöhnen, als Illegaler in der Stadt herumzulaufen.«
»Sieh mal«, sagt er, »es gibt da noch Toño, Antonio Centeno; der Mann war Verwalter auf einem Landgut zwischen Condega und Yalí, San Gerónimo heißt es. Das Gut gehört dem Vater von Luisa Molina, und der Verwalter ist sehr beliebt bei seinen Leuten. Macht doch einen Rundgang mit ihm, er soll euch die Häuser von den Leuten zeigen, mal sehen, vielleicht könnt ihr da bleiben.«
Der Vorschlag war absurd, aber man mußte auf ihn eingehen, es war eine Frage der Dreistigkeit. Wir nahmen die Sache am nächsten Tag in die Hand und kamen nach Yalí von der Seite von Los Terreros her durch eins der Täler dort. Wir fuhren mit dem Auto bis zu einem bestimmten Punkt und gingen dann zu Fuß weiter. Wir begannen den Aufstieg als Sanitäter verkleidet, die dort Arzneimittel verkaufen wollten, jeder hatten wir einen Sack mit der Decke, der Hängematte und außerdem einem Haufen Pillen darin, beide hatten wir unser Hütchen auf. Wir hatten auch ein Lasso dabei, als wollten wir unterwegs noch Vieh oder Schweine oder irgend etwas kaufen. Nachdem wir ungefähr 6 Stunden marschiert waren, kamen wir zu der Hütte von einem der Landarbeiter, die Toño, der Verwalter kannte; er kam unter dem Vorwand, seine alten Bekannten besuchen zu wollen. Augilera und ich blieben im Wald, vielleicht 400 Meter von der Hütte entfernt.
Und er ging hin: »Guten Tag, wie gehts?« »Ein Wunder, Toñito, was für ein Wunder, daß Sie hierherkommen ...« »Ja, ich komme euch besuchen, will euch mal begrüßen, man darf doch die alten Freundschaften nicht vergessen.« »Ah, Toñito, komm rein ...« Es gab in diesem Jahr eine ganz beschissene Trockenheit, es gab nichts zu essen, keinen Mais, und die Leute hatten schon alle Hühner geschlachtet; es gab keine Bohnen, nur *tortillas* aus Weizenkleie, entsetzlich, ich hatte sie noch nie gegessen. »Don Toño, diese Dürre, mit der sind wir geschlagen, es gibt keine Bohnen, es gibt keinen Reis, es gibt nichts, unsere Hühnchen, die haben wir schon aufgegessen; wie schade, aber wir holen ein bißchen Kleie, um euch *tortillas* zu machen.« Nach einer Weile sagt Toño: »Wißt ihr, ich habe hier ein paar Freunde mit, da möchte ich, daß ihr die kennenlernt.« »Ach so, ja und wo sind sie denn, im Dorf?« »Nein, nein, sie sind mit mir unterwegs und sind jetzt da hinten geblieben.« »Und wer sind sie?« »Es sind ein paar junge Männer, gute

Leute, ich will, daß ihr sie kennenlernt, geht mit mir hin, ihr habt doch immer Vertrauen in mich gehabt, oder?«
Don Pedro Ochoa hieß der Mann, den wir dann dort trafen. »Sie haben doch immer an mich geglaubt, Don Pedro.« »Natürlich, wieso nicht ...« »Kommen Sie also mit.« Dort hat die Freundschaft und das Wort ein großes Gewicht. Pedro Ochoa wußte, daß es um etwas Außergewöhnliches ging, er ahnte etwas Merkwürdiges, aber da sie Freunde waren, und Toño ihm öfters einen Gefallen getan hatte, als er noch Verwalter war, da half ihm das, ihr Vertrauen zu gewinnen. Er brachte ihn zu uns. Der Mann macht natürlich einen Satz, wie er uns sieht, Leute, die offensichtlich aus der Stadt kamen, hier im Wald mit Pistolen bewaffnet und mit ein paar Säcken randvoll mit Sachen, auf dem Boden noch eine offene Sardinendose, die wir mithatten. »Das sind die Freunde ...« »Angenehm«, begrüßt er uns. »Weißt du, *compañero«,* sage ich zu ihm, »wir sind von der FSLN.« Mein lieber Mann, die armen Leute starben ja beinah vor Schreck, wenn du ihnen das sagtest, denn das große Gemetzel der *Guardia* in den Bergen war noch frisch im Gedächtnis, die Repression von Macuelizo und die Kämpfe; unsere Anwesenheit dort war nämlich für die gleichlautend mit Unheil, und wir bedeuteten anfangs in manchen Gegenden Verpflichtung, Verderben und Tod. »Und wir kommen hierher, um Leute kennenzulernen«, sage ich, »denn wenn wir irgendwann hier wieder vorbeikommen und eine *tortilla* brauchen, kennen wir dann schon Sie und kommen vorbei, so ganz versteckt, wie wir jetzt hier sind, und Sie geben uns ein bißchen *tortilla,* wir essen, machen uns fertig und marschieren weiter, solche Mitarbeiter haben wir überall, und jetzt kommen wir, um diese Gegend hier kennenzulernen, denn man muß die Wege und Abzweigungen kennen, im Fall eines Falles, die *Guardia,* verstehen Sie, und so weiß ich schon, daß es diese Wege gibt, und daß Sie hier wohnen.« Ich konnte ihm nicht sagen, daß wir nichts hatten, wo wir bleiben konnten, kein Dach über dem Kopf hatten und herumphantasierten, stell dir das vor. Und so gingen wir von einem zum anderen, von Hütte zu Hütte durch diese Täler, und die Bauern waren ganz verschüchtert, wenn wir mit ihnen sprachen und diese Bescheidenheit, mit der sie uns empfingen und die Armut, alle fast nackt, dünn, ganz dünn vor Hunger und entsetzlich traurig. So gingen wir weiter, die ganze Strecke von Los Terre-

ros bis zum Gut San Gerónimo. Neben vielen anderen stellt mich Toño auch einem Bauern namens Moisés Córdoba vor, ein Mann von ungefähr dreißig Jahren. »Ach, ihr seid Sandinisten«, sagt er zu uns im Flüsterton wie aus Angst, aber auch so, als ob er Bescheid wüßte: »Paßt auf, daß sie euch nicht sehen, dann bringen sie uns alle um, mein Vater war Sandinist.« Bei mir ging ein Lichtchen an: »Und lebt dein Vater noch?« sage ich. »Ja«, sagt er, »er lebt noch, er wohnt da in dem Haus mit meiner Mutter, ich lebe in einer eigenen Hütte, die ich mir gebaut habe, mit meiner Frau und den Kindern.« »Und können wir nicht mit deinem Vater sprechen?« frage ich ihn nochmal. »Wer weiß, ob er will, fragt ihn doch, wenn ihr irgendwann wieder vorbeikommt und redet mit ihm.« Und so gingen wir durch all die Täler und schliefen, wo uns die Nacht überraschte. Später gingen wir weiter bis nach Buena Vista, durch die ganze Gegend von Canta Gallo. In Buena Vista sprachen wir mit einem anderen *compañero,* der war von der Konservativen Partei, auch ein Arbeiter auf dem Gut und hieß Gilberto Zavala, verwandt mit diesem ängstlichen Zavala da und verwandt auch mit einem anderen Zavala, der gegenüber von Gilberto wohnte und mit dem er Streitigkeiten wegen Grundbesitz hatte, sie mochten sich nicht. Don Gilberto sagte zu mir: »Ach, hier könnt ihr nicht bleiben.« »Nein, wir sind auch nicht gekommen, um zu bleiben«, sage ich, »wir sind nur auf der Durchreise hier«, und erzähle ihm dieselbe Geschichte. »Ich habe nämlich Unstimmigkeiten mit den Leuten von gegenüber«, sagt er, »das sind ein paar ...« »Ach so«, sage ich, »dann haben Sie auch Unstimmigkeiten mit den Zavalas von San Diego?« »Das sind dieselben«, sagt er, »die Familie mag mich nicht, weil es uns besser geht als denen, weil wir dafür gekämpft haben, deshalb sind sie neidisch auf uns.« Er sprach von Frau Soundso, die ihm etwas Land vererbt hatte, und daß die Zavalas ihm dies Land abnehmen wollten. »Ach, natürlich«, sage ich, »sie haben von Ihnen gesprochen.« »Und was haben sie gesagt? Haben sie dir gegenüber schlecht über mich gesprochen?« »Nein, aber ich glaube, ich könnte das Problem lösen, denn sie haben viel Vertrauen zu mir«, sage ich, »und vielleicht läßt sich das durch Reden lösen, man sollte es doch nicht zum Äußersten kommen lassen, Sie haben Ihre Kinder, Sie wollen sich doch nicht umbringen, bloß nicht, nachher bricht Unheil über die Familie herein, ich kenne ihn, und ich weiß, daß Sie auch ein guter Mensch sind; wir wollen die Sache mit Ruhe angehen, irgendwann, wenn ich wieder vorbeikomme, will ich sehen, wie wir damit fertig werden.« Weil der Mann das wollte, begeisterte ihn der Gedanke, aber gleichzeitig machte ihm unsere Anwesenheit auch Angst.

Am Ende unserer Vorräte angelangt, suchten wir eine Möglichkeit, Lebensmittel zu kaufen und kamen, ohne es zu wissen, zum Haus eines »Friedensrichters«, einer von diesen Ortsaufsehern, die die *Guardia* einsetzte. Er hieß Presentación Laguna, ich glaube, wir haben ihn später hingerichtet. Der Mann kam uns merkwürdig vor, aber erst als wir schon dort gewesen waren, erzählte mir der *compañero,* daß er »Friedensrichter« war, er hätte es eben gehört. Er verkaufte uns schwarze Bohnen mit Quark und *tortillas,* und als wir fertig gegessen hatten, sagte ich zu ihm: »So, mein Freund, wir haben gegessen, wir haben dir etwas abgekauft, aber jetzt kauf du auch von uns.« Es war reine Mache, er sollte nur sehen, daß wir Verkäufer waren. Ich mache also den Sack auf und hole die Sardinen, den Saft, das Alkaselzer, Mejoral, das Aspirin und das Magnesiumpulver heraus, ziehe ein paar neue Batterien hervor, es kommt eine Decke zum Vorschein, die Decke war neu, so als wären all meine persönlichen Sachen zu verkaufen. »Und diese Ferkel, verkaufen Sie die auch«, frage ich und gehe hin wie ein richtiger Händler; »Und was für Vieh haben Sie noch? Verkaufen sie die lebendig oder in Hälften?« Alle diese Sachen hatte wir vorher eingeübt, die ganze Sprache, und dann wird der Mann langsam munter und geht darauf ein, glaubt mir, dieser Scheißkerl, daß ich Händler bin, und die Frau kommt auch dazu: »Kinderkleidung haben Sie keine dabei?« fragt sie.

Danach gehen wir zu Fuß zurück und kommen am Abend wieder an das Haus von dem Zavala aus San Diego, schauen wieder herein und besprechen den Punkt mit dem Ängstlichen, diesem Christen, von dem ich dir erzählt habe. Es war acht Tage her, daß wir bei ihm gewesen waren: »Mach auf, wir sind nur auf der Durchreise«, sagen wir, »wir haben Hunger, du brauchst keine Angst zu haben.« Er machte uns schließlich auf, und von dort ließen wir das Mädchen, das als Briefträger fungierte, holen und schickten eine Nachricht an Bayardo, in der wir ihm mitteilten, daß der Rundgang ein Erfolg gewesen war, und daß es möglich war, die Arbeit zu beginnen; und er antwortete uns, wir sollten sie vorantreiben.

Mein Plan war, immer wieder vorbeizugehen, bis wir sie einen nach dem anderen für die Arbeit gewonnen hatten, und mir ging immer noch die Idee von dem alten Sandinisten nicht aus dem Kopf und der Gedanke an den Mann, der das Problem mit dem Land hatte, und daß ich ihn an diesem Streitfall packen könnte. Bayardo schickte uns Geld, und wir begannen den Rundgang von neuem, aber diesmal in entgegengesetzer Richtung. Das erste Haus gehörte einem Mann, der Juan Canales hieß, Verwalter des anderen Gutes namens »Daraili«. Vier Jahre später versammelten wir uns mit ungefähr tausend Mann auf diesem Gut. Wir kommen also zu diesem ersten Mitarbeiter und klopfen an, schon am Abend: »Wer da?« hört man. »Juan José«, sage ich, »der Pillenverkäufer«, denn ich trat als Arzneimittelverkäufer auf. Da macht der Mann auf, und was meinst du, wie ich mich erschrecke, wie ich da einen Haufen Leute in seinem Haus sehe, auf dem Boden liegend, sitzend und stehend. Am Tag zuvor war seine Frau umgekommen, ein Wagen hatte sie im Ort überfahren, die Beerdigung war vorbei, und alle Leute blieben im Haus. Wir kamen müde vom Laufen an und wollten schon wieder gehen, aber er verhält sich ganz prima und sagt: »Also gut, und wie lange bleibt ihr?« »Bis morgen«, sage ich, »wir brauchen nur ein paar *tortillas,* um weiterzukommen.« Da bringt er uns in einem Häuschen unter, das wie ein Schuppen zum Maistrocknen aussieht, bringt uns Essen, und am nächsten Tag sind wir schon fertig, und bei ihm war immer noch ein Haufen Leute. »Haben Sie denn keine Freunde, Mensch, die Sie uns vorstellen können, damit sie uns helfen?« frage ich ihn. »Was denkst du«, sagt er zu mir, »die Leute hier sind ziemlich mißtrauisch und lose mit der Zunge, das geht nicht.« »Wieso nicht, Mann«, sage ich und bestehe darauf, bis er soweit ist und sagt: »Da will ich doch mal überlegen, ein Mann, der Arbeiter auf dem Gut ist, wo ich auch arbeite.« Und spricht mit ihm, der Mann ist einverstanden, und wir gehen hin, aber nicht zu seinem Haus, weil das winzig klein ist und an einem Zufahrtsweg zu dem Gut »Daraili« liegt, sondern gehen zu einem Maisfeld. Trotzdem war es mühsam, ihn zu überzeugen: »Wir gehen in das Maisfeld und sind auch ganz leise, wir machen keinen Lärm, *compañero.«* »Und wenn Leute auf das Maisfeld kommen und euch sehen?« sagt er. »Nein, Mensch, ist das nicht dein Maisfeld? Wer soll denn da kommen?« Wir verbrachten da vielleicht drei Tage; er holte uns Essen, und es war schon ein Erfolg, wenn sie uns nicht verrieten, denn solange sie uns nicht verrieten, gab es die Möglichkeit zur politischen Arbeit, und solange er zu uns kam, um uns Essen zu bringen, gab es die Möglichkeit, eine halbe Stunde mit ihm zu reden und sein Bewußtsein zu wecken. Seine Kinder waren krank, und wir hatte ja den Medizinkram dabei und gaben ihm Geld für Medizin für seine Kinder und um für uns kleinere Einkäufe zu machen. Die ganze Scheiße durcheinandergemischt: Wir halfen ihm, sein Problem mit den Kindern zu lösen, entwickelten sein Bewußtsein, er war im Elend, und wir gaben ihm hundert Pesos, um davon Quark zu kaufen, und das war die Form, mit dem Mann politische Arbeit zu machen. Jedenfalls blieben wir dann bei ihm, denn er wollte uns in die Täler von Buena Vista, Robledal, nach »La Montañita« und nach »Los Planes« weiter vermitteln. In »La Montañita« hatten wir schon mit Juan Flores, mit Leandro Flores und mit Concho, einem Sohn von ihm gesprochen, der einen Kropf hatte und dem ich den Namen »Manco der Raufbold« gegeben hatte.

Eines Tages erschien der Besitzer des Maisfeldes nicht, er versetzte uns, obwohl er versprochen hatte, mit uns einen Rundgang durch die Wälder zu machen, er ließ uns allein und brachte uns auch kein Essen mehr. Ich dachte, der Kerl wäre umgekippt oder würde uns verraten, oder er kam nicht, damit wir weggingen. Da sagte Andrés, der draufgängerisch war und gern mit mir zusammen ging, weil er sich da ganz sicher fühlte, denn er spürte, daß ich ein Mann der Berge war, – er ging mit Eifer an die Arbeit, Eifer, Krieg zu führen und Guerrillero zu sein, Somoza zu stürzen und die *Guardia,* für die Gerechtigkeit zu kämpfen – er sagt an dem Morgen, an dem es so dunstig ist, daß man ringsum fast nichts sehen kann vor Nebel: »Auf, Juan José, wir gehen los, wir werden diese Hütten schon finden.« »Auf, Mann, gehen wir«, sage ich, und wir machen uns am Morgen auf. Wir laufen nach dem Kompaß. »Das liegt ziemlich im Norden, dahin müssen wir gehen . . .«, ja was, verdammte Scheiße! Ohne Witz, am Mittag haben wir uns total verirrt, wir gucken und stoßen auf eine Straße. »Aber welche Straße wird das sein?« Es waren Feldwege. » . . . die andere hier, welche ist das?« – und wir betrachteten sie und stiegen auf die Berge, um uns zu orientieren. »Wo sind wir?« »Gut, heute morgen waren wir da, und jetzt bleiben wir zum Schlafen hier.« Es gab einen Fluß, und wir aßen Pinol, dort schlief Andrés zum erstenmal in der Hängematte, wir hatten uns verirrt, aber das machte uns nichts aus, wir fühlten, wir standen der Geschichte gegenüber, mit der Brust, um die Zukunft zu erobern, mit einer äußerst starken Moral, natürlich, ich war ein Jahr in den Bergen gewesen, was konnte mir das schon ausmachen nach all dem, was ich dort oben erlebt hatte, für mich war diese dünne und lichte Vegetation ein Kinderspiel; außerdem gab es Häuser, wo wir Essen einkaufen konnten, und wenn es auch nur für eine Sardine am Tag reichte, so war das für mich doch ein tägliches Festmahl. Als es am nächsten Tag hell wurde, liefen wir weiter und fanden nichts, wir suchten den Berg »Canta Gallo« und fanden ihn nicht, diesen scheißverdammten Berg, erst stießen wir auf den »El Fraile«, einen Berg, der hinter dem »Canta Gallo« liegt, und dann verirrten wir uns auf der Suche nach dem »Canta Gallo«, wir kommen aus den Ocote-Wäldern, das sind die Kiefernwälder von Daraili und Fraile, heraus und erreichen eine Bergregion mit einer anderen Form von Vegetation und mit Kaffee-Plantagen. Wir sind ganz dicht an San Gerónimo vorbeigegangen, aber da wir uns nicht orientieren konnten, haben wir es noch nicht einmal gemerkt; am nächsten Tag wachen wir ganz feucht auf; Andrés sagt zu mir: »Hier du, da geht ein Weg, da ist ein Haus, wir gehen in dies Haus und tun so, als wollten wir irgendeine Scheiße verkaufen und fragen nach dem Weg nach Robledal, wie man zu den Bergen kommt, und dann sehen wir weiter.« Wir kommen zu dem Haus und treffen eine Frau an, die allein ist; es hat die Nacht über geregnet. Wir kommen völlig aufgeweicht aus dem Wald, vielleicht halb sieben Uhr morgens und plötzlich, ohne es zu wissen, wie, sieht uns die Frau in ihrem Haus, sie weiß gar nicht, von welcher Seite wir reingekommen sind, wir stehen ihr plötzlich wie aus dem Boden gewachsen vor der Nase. »Tag ... wie geht es, gute Frau ...« »Hier ...« sagt sie. »Und die Kinder, sind das Ihre?« Was weiß ich, was wir noch alles sagten. »Wissen Sie, wir verkaufen Medizin, wir haben Alkaselzer, Mejoral, wollen Sie uns nicht etwas abkaufen? Wir haben auch Taschenlampenbatterien ...« und drücken den Preis ganz nach unten, damit sie uns etwas abkauft. »Wir sind doch völlig ruiniert«, sagt sie, »hier hat es eine Dürre gegeben, und wir haben kein Geld.« »Wissen Sie, machen Sie uns doch ein Essen fertig«, sagen wir nach einer Weile. »Ich habe aber gar nichts da.« »Nein, was sie gerade da haben, die paar Bohnen da, einen Kaffee«, und sie nimmt an, und nach dem Essen sagen wir: »Wissen Sie, wir müssen nach Robledal rüber, von Montañita, Buena Vista. Ist das der Weg, der da vorbeigeht?« »Nein, der Weg geht nach da, der kommt auf einen anderen geradeaus, da ist eine Gabelung«, und fängt an, uns alle wichtigen Wege im Wald zu erklären. Und wie wir uns wieder orientiert haben, gehen wir zum Spaß den Weg entlang, am hellichten Tag. Wir hatten es nicht fertiggebracht, mit dem Kompaß durch den Wald zu kommen, wir konnten ihn nicht benutzen. Der Kompaß war in Ordnung, die Idioten im Zurechtfinden waren wir, so orientierten wir uns also durch Gespräche, wir kamen an den Häusern vorbei: »Hier, hör mal zu … verkaufst du das Schwein hier?« reden, reden, immer reden, wenn einer verkaufen wollte, nannte ich einen Preis, der weit unter dem wirklichen lag, damit er es mir nicht verkauft, sogar in Anbetracht seiner Armut, aber ich nannte einen Preis weit darunter, damit sie nicht ja sagten, und ich die Scheiße nicht kaufen mußte. So gingen wir, Andrés und ich, bis wir nach Buena Vista kamen, und blieben eine Nacht bei Gilberto Zavala, der Mann biß langsam an, unabhängig von seinem Streit um das Stück Land. Gilberto gehörte der Konservativen Partei an, aber da die Konservative Partei seine Interessen nicht vertrat, wurde er – genauso wie viele andere konservative Bauern – zum Sandinisten. Wir blieben vielleicht vier Tage bei ihm und arbeiteten mit ihm. Seine Frau führte ständig den Herrgott im Mund vor Schreck. »Ihr solltet sehen, wie sie sich aufführt, sie kann nicht mehr schlafen«, sagt Gilberto zu mir, »jedesmal, wenn nachts der Hund anschlägt, stirbt sie fast vor Angst.« Wir kampierten in einer kleinen Kaffee-Plantage, die Gilberto vielleicht zweihundert Meter von seinem Haus entfernt hatte. »Sie ist schon recht«, erzählte er mir weiter von seiner Frau, »stell dir vor, sie sagt mir über euch, dieser arme Junge, so jung und läuft schon in diesen Wäldern herum, ohne etwas zu essen«, daraus entnahm ich, daß sie eine bestimmte christliche Nächstenliebe empfand, daß sie eine ganz gutherzige Frau war. Natürlich, mit einer furchtbaren Angst, außerdem war sie alt, genau wie Gilberto. Ich sage zu ihm: »Ich möchte gern mit ihr sprechen, mit deiner Frau.« »Nein, nein, das überlebt sie nicht, da stirbt sie dabei«, sagt er. »Nein, sag ihr, daß ich mit ihr sprechen möchte.«

Ich überzeuge ihn, und sie akzeptiert, mit mir zu sprechen, sie hat mehr Angst als sonstwas. Also komme ich am Abend zu dem Haus, und wir fangen an, über dies und das zu reden, allgemeines Zeug. »Wie schön ist Ihr Marienbild.« »Ja«, sagt sie, und weil sie da noch ein Marienbild hat, ich glaube es war die von Fátima, sage ich: »Die wundersamste Jungfrau ist die von Fátima, denn die hat noch nie versagt, nicht?« Und daraufhin sagt sie zu mir: »Und Sie, haben Sie eine Mutter?« »Ja«, sage ich, »meine Mutter ist zu Hause.« »Und was macht sie?« »Ich weiß nicht, früher habe ich ihr Geld gegeben zu leben.« »Und haben Sie Kinder?« »Ja, ich habe eine Tochter.« »Und Ihre Frau?« »Die ist auch da, die arme ...« »Armer Junge«, sagt sie, »dann sehen Sie weder Ihre Mutter noch Ihre Frau noch Ihre Tochter?« »Nein«, sage ich, »denn wir Sandinisten geben alles auf, weil wir wollen, daß sich das Volk befreit.« »Ahhh«, sagt sie, »die *Guardia* ist schlecht, nicht?« »Sehen Sie mal«, sagte ich, »das hier ist meine Tochter.« Als ich in Ocotal war, hatten sie mir ein Foto von meiner winzigen Tochter gegeben, in Farbe, hübsch das Mädchen. »Ach wie schön, das Kindchen, wenn die wüßte, daß ihr Vater ... Nicht wahr, wie entsetzlich nicht? Sie muß ohne den Vater aufwachsen, wenn Sie umgebracht werden«, sagt sie zu mir. »Ach, das walte Gott, das darf Gott nicht zulassen, daß dies Kind, das so schön ist, ein Waisenkind wird«, sagt sie. »Und das ist meine Mutter, sehen Sie«, und ich ziehe noch ein Foto heraus. »Sieh mal, die Frau sieht schön aus, ach wie entsetzlich, ach Gott, sehen Sie sich bitte vor! Vorsicht, daß ihnen nur nichts zustößt ...« »Mit Gottes Hilfe und der Hilfe von Ihnen allen, wenn Sie uns immer, wenn wir vorbeikommen, eine *tortilla* geben, uns hier eine Kleinigkeit anrichten, eine Handreichung da, dann leben wir wohl behütet; haben Sie nicht bemerkt, daß wir nie bei Tag kommen, nur bei Nacht, und wir sprechen auch leise und kommen ohne Lampe und gehen langsam, damit die Hunde bei dem Nachbarn nicht bellen, nichts, wir kommen außen herum durch den Hof ins Haus, sehen Sie.«

Mit der Zeit verehrte uns die alte Fau richtig, Andrés genauso wie mich ... Und dann – schon voll Vertrauen – sagten wir zu Gilberto, er sollte uns Moisés Córdoba in »Los Planes« holen lassen und Juan Flores in »Montañita« suchen. Sie bringen sie beide mit, und ich habe ein Gespräch mit jedem von ihnen getrennt. »Sieh an«, sagt Juan Flores, »da kommt ihr wieder vorbei?« »Ja, da sind wir wieder«, sage ich, »wir wollen alles gut kennenlernen und wollen mit euch sprechen, wir sind hier bei dem *compañero* schon etwa acht Tage und haben genug geredet.« »Also gut«, sagt er, »und wann kommt ihr zu mir?« Ich habe erzählt, daß wir acht Tage bei Gilberto waren. Ich verfolgte doch immer noch den Gedanken mit dem Sandinisten von »Los Planes«, aber der alte Mann war noch krank, und ich entschied mich, nach »Montañita« zu Juan Flores zu gehen. Bevor ich wegging, schaffte ich es noch, daß sich Gilberto dazu entschloß, mir Briefe nach Condega zu bringen, zu Bayardo. Das war also der erste Bote in der Entstehungsgeschichte dessen, was später die Kampfeinheit »Bonifacio Montoya« wurde. »*Compañero*«, schrieb ich an Bayardo, »wir reißen die Scheiße hier aus dem Feuer, die Scheiße geht vorwärts, und hier heißt die Sache 'Patria Libre o Morir'.« Ich gehe zu Juan und bleibe dort ein paar Tage, aber dann wird die Situation für uns schwieriger, denn anscheinend hat dieser »Friedensrichter« Presentación Laguna doch irgendeinen Verdacht geschöpft, die *Guardia* ist dagewesen und hat die Gegend durchkämmt, es sind ein paar *Guardias* nach San Gerónimo gekommen, irgend sowas, sie sind nach Daraili und Umgebung weitergegangen. Bei Juan Flores sprechen wir außer mit ihm noch mit Laureano und Concho. Ich lerne andere Leute kennen wie Mercedes Galeano, der später der Verantwortliche für all diese Täler war und am Schluß heroisch im Kampf gefallen ist. Als ich mit diesen ersten Kontakten fertig war, ging ich wieder zum Haus von Gilberto nach Trojita. Ich weiß noch, daß ich gegen neun Uhr abends ankam, und er immer noch nicht aus dem Ort mit der Antwort des Boten von Bayardo zurück war. Ich war etwas beunruhigt wegen der Arbeit, es sah langsam so aus, als würde sie Früchte tragen, aber zaghaft, und schon tauchte die *Guardia* dort auf. Dann kam ich nach Trojita, legte mich schlafen und dachte an die Berge, wie es wohl Modesto ging, wie es bei den Regionalleitungen der *Frente* im Osten stand, im Inneren des Landes, und dachte über all das nach, was im Norden, in Ocotal, in Macuelizo passiert war, was in El Sauce passiert war, warum gleichzeitig mit der Zerschlagung des Lehrgangs in Macuelizo auch der Lehrgang in El Sauce zerschlagen worden war, ich dachte an Bayardo, an Mónica, an all die *compañeros* in León, und natürlich bei dem Gedanken an León dachte ich an Claudia.

XIX

Als ich in die Berge ging, war ich in Claudia verliebt. Die Liebe zu ihr war für mich etwas Erhabenes, etwas das – wie der Che sich ausdrückte – weder Maß noch Bedingung kannte. In diese Beziehung hatte ich alles gelegt, was der Mensch an Gutem, Kreativem und Schönem nur finden kann. Ich hatte auf der Beziehung eine ganze Stadt aufgebaut, eine schöne Stadt, die Beziehung zwischen Claudia und mir war sozusagen der Anfang und das Ende, A und O der Liebe, für die der Mensch vielleicht einmal geschaffen worden ist. Das heißt, Claudia oder die Beziehung zu ihr wurde für mich in den Bergen zu einer Fahne, zu einer Fahne in der erhobenen Faust, die mir nicht in den Schlingpflanzen hängen blieb, mir nicht hinfiel, nicht naß und nicht schmutzig wurde; das heißt, nach ihr, nach der Beziehung mit ihr kam der Wald, danach kam das, womit ich im Kopf nicht gerechnet hatte, und bevor ich in die Berge ging, hatte ich weder mit dem Dschungel noch mit dem Wald gerechnet. Damals legte ich mich mit meiner Fahne schlafen, gab auf sie acht, faltete sie sorgfältig zusammen, legte sie mir wie ein Kissen unter den Kopf und schlief ein. Das half mir, weiterzumachen, half mir zu leben, half mir, besser zu werden, ich spürte die Verpflichtung, Beispiel zu sein, die Notwendigkeit, ein Beispiel zu sein für sie und die Tochter, die zur Welt gekommen war. Claudia war Antrieb, Sicherheit und Vertrauen, war Schießen, war Sehen bei Dunkelheit in der Nacht, war mehr Luft in den Lungen, mehr Kraft in den Füßen, war Orientierung, war Feuer, unsere Liebe war trockene und warme Kleidung, unsere Liebe war Unterstand, Sieg und Ruhe, war alles ... Zukunft ... Kinder ... alles, was ich mir nur im Kopf vorstellen konnte. Und dann: Ich bin in dem Schuppen mit entsetzlich vielen Flöhen, mehr als genug ... und Stechmücken, denn es regnet, es ist Regenzeit, da kommt Gilberto von Bayardo zurück und gibt mir einen Brief, und ich sehe den Brief, auf ihm steht: »Für Eugenio persönlich«, und lese den Brief. Da heißt es am Anfang: »Na, mein Lieber, wie gehts dir?« Irgend sowas, ich weiß es nicht mehr genau, »Weißt du, ich bewundere dich sehr, laß mich Dir sagen, daß ich großen Respekt vor Dir habe, daß ich Dir viel von dem verdanke, was ich gelernt habe. Du bist einer von den Menschen gewesen, die mein Leben am meisten beeinflußt haben und wegen dieser Zuneigung und Hochachtung Dir gegenüber möchte ich ehrlich bleiben, möchte Dir sagen, daß ich mich in einen *compañero* verliebt habe, daß ich Dich nicht mehr liebe, und daß ich jetzt ihn liebe. Ich hoffe, Du verstehst das, laß Dir sagen, daß ich Dich immer gern haben werde, oder daß ich Dich immer achten und bewundern werde. Deine ...« und dann das Pseudonym von ihr. Und ich weiß noch, daß ich hungrig war, weil ich weder mittags noch am Abend etwas gegessen hatte, als der Brief für mich ankam, daß die Bauern immer noch ängstlich waren, daß die *Guardia* sich in der Gegend herumtrieb, daß mich die verdammten Flöhe in die Eier bissen, daß ich es nicht aushalten konnte; ich hatte Fußpilz, und die Sohlen brannten mir. Wer weiß, wie lange hatte ich mir die Zähne nicht mehr geputzt, und ich spürte mit der Zunge, wie sich zwischen den Zähnen die Speisereste sammelten, die Zunge fühlte sich stumpf an, wenn sie gegen die Zähne stieß. Der Tag war beschissen, am Nachmittag hatten ein paar Kontakte nicht geklappt und obendrein waren mir unterwegs noch ein paar Patronen verloren gegangen; ich hatte vorher nie Patronen verloren, und abends wollte ich mich ausruhen und dann das. Außerdem kam ein Brief von Bayardo Arce. Den habe ich erst zwei Stunden später gelesen, ich war nämlich so nervös, als ich anfing, den Brief von Claudia zu lesen ... Ich fand das ungerecht ... das konnte nicht sein ... das war nicht vorgesehen, war unlogisch, paßte einfach nicht ... Wie konnte sie mir das antun? Ich hatte ja Verständnis dafür, daß sie nicht auf mich wartete, wie im Mittelalter, wo der Ritter auf den Kreuzzug geht und nach tausend siegreichen Kämpfen zu Pferde heimkehrt, vor dem Schloß Halt macht, und sie mit einem Lächeln auf dem Balkon erscheint, alles wie im Märchen. Mir war ja klar, daß ich das nicht von ihr verlangen konnte, aber es war mir dennoch unbegreiflich, wie sie mich verlassen konnte, obwohl ich doch immer die Fahne hochhielt, sie nicht schmutzig werden ließ, mit meiner Fahne über alle Berge ging, sie immer, wenn ich eine Anhöhe hinaufkam, in der Stille fest umklammert hielt, sie in der Nacht zusammenfaltete und mit ihr schlief und sie im Schein des Lagerfeuers betrachtete, sie in den Siegen, den Erfolgen und bei den Fußmärschen ansah, das konnte ich nicht begreifen, verstehst du? Ich dachte, die Welt würde unter mir versinken. Hast du schon einmal im Flugzeug gesessen und gemerkt, wie das Flugzeug sich zur Seite legt ... so, nach einer Seite ... Dann siehst du die Erde verkehrt herum, die Berge verkehrt herum ... so ... und das Wasser verkehrt herum; als würde sich das Wasser umdrehen, wenn du über das Meer fliegst, und du siehst die Häuser verkehrt herum, die Leute verkehrt herum und die Hunde verkehrt herum? Genauso fühlte ich mich, es war, als ob unter mir die Erde wegrutscht, mir der Sinn für den Raum verloren geht, als ob ich das Gleichgewicht verlöre, das Gefühl für die Schwerkraft, für die Trägheit der Masse, ich weiß nicht, welches Gefühl noch, alle fünf natürlichen Sinne des Menschen verlor ich, aber nicht nur die natürlichen Sinne, sondern auch den Sinn für das Dasein des Menschen, der Frau, einer Menge von Dingen; ich dachte daran, wie ich einmal, bevor ich in den Untergrund gegangen war, zu ihr gesgt hatte: »Sieh mal, Claudia, wenn sie mich irgendwann umbringen - ich will dir etwas sagen, das darfst du niemandem weitererzählen: wenn sie mich irgendwann umbringen - außer, wenn mir die Schüsse sehr weh tun oder die *Guardia* mir das Gesicht zerfetzt - sie können es nicht verhindern, daß ich beim Sterben ein Lächeln auf den Lippen habe, im Gesicht. Wenn du dann die Zeitung NOTICIAS oder die PRENSA aufschlägst und als Bildunterschrift liest: NICHT IDENTIFIZIERTER VERBRECHER GESTORBEN, und mich auf dem Bild siehst, mein Gesicht erkennst und mein Lächeln in der Zeitung, dann sollst du wissen, sollst dir ganz sicher sein, daß das dein Lächeln ist, daß dieses Lächeln dir gehört. Und wenn die Studenten Demonstrationen auf der Straße machen, wenn sie Protestversammlungen machen, weil ich ermordet worden bin, dann setz dich auf irgendeinen von den vielen Plätzen mitten im Saal oder hinten hin, und wenn sie über mich schöne Sachen sagen, daß ich ein Mann war, der seine Pflicht erfüllt hat, ein Mann, der gegen die Diktatur gekämpft hat, ein Mann mit Mut und so weiter, dann bleib du still mit deiner Zeitung in der Hand sitzen, sieh mein Gesicht an und denk daran, daß dies Lächeln deins ist, deins ganz allein und daß dir das niemand wegnehmen kann. Und wenn du in den Demonstrationen mitgehst und rennst, wenn die *Guardia* kommt, dann gehst du und rennst mit meinem Lächeln, und niemand soll dir mein Lächeln nehmen, denn dieses Lächeln ist deins. Und niemand kann mir mein Lächeln nehmen, das ich dir schenken will. Aber das, das sollst du niemand erzählen, nie sollst du es irgend jemandem sagen, und wenn du auch sterben mußt,

so nimm dir vor dem Sterben mein Lächeln mit und erzähl es nie jemand, daß dieses Lächeln deins war, daß ich es dir geschenkt habe.
An all das dachte ich, als ich den Brief las, und die Scheiß-Zecken bissen und bissen, als ob sie sich besonders anstrengen würden und ihre Wut beim Beißen an mir auslassen wollten; sie bissen mich nicht nur am Geschlecht, sondern auch auf der Brust und an den Beinen, die Pilze zerfraßen mir die Füße, und ich merkte, daß mir mein ganzer Körper unerträglich wurde, daß mich der Staub vom Maisstroh beim Liegen juckte, stand auf und konnte nicht schlafen, ich verbrachte eine Nacht wie ein Hund, drehte mich immer wieder um, stand wieder auf und ging pissen, und ich weinte in dieser Nacht und konnte keinen Schlaf finden, bis ich mir schließlich – was weiß ich wie – gehässig und hinterlistig sagte: Jetzt weiß ich, was ich mache, das hat sie mir doch zu Unrecht angetan, und dann faßte ich einen Beschluß: Ich werde ihr einen Brief schicken und als Abschied werde ich in dem Brief schreiben, daß ich an dem Tag, an dem ich sterbe – außer wenn mir die *Guardia* mit ihren Schüssen das Gesicht zerfetzt – nicht aufhören werde zu lachen, und dieses Lachen, das sie in der Zeitung sieht, ist nicht ihres, das soll sie ganz genau wissen, dies Lächeln des Protests, dies Lächeln des Mannes der Moral, des Mannes der Konsequenz, des Mannes der Liebe, dieses Lächeln des Mannes der Berge, dies Lachen des Sandinisten vor seinem Tode gehört nicht mehr ihr. Das war meine ganz persönliche Rache, meine größte Strafe, daß dieses Lächeln für andere Frauen da war, und wenn nicht für andere Frauen, so machte das auch nichts, das Wichtigste war, daß mein Lächeln im Augenblick des Todes nicht mehr ihres sein sollte. Natürlich kam dann eine schlimme Zeit für mich bei all dem, was in mir vorging, nachdem ich den Brief gelesen und ihn mit gleicher Post beantwortet hatte. Ich wurde leicht traurig, war deprimiert, aber das merkte niemand. Nach außen versuchte ich, ein Beispiel der Moral und des Engagements zu sein und war es auch, aber ich spürte doch die Einsamkeit, es war das erste Mal, daß ich mich einsam fühlte, allein – hilf mir, »Einsamkeit« zu sagen.
Wenn man unter solchen Bedingungen wie wir in die Berge kommt, muß man sich gewaltig umstellen, man bekommt manchmal sogar einen richtig schweren Schock. Plötzlich nach der diszi-

plinierten politischen Arbeit an der Universität (ich war schon sechs Jahre in der FSLN) gehst du nämlich los und bist in vierundzwanzig Stunden in der Gegend von Matagalpa und gehst auf die Berge zu. Um in die Berge zu gehen, hast du dir vorher ein dutzend Aspirin und zwölf Alka-Selzer gekauft, ich weiß nicht wie viele Kapseln Tetracyclin noch, ein Fläschchen Alkohol, Watte, Nähnadeln, Faden, Knöpfe, mehrere Batterien und dein Paar Schuhe ... und außerdem hast du noch deinen Führerschein dabei, deine Brieftasche, Papiere und Ausweis ... was weiß ich ... du hast die Nagelschere mit, die du immer schon in deinem Zimmer hattest, das Messer, das dir dein Bruder geschenkt hat, den Gürtel von Luz Marina, deine Fotos ... das Taschentuch, das du immer benutzt hast, dasselbe, mit dem sie sich über das Gesicht gewischt, mit dem sie sich die Hände abgetrocknet hat ... Du trägst dieselben Socken wie sonst, die Kleidung, die du schon oft getragen hast, bei so vielen Gelegenheiten, an so vielen Stellen, immer mit denselben Leuten zusammen. Du gehst mit deinen ganz normalen Händen weg, mit deinem Gesicht wie immer, deinen Augen, mit den Zähnen wie immer, mit deiner Haut, deinem normalen Gesichtsausdruck, mit dem Alltagspullover. Das heißt, du gehst aus der Stadt weg, aus deiner Welt, du gehst aus deinem Alltag, deiner Gegenwart, die sich in dem Augenblick, wo du weggehst, in Vergangenheit verwandelt, gehst beladen mit deiner alltäglichen Gegenwart, wenn du in die Berge gehst, aber je weiter du in die Berge kommst, um so mehr läßt du deine Gegenwart hinter dir zurück ... Deine Gegenwart verwandelt sich in Vergangenheit. Aber auch wenn sich die Gegenwart langsam in Vergangenheit verwandelt, gehst du trotzdem mit deinem eigenen Kopf, mit deinen Ideen, mit deinem vorherigen Leben weg, so wie du es all die Jahre gelebt hast, nimmst den Kopf voll von dem mit, was du gerade getan hast: wie du die Nächte durchgemacht hast, wie du geliebt, wie du gestritten hast, wie du geschlafen, gegessen und wie du dich amüsiert hast. All das geht als Information frisch in deinem Kopf herum, in deinem Gehirn, deine schönen Erinnerungen ... die *compañeros* ... sie ... die Pläne ... alles ist noch frisch; und obwohl du deine Gegenwart mitnimmst: Je näher du den Bergen kommst, um so mehr verwandelt sie sich objektiv in Vergangenheit, all die Sachen, die du in die Berge mitnimmst, dich eingeschlossen, deine Haut, die Ideen in deinem Kopf, all diese

Dinge bestärken in dir deine Gegenwart. Deine Gegenwart, die schon Vergangenheit ist ... Kann man das verstehen? – Wieso? ... Weil du von dort schon weggegangen bist. Wenn du auf die Berge zugehst, beginnt ein Prozeß der zwangsweisen Trennung von deiner Gegenwart. Du vertreibst gegen deinen Willen die Gegenwart in die Vergangenheit. Es ist, als ob man sich von seinem eigenen Fleisch trennen müßte. Und das tut weh. Aber du mußt weiter in diesem Prozeß der Entfleischung, des langsamen Todes ... Und jeden Tag kommst du weiter in die Berge, zuerst siehst du schon nicht mehr die Sorte von Leuten, die du vorher gesehen hast, und von da an wirst du diese Sorte Leute, die du von der Stadt her kennst, gar nicht mehr sehen, du siehst die Dinge nicht mehr, die für dich alltäglich waren, die Häuser, die Wände, die Glasfenster, das Pflaster, alles das siehst du nicht mehr, es bleibt objektiv zurück, auch wenn du es in deinem Kopf gespeichert behältst. Und dann hörst du den Lärm der Autos nicht mehr, der Fahrräder, der Fernseher und der Radios, das Rufen der Zeitungs- und Kaugummiverkäufer. Du hörst das Schreien der Kinder nicht mehr, den Tonfall der Buben und Mädchen der Stadt. Du gehst nicht mehr ins Kino, siehst auch keine Werbung mehr ... und kommst immer weiter ... siehst kein elektrisches Licht mehr ... und kommst weiter hinein ... siehst keine Farben mehr ... du siehst nur noch grün ... und wirst keine anderen Farben mehr sehen als die von den Kleidern der Leute ... und die verlieren sich auch langsam ... du wirst farbenblind. Du hast nie mehr den Geschmack von Schokolade im Mund, von einem Glas Rum, Wein, kein Kaugummi ... Wenn du weiterkommst, hörst du auch keine Musik mehr, die Schlager, die gerade in Mode sind von Camilo Sesto, Julio Iglesias, Leonardo Fabio, von Nicola Divari ..., denn dort kommen keine Radios mehr hin, und so bleiben die Lieder nur noch in deinem Gehirn aufgezeichnet ... wenn du weiter hereinkommst, löst du dich immer mehr ab. Wenn du eindringst in die Berge, isolierst du dich. Es kommt der Augenblick, in dem dir von deiner Vergangenheit auf der Ebene des Alltagslebens, der Sinne ... ich weiß nicht, wie ich das sagen soll ... auf der Ebene von deiner Gegenwart, die du gerade hinter dir gelassen hast, der Ebene des Alltagslebens nichts mehr übrigbleibt, es existiert nicht mehr, du mußt es aufgeben, das noch einmal sehen zu wollen, es sei denn, du kommst irgendwann da lebend heraus, wenn die Revolution siegt. Und es waren nur 15 oder 20 *compañeros,* nicht mehr, die wir da oben in der Guerrilla hatten. Wie wollten wir 15 oder 20 *compañeros* in den Bergen die schwer bewaffnete *Guardia* von Somoza besiegen? Manchmal dachte ich, es würde Jahre und Jahre dauern bis zum Sieg, und auch wenn dein Kopf das nicht akzeptieren mag, die Jahre machen deine Gegenwart zur Vergangenheit. Die Fortsetzung deiner Gegenwart, deiner Gegenwart in der Stadt, der alltäglichen Gegenwart deines Lebens ... von immer ..., von damals, als du in der Stadt warst, bevor du in die Berge gegangen bist, das einzige, was dir von dieser Gegenwart in den Bergen bleibt, das sind die Gegenstände, die Dinge, die du bei dir trägst, die deine Ideen sinnlich beflügeln, und die Erinnerungen, die du im Kopf hast; anders gesagt, die materiellen Dinge, die du in deinem Rucksack trägst, dazu die Erinnerungen und die Ideen, die bestätigen dir als einziges deine Gegenwart, die schon Vergangenheit ist. Was passiert also? Eines Tages geht das Taschentuch verloren, du läßt es aus Versehen irgendwo liegen ... Scheiße! Das Taschentuch! Wo habe ich bloß das Taschentuch gelassen? Und das Taschentuch ist weg ... das Taschentuch siehst du nie wieder ... Dann sagst du dir, Scheiße, das war das Taschentuch, das sie mir geschenkt hat ... das Taschentuch ... das Taschentuch ... Scheiße! Ich habe das Taschentuch verloren ... so ein Mist ... das Taschentuch ist weg ... Ein Stück von deiner Gegenwart reißt sich los, es ist, als würden sie dir ein Stückchen von deiner Identität wegnehmen, von deinem Fleisch, von dem, was du dir erhalten möchtest.

Mit der Zeit nutzt sich die Kleidung ab, die Hose geht kaputt. Du kannst sie schon nicht mehr tragen, denn sie ist in Fetzen, oder du mußt sie als Flicken für die neue Hose benutzen, die dir auch schon kaputt gegangen ist. Dann – Scheiße – die Nagelschere, die Nägel sind zu lang und – bums – die Nagelschere ist weg. Noch ein Stück von der Haut abgerissen ... Langsam gehen die Dinge verloren oder gehen kaputt, die Gegenstände verschwinden, an denen du deine Gegenwart festmachst und deine Identität, dein Bewußtsein zu existieren, das Bewußtsein, daß du nichts Aufgesetztes bist sondern Geschichte hast. Im Grunde genommen ist es auch dein Sinn für die Zeit, der verloren geht, denn wenn sich die Dinge verlieren, vergeht die Zeit, die Zeit wird lang ... Na und wann kommst du wieder zurück? ... Vielleicht verlierst du alles, deine ganze Gegenwart, die deine Vergangenheit ist ... und die Revolution ist nicht siegreich ... und die *Guardia,* die Arschlöcher ... und der Hunger und alles das; Hunger kannst du natürlich ertragen, wenn du alles dabei hast, was du mitgebracht hast, und wenn es Perspektiven gibt, dann hält man die Probleme aus, erträgt sie einfach besser. Aber wenn die Sachen nach und nach verloren gehen, ist es, als würde dir ein Stückchen aus deiner Gegenwart herausgerissen, und du weißt einen Augenblick lang nicht, ob das wieder nachwächst, weißt nicht, ob du zurückkommst und bei jedem einzelnen Stück, das dir verloren geht, kommt es dir vor, als würde man dich beschneiden, dir Stücke von deiner eigenen Person entreißen; und mit der Zeit, die nichts vergibt, die unbarmherzig ist, die unabänderlich verstreicht, verlierst du alles und verlierst den Verstand. Du verlierst dich langsam, dein Äußeres verändert sich: Immer mit langen Ärmeln und nie die Sonne sehen, denn die Kronen der Bäume verdecken sie, den Himmel nicht sehen, der dich an den Himmel dort erinnert, den von León, derselbe Himmel von gestern, du kriegst den Mond am Strand von Poneloya, den du immer gesehen hast, mit dem in den Bergen nicht zusammen und deine Gegenwart nicht mit deiner neuen Gegenwart, um träumen zu können und dich zu erinnern und Gedanken zu assoziieren und um dir das Gefühl des historischen Zusammenhangs zu geben, denn in den Bergen gibt es keinen Mond und gibt es keine Sonne, keine Sterne, alles ist grün. Dein Körper ist bleich-weiß, die Hände sind keine Hände mehr vor lauter Schrammen, von so vielen Kratzern der Dornen, Lianen und Brombeerranken, vom sich nicht waschen, nicht baden, und die Handflächen sind rauh vom ständigen Gebrauch der Machete, der Axt und dem Zerren am Rucksackriemen, dem Festbinden der Hängematte, vom Anfassen heißer Gegenstände am Feuer. Die Finger sind voller Hornhaut. Deine Hände, dein eigener Körper, der dir gehört, über den du bestimmst, er verändert sich allmählich vor deinen eigenen Augen, ohne daß du es verhindern kannst. Da gibt dein eigener Körper deine Gegenwart auf, und während du ohnmächtig zusiehst, verwandelt er sich in eine neue Gegenwart, die anders ist als deine Vergangenheit. Und das Schlimmste ist, daß du dein Gesicht nicht im Spiegel betrachten kannst. Ich habe mein Gesicht in den Bergen zum erstenmal nach ungefähr fünf Monaten wiedergesehen, es gab eine Zeit, da verging fast ein Jahr, bevor ich mein Gesicht wieder anschauen konnte, und als ich dann in einen Spiegel gesehen habe, da war das ja nicht mehr ich, du liebe Zeit! Mit einem Schnurrbart, ich hatte noch nie im Leben einen Schnurrbart gehabt oder hatte ihn mir noch nie stehen lassen, jetzt war mir der Bart gewachsen – ich hatte ihn zwar immer angefaßt, aber gesehen hatte ich ihn an mir noch nie. Mein Augenausdruck hatte sich schon verändert, die Stirn war faltig vom vielen Ärger mit den Dornen, vom ständigen Hinfallen. Die Berge ziehen dir immer die Stirn in Falten, und die Kinnladen werden etwas breiter. Hast du darauf nie bei den Fotos am Anfang beim Sieg geachtet? Wir hatten die Stirne gerunzelt und die Kinnladen zusammengepreßt, weil man die Zähne zusammenbeißt, wenn man läuft. Du runzelst immer die Stirn ... so ... und der Blick ändert sich, der Augenausdruck. Die Augen werden feucht von der Anstrengung, bei Nacht zu sehen, der Anstrengung, den Feind zu entdecken, der in olivgrün hinter dem Grün ist, damit er dich nicht überfällt, die Anstrengung bei dem Versuch, etwas zu sehen, ohne etwas sehen zu können und die Gedanken, die langsam ver- löschen, verändern dir deinen Blick, du bekommst einen aggressiven Blick, der trotzdem aber noch rein bleibt. Wenn du dich im Spiegel siehst, merkst du, daß du auch nicht mehr derselbe bist wie vorher. Du merkst, daß du schon auf der anderen Seite bist, ein anderer geworden bist. Das ist ein Problem, das du bewußt in Kauf nimmst, du fühlst dich wie ein Teil von dort, ein Lebewesen mehr in der dortigen Umgebung, eins, das sie erobert und sich zu eigen macht, denn es besitzt Vernunft, hat Verstand, es beherrscht sie, um sie für etwas anderes zu benutzen, in diesem Fall für die Guerrilla, für den revolutionären Kampf. Wenn du dann alles Material, das du mitgebracht hast, verloren hast und deine Substanz zermürbt ist, dann bleiben dir als letztes Mittel, deine Identität zu bewahren, noch die Ideen und Erinnerungen, die du im Kopf hast, wohlbehütet und verwöhnt, aufbewahrt im Zentrum deines Gehirns, denn sie sind die Quelle deiner Kräfte, der Mittelpunkt, sind der Lebensnerv im Mark der Existenz.

Die Ideen und die Erinnerung sind das Intimste des Menschen, zu dem niemand Zutritt hat, zu dem die Unbarmherzigkeit der Berge nicht hinkommt, das einzige, was die Natur nicht so einfach umformen kann. Man nährt die Erinnerungen, und wenn man sich abends in die Hängematte legt, wickelt man sie aus, nimmt sie ein bißchen heraus aus dem Gehirn, wälzt sie hin und her im Kopf und führt sie spazieren, scheu ziehen sie vor den Augen vorbei, vielleicht auch übers Gesicht, aber ich habe meins nie gesehen. Dann nimmt man die Erinnerungen und geht sie im einzelnen durch, und vor dem Einschlafen gibt man sie dem Gehirn allmählich wieder zurück, wie eine Schnecke ziehen sie sich zurück. Du schließt deine Ideen langsam wieder ein und sammelst die Erinnerungen zusammen, bis sie zugedeckt sind und ruhig im Gehirn liegen – als würden sie ausruhen . . . und schläfst ein. Die einzige Nabelschnur sozusagen, der einzige Faden, der dir von dieser Vergangenheit bleibt oder von der Gegenwart, die sich in Vergangenheit verwandelt hat – daran erinnere ich mich noch genau – ist die Idee, die Erinnerung.

Wenn du dann so einen Brief bekommst, in dem dir die Erinnerungen zerbrochen werden, ist das, als würde dir der einzige unsichtbare Faden abgerissen, den du dir zur Ernährung aus deiner Gegenwart aufgehoben hast, aus deiner Gegenwart, die sich jetzt – auch wenn es dich ärgert, ob du willst oder nicht – in Vergangenheit verwandelt hat. Als damals dieser Brief kam, riß er mir mit Gewalt eins von den Dingen aus dem innersten Raum, aus der intimsten, verborgensten Kammer des Gehirns, die ich dort als Rückhalt besaß. Dann fängst du schließlich an, die Einsamkeit zu spüren, du fühlst dich allein, und wenn du dann politisch und ideologisch keine Sicherheit hast, dann desertierst du oder wirst verrückt. Ich weiß noch, daß ich später ein Gedicht geschrieben und auch an Claudia geschickt habe – nach dem Brief – als Schlußstrich, um ihr zu sagen, daß ich an dem, was sie mir angetan hatte, nicht sterben würde. Ich habe ein kleines Gedicht geschrieben, das hieß: Jetzt da ich dich nicht mehr habe/ ist es mir klar:/ Wenn es PLOMO nicht gäbe/ wäre es aus mit mir.

Um das zu verstehen, mußt du wissen, daß PLOMO (Blei) die Initialen für *Patria Libre o Morir* sind. Hätte ich nicht einen Existenzgrund gehabt, eine andere Daseinsberechtigung, für die Befreiung Nicaraguas zu kämpfen nämlich, wäre ich fertig gewesen.

XX

Aber glücklicherweise war es nicht so. Am nächsten Morgen ging ich früh aus dem Schuppen zur Kaffee-Plantage, um mir in einem kleinen Bach das Gesicht zu waschen; ich kämmte mich - glaube ich - und setzte mich unter einen Apfelsinenbaum, um ein paar Apfelsinen zu essen. Mit dem Messer löste ich die Schalen von der Apfelsine, und als ich sah, wie sich die Schale von dem Fleisch trennte und wie die Schale stückweise langsam abging und der Kraft des Messers wich, fühlte ich mich selbst genau wie die Apfelsine, die Schalen waren die Dinge, an die ich nicht denken durfte. Als ich die Apfelsine fertig geschält hatte, war ich etwas erleichtert, fühlte mich weniger schwer. Die Apfelsine war jetzt nackt und war kleiner geworden, vermindert; so löste ich mich von den Erinnerungen, und beim Lösen von den Erinnerungen löste ich gleichzeitig die Schale von der Apfelsine ab. Mit der Zeit fing ich dann an, mich langsam irgendwie leichter zu fühlen, im Kopf weniger schwer, und nach all dem war es schließlich und endlich, als hätte ich immer ein Gewicht mit mir herumgeschleppt und würde mich jetzt von dem Gewicht losmachen, und danach lastete dann nichts mehr auf mir, nur noch das Gewicht des Kampfes. Also gut, ich atmete tief durch, sog mir die Lungen voll Luft, spürte im frisch gewaschenen Gesicht die Frische des Morgens, setze die Füße fest auf den Boden und fing an zu lachen beim Aufstehen, ich wußte, daß da unter dem Apfelsinenbaum für mich ein neuer Lebensabschnitt begonnen hatte. Plötzlich ahnte ich, daß da die Zukunft ein klein wenig sichtbar war, wie auf die Fingerspitzen geschmiert, und daß man die Faust nur schließen mußte, um sie zu erwischen, es war im Oktober 75. Und ich dachte mir: Hier geht alles voran, ich will mein Leben führen und will mein Leben auch gleichzeitig malen, will meine Lebensgeschichte in der Farbe malen, die mir am besten gefällt, jeder soll seine Lebensgeschichte in der Farbe malen, die ihm gefällt und ich, ich will meine malen, und ich will sie in den besten Farben malen. Ich sagte Andrés, er sollte Gilberto rufen, und Gilberto sollte nach Los Planes gehen, um Moisés Córdoba Bescheid zu sagen, daß wir noch am selben Abend in sein Haus kommen würden. Don Gilberto hatte Moisés erzählt, daß wir in seinem Haus und in Montañita gewesen waren. Alle hatten sich schon irgendwie an unsere Anwesenheit gewöhnt, als würden sie denken, es wäre schon nicht mehr so gefährlich oder es wäre zwar gefährlich, aber sie würden doch nicht gleich am selben Tag umgebracht, sondern vielleicht erst morgen oder vielleicht überhaupt nicht. Sie öffneten sich uns gegenüber schon etwas, und dann kam die Freundschaft mit uns; ich machte mit ihnen schon die ersten Witze, fing an, sie in mich aufzunehmen und ihre Freundschaft zu gewinnen. Wir kamen an diesem Abend zu einem Felsen, den sie für uns als Lager ausgewählt hatten. Am nächsten Tag standen sie da mit warmem Essen, Bohnen und *tortillas,* die sie im Ort besorgt hatten, später brachten sie uns ein Hühnchen, das sie noch hatten, und wir sprachen natürlich viel mit Moisés. Ich schlug Moisés da vor, mich zu seinem Vater zu bringen, dem alten Sandinisten, einem alten Herrn von 80 Jahren; er war krank. Während er seinen Vater holen ging, setzte ich mich noch mit anderen *compañeros* in Verbindung, die mir Moisés vorgestellt hatte. Moisés hatte wegen seines Vaters weniger Angst als die anderen, oder er wußte besser, was wir waren, war sich besser im Klaren darüber, worum es ging, denn schon bevor wir kamen, hatte sein Vater ihm von dem Kampf Sandinos erzählt. Jedenfalls besuchte ich etwa drei Hütten in diesem Tal, und je mehr Leute ich kennenlernte, desto mehr entwickelte sich meine politische Arbeit, und die Córdobas waren – sagen wir mal – die Leute mit dem höchsten Prestige im Tal, und die Tatsache, daß sie mich vorstellten, half, daß die anderen Leute weniger Angst hatten; denn wenn die Córdobas, die Söhne von Don Leandro »dabei« waren, dann konnten es sich auch andere leisten. Den Tag verbrachte ich auf dem Felsen am Ufer eines Flusses, und bei Einbruch der Dunkelheit kam ich zu ihrem Haus. In den Hütten besprachen wir abends zwischen einem Kaffee und dem nächsten, zwischen einem Gespräch und dem nächsten ihre wirtschaftliche Probleme, und mit den Gesprächen vertiefte sich unsere Freundschaft. Ich versuchte immer, wenn sich die persönliche Beziehung verstärkte, ihr auch einen politischen Charakter zu geben und umgekehrt, die politische Beziehung sollte dazu beitragen, die persönliche Beziehung zu festigen. Das erste, wonach wir sie fragten, war immer, ob das Land, auf dem sie lebten, ihnen gehörte, und die Antwort war jedesmal nein, es gehörte den »reichen Leuten«, oder sie fingen an zu lachen, als hätten wir einen Witz gemacht ... oder sie senk-

ten den Kopf, denn für die Bauern war das Land ein Traum. Ein Traum ihrer Väter, ein Traum der Großväter ihrer Eltern; wenn du dann ankamst und sie fragtest, ob das Land ihnen gehörte, mußten sie darüber lachen, weil das Land ihnen noch nie gehört hatte, auch ihren Eltern nicht, noch ihren Großeltern. Und wir richteten natürlich die politische Arbeit darauf aus, warum das Land nicht ihnen gehörte.
Die Großgrundbesitzer oder die Eltern oder die Großeltern der Großgrundbesitzer waren gekommen und hatten den Bauern das Land mit der Zeit weggenommen, so daß die Generation der Bauern, die wir kennenlernten, uns erzählten, daß ihre Urgroßeltern noch Land gehabt hätten und es ihren Großeltern erzählt hätten und die ihren Eltern. Das heißt, es war eine Generation von Leuten ohne Land.
Die Großgrundbesitzer hatte sich das Land entweder angeeignet, indem sie sie mit Gewalt vertrieben hatten oder ganz legal; in Planes de Condega, wo Moisés lebte, gab es etwa 75 Morgen Land und – sagen wir – 25 Häuser. Sie hatten dem Vorgang einen treffenden Namen gegeben: »Sie haben uns 'verwinzigt'«, sagten sie. Sie hatten sie winzig, ganz klein gemacht, hatten sie mit Zäunen umringt. Diese Bauern arbeiteten auf dem Land des Großgrundbesitzers und versorgten ihm sein Vieh. Die »Verwinzigten« mußten auf dem Land des nächsten Großgrundbesitzers säen. Einen Teil der Zeit, die ihnen übrig blieb, widmeten sie dann noch der Bestellung des Landes, das der Großgrundbesitzer ihnen verpachtet hatte. Dann, wenn die Ernte kam, mußten sie alles an denselben Großgrundbesitzer verkaufen. Und im Laden des Großgrundbesitzers mußten sie natürlich Salz und Zitronen, Macheten, Mejoral und Tabletten kaufen.
Wir nahmen die Hände der Bauern, ihre kräftigen und ziemlich ungehobelten Hände und fragten: »Und die Schwielen, wovon sind die?« Sie antworteten, daß die Schwielen von der Machete kämen, von der Landarbeit. Und wir fragten, warum das Land nicht ihnen gehörte, sondern dem Herrn, wenn ihre Schwielen hier doch von der Arbeit auf dem Land kämen. Wir wollten dem Bauern den Traum, den er hatte, wieder erwecken, wir wollten, daß er sah, daß es zwar ein gefährlicher Traum war, weil er Kampf bedeutete, daß sie aber ein Recht auf das Land hatten, und wir begannen, diesen Traum zu pflegen. Durch die politische Arbeit

machten sich mit der Zeit viele Bauern diesen Traum zu eigen, das heißt, sie begannen den Kampf um das Land.
Es gab andere Leute, die nicht dort wohnten, sie wurden *rancheros* genannt. Ihnen überließ der Großgrundbesitzer ein Stück Land von seinem Besitz. Dort baute der Bauer sich dann aus Stöcken und Palmenblättern in zwei Tagen eine Hütte. Er war dadurch doppelt ausgebeutet. Die »Verwinzigten« wurden zwar auch ausgebeutet, aber der *ranchero* hatte außerdem noch den Nachteil, daß er auf dem Gelände des Großgrundbesitzers wohnte. Deshalb war das Land immer ein großer Traum der Bauern gewesen. Und wir führten ihnen stets vor Augen, daß man für das Land kämpfen muß.
Das tut dir manchmal in der Seele weh: Du siehst, wie der Bauer sein Land liebt und einen eigenen Sinn hat für das Land, die Erde als Element. So wie ein Seemann nicht ohne das Meer leben kann oder wie ein Pilot vom Fliegen träumt, so wie der Seemann sich mit dem Meer identifiziert oder der Pilot mit der Luft, so entwikkelt der Bauer eine ganz bestimmte Identifikation mit dem Land, mit der Erde, das ist ganz kompliziert und bei jemandem, der aus der Stadt kommt, findest du das nicht. Der Bauer findet zu einer gewissen Übereinkunft mit der Erde, entwickelt eine Reihe von ganz eigenartigen Gefühlen und ganz typischen Empfindungen, was das Land und die Erde betrifft. Manchmal spricht der Bauer sogar von der Erde als etwas Geheiligtem, als würde er von einer Mutter sprechen. Aber manchmal spricht der Bauer auch von der Erde, als wäre sie eine Frau: »Ich lasse sie Früchte tragen, mache, daß sie etwas hervorbringt«, sagt er, »ich fasse sie an und mache sie sauber.« Er sagt: »Hier habe ich sie«, und liebt natürlich das Stückchen Erde, das ihm der Großgrundbesitzer zum Bestellen gegeben hat. Sie machten die Erde urbar, rodeten sie, besähten sie und ernteten sie. Der Bauer macht die Erde mit der Machete frei von Vegetation um zu säen, aber du spürst: Auch wenn da Gewalt gebraucht wird – letzten Endes ist das mit dem Roden eine sehr zärtliche Geschichte zwischen ihm und der Erde, eine Liebesbeziehung ganz besonderer Art. Außer daß der Bauer die Erde braucht, um sie zu bestellen und von ihr leben zu können, liebt er sie auch noch als materielles Element seiner Existenz.
Wir haben den Bauern nie eine Landreform versprochen. Niemals haben wir sie ihnen versprochen! Wir haben die Bauern aufgefor-

dert zu kämpfen, sich die Landreform zu erkämpfen. Wir haben sie natürlich aufgefordert, für das Land zu kämpfen. Für den Bauern war die Versuchung zu groß. Wie soll man es aushalten, nicht für das zu kämpfen, was für einen die Mutter, die Frau, das halbe Leben, Liebe, Gefühl und geheime Beziehung ist wie die Erde. Der Bauer ist kaum davon abzuhalten, dafür zu kämpfen, besonders, wenn man dies Gefühl und die Idee des Klassenkampfes in ihm weckt.

Der Bauer entwickelt nicht nur Gefühle der Zuneigung – wie wir gesagt haben –, sondern entwickelt auch seine Sinne, die Wahrnehmungsorgane – weißt du – stärker in Bezug auf die Erde. Er hat mehr Gefühl, sein Tastsinn ist feiner bei der Erde, die Nase, den Geruchssinn entwickelt er in Abhängigkeit von der Erde. Er sagt dir: »Verbrannte Erde, gesäte Erde, gerodete Erde, feuchte Erde« und so etwas ... Das größte Verbrechen der Diktatur war es, den Bauern das Land, die Erde nicht zu geben, weil ihnen das Land nicht zu geben dasselbe war, wie sie wie Tote zu behandeln, die hier wie umherirrende Seelen leben. Der Bauer ohne Land ist wie ein Zombi, er ist aus seinem Element gerissen, entwurzelt. Deshalb sind auf dem Land die Tiere, die Frau, die Kinder und die Erde alle nur ein Element, sind eine Einheit im Bauern, sein unsichtbares Universum. Deshalb sage ich ja, ein Bauer, der kein Land hat, ist nur ein halber Mensch, ist ein Mensch ohne Seele. Die Seele des Bauern ist das Land, ist die Erde, das ist sein Element, das ihm Leben gibt und ihn bewegt, denn er liebt es, nicht nur um zu ernten und von dem Land zu leben, wie alle Menschen vom Land leben müssen, sondern er verliebt sich außerdem noch in das Land, unterhält eine ganz vertraute Beziehung zu der Erde, und Frau und Kinder sind Teile derselben Beziehung.

Als wir genug geredet hatten, um neun Uhr abends ungefähr, ging ich schon wieder zurück zum Felsen, um mich schlafen zu legen; natürlich schläfst du nie gleich ein, denkst immer noch nach, lauschst den Geräuschen der Nacht, manchmal bellen die Hunde an der Hütte, du hörst noch ein bißchen Musik, stellst auf Radio Havanna mit dem kleinen Glöckchen als Anfangston von Radio Havanna, Kuba. Ich hörte um zehn Uhr abends »Momento« oder stellte auf »X«, um ein bißchen Musik zu hören und dachte an meine Familie in León. Ich weiß noch, daß ich in einer dieser Nächte auf dem Felsen daran dachte, wie ich – zu der Zeit schon im Untergrund - von den Bergen herunter nach León gefahren war. In einem der konspirativen Häuser bekam ich plötzlich eine Menge ganz eigenartiger Gefühle und das Gefühl, das ich da am stärksten empfand, war das Gefühl der Absurdität. In den Bergen bedeuten Entfernungen von ein paar Kilometern schon - sagen wir mal - acht oder sieben Tage oder einen Monat. Von einem Ort zum anderen waren es mindestens drei Stunden, oder Holz holen war eine Stunde oder eine halbe Stunde, das war schwierig! Es ging nicht nur nach der Entfernung sondern auch nach dem Gelände, weil Auf- und Abstiege dabei waren, Märsche von einem halben Tag oder zwei Stunden, es bedeutete Kälte, bedeutete was weiß ich wieviele Kratzer an den Händen, was weiß ich wie oft Hinfallen, was weiß ich wieviele physische Schmerzen, bedeutete diese verfluchte Müdigkeit in den Füßen, in der Brust, in den Lungen, das heißt, von einem Fleck zum anderen zu gehen, bedeutete immer Opfer, Zeit und bedeutete Schmerzen. Als ich dann in León war, wollte ich unbedingt etwas über meine Familie erfahren. Ich fragte die *compañeros,* die dort waren, nach meiner Mutter, ob sie etwas von ihr wußten. Sie sollten mir berichten, wie es meiner Mutter ging. Wie hatte sie darauf reagiert? Wovon bestritt sie jetzt ihren Lebensunterhalt. Denn wir Brüder hatten meiner Mutter zusammen den Lebensunterhalt bezahlt, besonders mein ältester Bruder. Von was lebte sie jetzt? Was machte sie, um etwas zu essen zu haben? Sie hatte keinen Beruf; früher hatte sie Studenten aus anderen Städten versorgt, die nach León studieren kamen; aber bei drei Söhnen in der Guerrilla wollte sich niemand bei ihr einmieten, niemand dort essen aus Furcht; sie hatten es auch immer wieder selbst erlebt, daß das Haus durchsucht wurde. Jeden Monat mußte die Miete bezahlt werden, und manchmal hatten wir kein Geld. Wie ging es meinen jüngeren Geschwistern? Und die *compañeros* erzählten es mir dann. Mir kam der Gedanke, sie zu besuchen, um sie zu sehen, denn der Unterschlupf war nur ungefähr fünfzehn Straßen weit von meinem Haus entfernt, fünfzehn Straßen, das sind im Auto fünfzehn Minuten - was weiß ich - drei Minuten, zehn Minuten ohne sich naß zu machen, ohne Mühe, ohne alles, im Sitzen, bequem, mit dem Radio an. Ich hatte Sehnsucht nach meinem Haus und ungeheuer Lust, meine Mutter zu sehen. Aber nicht nur meine Mutter, auch Sehnsucht nach den Nachbarn, Sehnsucht nach der Tochter von Doña Lilliam, in die ich verliebt gewesen war, und der ich nie etwas davon gesagt hatte, weil ich mich schämte; Sehnsucht nach meinem Zimmer, einem winzigkleinen Zimmerchen, nach meinem Bett; Sehnsucht nach der Küche, dem Eßzimmer, dem Wohnzimmer; Sehnsucht nach den Holzsesseln, dem Bad, dem Hof, dem Hund. Das gehörte alles so sehr zu mir, ich hatte es alles so gut aufbewahrt, so frisch, daß ich dachte, es könnte nicht wahr sein, hier in der Nähe von meinem Haus zu sein, so nah, daß ich zu Fuß hingehen konnte. Wenn ich darum bitte, würden sie es mir sicher nicht versagen, sie würden es irgendwie hinkriegen: mich nachts dorthin zu bringen oder meine Mutter herzuholen und sie zu mir zu bringen; aber ich wußte auch, daß ich nicht gehen durfte. Bevor ich wieder aufbrach, brachte ich mehrere Tage mit diesem Gedanken zu: Ich legte mich schlafen und ging plötzlich die Straßen in Gedanken durch: Wieviele Straßen waren es, wer wohnte dort in den Häusern, ich erinnerte mich ganz genau an die Straße, und es war so einfach, dort hinzugehen, daß es absurd war, nicht hingehen zu können! Du hast ein Haus, hast aber kein Haus, du hast eine Familie, hast ein Zuhause, hast aber kein Zuhause. Bis ich eines abends zu Iván Montenegro sagte, als ich mit ihm und Jorge Sinforoso Bravo draußen etwas zu erledigen hatte: »Mensch, komm wir fahren an meinem Haus vorbei.« »Na gut«, sagte er zu mir, »aber nur im Auto ... oder? ... ohne anzuhalten.« Ach Gott, ach Gott! Ich wurde völlig nervös, stell dir das vor, es war einfach überwältigend, denn ich hatte das Haus noch ganz frisch im Gedächtnis und hatte in den Bergen die Hoffnung schon verloren, es wiederzusehen, denn die Berge waren am Arsch der Welt – da waren wir irgendwo verschwunden –, und dann plötzlich stellt sich dir real und handgreiflich die Möglichkeit, daß du an deinem Haus vorbei kommst und daß vielleicht deine Mutter an der Tür ist oder im Wohnzimmer oder deine Geschwister auf der Straße mit dem Hund spielen, das machte mich irgendwie ängstlich, gespannt und nervös. Wir biegen in die Straße ein, und ich sehe das Haus mit denselben gelben abblätternden Wänden und seinen Türen, weißt du ... Mein Gott! dachte ich, hier ist die Dialektik ja stehengeblieben, einfach verschwunden. Als ob das ganze Jahr, das ich weg war, nur eine Sekunde gewesen wäre. Ich wußte nicht, ob ich das nun erlebt hatte und ob es eigentlich stimmte, daß ich in den Bergen gewesen war, ob wirlich eine Menge Zeit vergangen war, ein Tag auf den anderen gefolgt war, bis ich hier ankam, oder ob ich in Wirklichkeit nie weggegangen war. Ich saß doch in einem Auto mit Illegalen, die beiden *compañeros* und ich waren bewaffnet, als wir an dem Haus vorbeifuhren, ich sah die Möbel im Haus, einfach Wahnsinn! Das ist ein Gefühl, als wenn das alles unwirklich wäre. Manchmal glaubst du, daß die Welt mit dir voranschreitet oder du glaubst, daß du selbst die Welt voranschreiten läßt, du hast das Gefühl, wenn du nicht da bist, bleibt alles stehen: In Wirklichkeit waren León und mein Haus dort geblieben, unabhängig davon, ob ich nun da war oder nicht; meine Mutter und meine Geschwister hatten ohne mich weitergelebt, hatten gegessen, geschlafen und gearbeitet ... Sieh mal, wie schön! Wie lebendig sind sie, nicht wahr? Nicht daß man sich als Nabel der Welt fühlte – vielmehr – die Sache spielt sich im Kopf ab. Aber die Zeit war weitergegangen, ein Jahr war vergangen, und es war viel passiert. Trotzdem war es dasselbe Haus, und das verwirrte mich, brachte meine Orientierung im Raum und in der Zeit durcheinander, ich sah und fühlte es: Ich selbst war im engen und ganz begrenzten Raum meines Körpers; materiell war ich da, materiell in meiner ganz begrenzten körperlichen Dimension, aber diese begrenzte Dimension, diese physische Anwesenheit, als ich dort an dem Haus vorbeikam ..., als könnte ich sie nicht mit meiner eigenen Zeit in Verbindung bringen. Als könnte ich sie nicht aneinanderkoppeln, meine eigene Zeit nicht mehr mit meinem eigenen Raum verknüpfen. Ich wußte nicht, ob die Zeit vergangen war oder ob sie nicht vergangen war: Da stand das Haus mit denselben Möbeln, denselben Leuten im Stadtteil. Ich brachte es damals nicht fertig, die gewaltige Menge von Zeit sauber hintereinanderzuordnen, den Prozeß des Lebens und das Jahr in den Bergen mit der engen Begrenztheit meines Körpers. Und ich weiß nicht, warum, plötzlich kamen mir die Bewohner meines Hauses oder mein eigenes Haus wie die Engel im Himmel vor, wie unschuldig ... Wie in einer anderen Dimension. Was wußten sie schon von all dem, was passiert war, von all dem, was unsereins durchmachte, von all dem, was unsereins erlebt hatte. Du denkst, was wissen sie schon. Da war die Naivität der gelben Wände, die Sprachlosigkeit der Möbel. Als wäre mein Haus ein Kind ohne Zeit, als wäre mein Haus ein Verrückter oder ein kleiner Vogel, als wäre mein Haus etwas, bei dem die Zeit keine Rolle spielte. Mein Haus hatte keine

Ahnung davon, was der Krieg war oder davon, was in Nicaragua gerade passierte ... Kann man verstehen, was ich da meine? Bei mir prallten Gegenwart und Vergangenheit zusammen. Ich wußte nicht mehr genau, in welcher von beiden ich war: Das heißt, ob in meinem engen begrenzten Raum, meinem Körper meine vergangene Zeit oder meine gegenwärtig Zeit war, oder ob beide in mir steckten oder ich zu einer von ihnen gehörte, denn ich konnte nicht gleichzeitig der Gegenwart und der Vergangenheit angehören. Wenn es Vergangenheit war, stand ich vor dem Haus, und wenn es Gegenwart war und ich vor dem Haus stand, dann konnte das nicht sein, denn ich lebte nicht dort, ich kam von der anderen Seite, kam von einem anderen Leben. Da verwickelte sich der Raum und die Zeit in meinem Kopf, sie wurden zu einem Wirbelsturm, den ich nicht entwirren konnte, und ich spürte meine Absurdität, denn die beiden Zeiten ließen sich so nicht zusammenfügen.

Das Auto fuhr weiter, fuhr immer weiter, und diese Gegenwart blieb hinter meinem Rücken zurück, ich spürte, wie sie hinter meinem Rücken verschwand, sich von meinem Rücken losmachte, mir an den Haaren am Hinterkopf zog, und ich verstand es – nein: auch wenn sie dort war, war sie nicht meine Gegenwart, sie war schon vergangen. Ich würde lange nicht mehr dorthin zurückkommen, das war schon nicht mehr meine Welt, war nicht mehr mein Leben. Das tut weh, tut wirklich weh! Es ist grob, bestialisch, ein schmutziger Schlag ins Gesicht: Die Wirklichkeit dort zerbrach die organische Einheit von Vergangenheit und Gegenwart bei mir, dort zerbrach die Brücke zwischen meinen eigenen Widersprüchen, und ich konnte sie auch nicht mehr flicken, weil ich dorthin nicht zurückkommen konnte, weil ich meine Mutter und meine Geschwister nicht wiedersehen konnte, weil man nur nach vorn, in die Zukunft schauen muß. Das akzeptiert man emotional nicht, akzeptiert es nur rational. Es ist so, als hätten sie bei dir ganz kurz auf den Knopf »Geschichte« gedrückt, den Knopf, der den Film des Lebens anstellt. Ich hätte nie gedacht, daß mir dies gewaltsame Zusammenprallen von Gegenwart und Vergangenheit so weh tun würde, dieser Bruch, mit dem mir meine neue Qualität bewußt wurde. Ich weiß noch, daß ich ziemlich schweigsam war, als wir zurückkamen. Ich sagte nichts und war wie betäubt, wie wenn man Fieber hat, das einen schüttelt. Dann bist du benommen und meditierst, nicht traurig sondern ärgerlich, verbissen, als wolltest du den Widerspruch oder die Lächerlichkeit so einer Situation herauskriegen, ich sage es nochmal – die Absurdität, wegen der du nicht zurückkommen, wegen der du nicht dort sein kannst. Da bekam ich einen Haß auf die Bourgeoisie, auf den nordamerikanischen Imperialismus, auf die *Guardia* von Somoza, das waren nämlich die Urheber der Absurdität. Eine Gesellschaft der Absurdität war das, in der wir lebten, und unser Leben war ein Leben der Absurdität, wo wir Dinge machen mußten, zu denen es in einer normalen Gesellschaft keinen Grund gab oder Dinge nicht machten, die man in einer normalen Gesellschaft machen könnte. Das meine ich, wenn ich sage, daß es eine Gesellschaft der Absurdität war, die uns absurde Dinge machen oder nicht machen ließ.

Und vom vielen Denken bin ich an dem Abend in dem Schuppen eingeschlafen, ohne das Radio auszumachen. Am Morgen erschien Moisés mit dem Frühstück, sonst kam er immer allein, aber diesmal hörte ich, daß Moisés mit irgendjemandem zusammen kam, ich kannte seinen Schritt. Man erkennt die Leute so ungefähr, wenn man ihren Schritt oft gehört hat, die Schwere des Tritts, der Rhythmus der Schritte; ich erkannte die Schritte von Moisés, sie waren nur langsamer und ich sah, daß jemand hinter ihm herkam. Andrés und ich waren beunruhigt, wir knieten uns mit den Pistolen und der Granate auf die Erde in Deckung, aber als ich schließlich richtig durch die kleine Schneise, die zu dem Felsen führte, sehen konnte, erkannte ich, daß hinter Moisés ein alter Mann herging und sagte zu Andrés: »Das ist vielleicht der Vater von Moisés.« Tatsächlich! Moisés sagt zu mir: »Juan José … das ist mein Papito«, (das ist ein anderes Wort für Papacito, Väterchen, mein Papito). Der alte Mann lacht und gibt mir ganz sanft die Hand, wie sie die Bauern einem geben. Vor mir steht ein schlanker, nicht sehr großer alter Herr mit gelocktem Haar, ziemlich braun, braungebrannt und runzelig, er war wie ein altes Stück, etwas Altes, das viele Jahre lang aufgehoben worden ist und plötzlich herausgeholt wird, damit man sieht, daß es etwas ist, das einmal neu war, das jung war und das solange aufgehoben worden ist, daß es schließlich unbrauchbar geworden ist. Don Leandro war jung gewesen, hatte aber viele Jahre – wer weiß wo – aufbewahrt zugebracht, und plötzlich – bums – traf ich auf ihn, aber ich traf ihn, als dieses Stück schon alt war, ohne Zähne, in einem seiner besten Anzüge, sie waren ganz arm, aber an dem Tag kam er in der besten Kleidung, die er hatte. Ich sage zu ihm: »Ach, da bist du ja, *compañero,* wie geht es?« »Hier bin ich, ziemlich krank, ich bin nämlich schon alt«, sagt er, »und wißt ihr, die Schmerzen, die mich am Magen gepackt haben, ich kann auch nicht gut sehen, denn ich bin schon alt und sehe fast nichts mehr, ich bin elend und gehe immer mit diesem Stock; wenn ich aufs Maisfeld gehe, werde ich nach einer Weile müde und muß nach Hause gehen, ich bin schon verbraucht.« Und dann fragt er mich: »Was ist denn das für eine Waffe?« »Ach, das ist eine 45er«, sage ich. »Und die anderen Waffen, was habt ihr mit denen gemacht?« sagte er zu mir. Als er mich nach den anderen Waffen fragte, dachte ich, er meinte, wir würden als Guerrilleros der FSLN in Kolonnen marschieren, und daß er vermutete, wir wären dieselben von Macuelizo. Ich antwortete, ich hätte aus Vorsicht keine Langlaufwaffen dabei, damit uns die Leute nicht sehen und merken, daß wir in dieser Gegend sind, deshalb müßten wir manchmal nur mit Pistole gehen. »Aber diese Pistolen sind gut«, sagte ich zu ihm und verstand nicht, daß er mich mit seinen alten Sandinisten zusammenbrachte, denen von General Sandino, und mich deshalb nach den anderen Waffen fragte, wie wenn einer sagt: »Die Waffen, die wir gestern dabei hatten, was habt ihr denn mit denen gemacht?« Für ihn war das ein Augenblick, ein Moment lang, den er aufbewahrt und in dem er alt geworden war, ein Augenblick von 40 Jahren. Vierzig Jahre, aber nur ein Augenblick, so wie wenn er sagen würde, wo habt ihr das Enfields-Gewehr oder die Mauser-Karabiner oder die 30er von uns gelassen? Dann sagte er mit Kennermine und voller Überzeugung: »Diese Viecher sind gut, die schrappen gut ..., die schrappen gut ... einmal schickt mich der General Sandino nach Yalí um *tortillas* zu holen ... »Also gut, er fängt allmählich an zu sprechen, und ich sage innerlich zu mir selbst: Das ist ja so schön, da siehst du, daß du an Sandino anknüpfst, daß du an die Geschichte anknüpfst. Und genau da wurde mir klar, was die sandinistische Tradition bedeutet, sie wurde in mir bestärkt und trat mir in Fleisch und Blut gegenüber, in der Praxis, in der Realität. Und er erzählte weiter Anekdoten, er war Bote von Sandino gewesen, und sprach von Pablo Umanzor, der mit ihm gegangen war, sprach von dem General Estrada, von Pedro Altamirano, von José León Díaz, von Juan

Gregorio Colindres, er war mit ihnen allen zusammengewesen und erzählte es mir, als würde er es vor sich sehen. Er war wie im Rausch und erinnerte sich an jede Einzelheit, ich hätte da gern ein Tonband gehabt, denn es war so schön, was er erzählte. Schließlich sagt er zu mir: »Sieh mal, Juan José, ich will dir etwas sagen, ich kann dich nicht mehr auf diesem Feldzug begleiten, sieh mich doch an, ich bin schon ein alter Mann, wozu bin ich noch gut, gerne würde ich es machen, aber ich kann nicht mehr, ich halte keinen Tag marschieren mehr aus, diesen Feldzug stehe ich nicht mehr durch, aber ich habe eine Menge Kinder und all meine Enkel, hier sind sie, die Jungens«, – und er zeigte auf seinen Sohn –, »ich will sie euch geben, damit sie mit euch gehen, denn hier müssen wir alle kräftig anpacken, und man darf nicht zulassen, daß sie damit Schluß machen.« Und er sagt, daß man nicht zulassen darf, daß sie damit Schluß machen, als wäre das nie unterbrochen gewesen, wie eine Fortsetzung dessen, was er mit Sandino erlebt hat. Da fühlte ich mich gut und fühlte mich schlecht, fühlte mich glücklich aber fühlte mich auch ein wenig bekümmert, denn ich sah, daß uns manchmal die Dinge nicht gelangen, daß die *Guardia* die Leute unterdrückte und ermordete, es waren harte Zeiten damals, nicht wahr? Verdammt nochmal, dachte ich bei mir, die Leute sind mutig oder ignorant oder wissen nicht worauf sie sich einlassen oder sind unverantwortlich, so einen Eindruck bekommst du, denn ich dachte mir: Wie ist das möglich, daß sie eine Menge Leute bei Ocotal umbringen, und es durch alle Radios kommt, daß sie die Genossen umgebracht haben, daß die *Guardia* Hubschrauber, Flugzeuge und Tausende von Soldaten eingesetzt hat, wie ist es möglich, daß sie die ganzen Leute umgebracht haben und daß dieser alte Herr sich hier, wo wir nur zu zwei Mann sind, an eine Idee verschreibt, die in diesem Augenblick über ein zwar gerechtfertigtes, aber doch gefährliches, gewagtes Abenteuer offensichtlich nicht hinausgeht? Wie ist das möglich nach all der Repression, nach all den Toten, all den Rückschlägen, nicht nur Rückschlägen jetzt, sondern auch den Rückschlägen, die sie als Sandinisten mit dem General Sandino schon erlitten haben, wie ist es möglich, daß dieser Mann nach dem Tod von Don Bacho zu mir sagt, er würde mitgehen, wenn er nicht alt wäre und daß er jetzt, wo er alt ist und keinen Feldzug mehr durchhält, mir alle seine Kinder mitgeben will?

Don Bacho Montoya war nämlich ermordet worden, wie mir Augusto Salinas Pinell erzählt hatte: Das war die Schuld eines Typen, der von uns desertiert war und den die *Guardia* gefangen nahm. Er gab Don Bacho preis. Die *Guardia* kam morgens früh zu ihm: Sie wurden grob und beschimpften ihn, die Frau von Don Bacho machte gerade den Kaffee, sie kochte das Wasser für den Kaffee, und als ein Leutnant zu ihr sagte: »Alte Scheißnutte, mach, daß du rauskommst«, da antwortete die alte Frau: »Sie mieser Kerl, machen Sie, daß Sie rauskommen«, und nahm den Topf mit dem heißen Wasser, schüttete ihn dem Leutnant über und verbrühte ihn an der Brust und am ganzen Körper; sie fingen sofort an, die beiden alten Leute zu schlagen und zu foltern, sie verwüsteten ihre Hütte, warfen sie selbst hinaus, zertrümmerten den Herd mit Fußtritten, rissen die Dinger von der Decke, an denen sie ihre Täßchen, den Käse und den Quark aufgehängt hatten, zerrissen sämtliche Bettbezüge und Stoffe und zerbrachen die Bettstatt aus Holz, sie zerstörten den Tisch, die Körbe, die Lehmtöpfe, sie holten die beiden alten Leute mit Schlägen und Stößen heraus und fesselten sie an einen Baum, und als sie gefesselt waren, schlugen sie sie tot, dann holten sie das drei Monate alte Kind aus den Trümmern des Hauses und fingen an, es hochzuwerfen, und als das Kind zu Boden fiel, setzten sie die Bajonette auf die Gewehre, um das Kind damit aufzuspießen, und dann holten sie es vom Bajonett und warfen es wieder hoch, und manche *Guardias* machten sich darüber lustig, wenn andere das Kind hochwarfen und es dann nicht richtig aufspießen konnten, sondern es nur am Ärmchen erwischten, machten Witze, weil sie das Kind, das sie hochgeworfen hatten, mit dem Bajonett nicht aufspießen konnten. Es war ein Fest der Geier. Und Don Bacho totgeschlagen: Ich weiß noch, wie er sich gefreut hatte, als wir mit ihm in Verbindung traten! Und das Leben, das er ausstrahlte, als er mit uns ging, um aus der Umkreisung auszubrechen, es war, als lebte er noch einmal wieder auf mit seiner angestauten Wut aus der Zeit von General Sandino.

Deshalb denke ich an Don Bacho, wenn Don Leandro zu mir spricht und spüre, daß Don Leandro nicht unverantwortlich und nicht ignorant ist, sondern daß das einfach die Geschichte des Volkes von Nicaragua ist; es hat eine sandinistische Geschichte, eine Geschichte der Rebellion gegen die Ausbeutung, gegen die nord-

amerikanische Herrschaft, die gefühlsmäßig interpretiert wird, es hat einen historischen Sinn für die Rebellion, den es in seinem Kampf gegen die nordamerikanische Besatzung erworben hat. Es war nicht Unverantwortlichkeit sondern Geschichte, die Ehre des Volkes, die historische Aufsässigkeit des Volkes. Die Sandinisten waren nach dem Tod von Sandino isoliert und begannen, ihre Kinder in dieser Tradition zu erziehen, diese Gefühle zu fördern gegen die Yankees, die uns besetzt hatten, die bei uns einmarschiert waren und die uns erniedrigten. Die Leute waren barfuß und elend, hatten aber einen ganz starken Sinn für die nationale Würde, ein Bewußtsein der Souveränität: Das war die Wirklichkeit. Dort merkte ich, daß die *Frente Sandinista* ihre Kämpfer in einer großen revolutionären Festigkeit ausbildeten, einer großen revolutionären Beharrlichkeit, einem großen Sinn für die Würde und für den Kampf, aber daß diese Prinzipien nicht neu waren, daß die FSLN sie nicht erfunden hatte, sondern daß das historische Überlieferungen waren, ein Schatz, den wir dabei waren auszugraben. Und es war das größte Verdienst von Carlos Fonseca, diese Geschichte wieder aufzunehmen, sich diese Festigkeit zu eigen zu machen, diese Unnachgiebigkeit in der Würde und der Souveränität. Was Carlos machte, war, das aufzugreifen und es an die neuen Sandinisten weiterzugeben. Was die FSLN dann mit uns machte und wir mit den neuen, war nicht mehr, als dieser historischen Tradition einen wissenschaftlichen Inhalt zu geben, dieser Festigkeit, dieser Beharrlichkeit und diesem Sinn für die Würde.
Ich weiß nicht wieso, aber als dort Don Leandro anfing, mit mir so zu sprechen, als er mir seine Kinder gab und von Sandino redete und von dem sandinistischen Kampf, da empfand ich plötzlich Don Leandro als Vater und merkte, daß er wirklich der Vater war, daß Don Bacho und Don Leandro die Väter des Vaterlandes waren, und nie habe ich mich mehr als Sohn des Sandinismus gefühlt, mehr Sohn von Nicaragua als in diesem Moment. Ich war ein junger Student, der Sandino durch die Bücher kennengelernt hatte, war zu Sandino durch das Studium des Sandinismus gekommen, war aber noch nicht zu der Wurzel gelangt, zur wirklichen Vaterschaft unserer ganzen Geschichte. Wie ich nun diesen Mann treffe und er mir das alles sagt und ich mich als sein Sohn fühle, fühle ich mich auch als Sohn des Sandinismus, merke, daß

ich Sohn der Geschichte bin, verstehe meine eigene Vergangenheit, meinen Ort, habe ein Vaterland, erkenne meine historische Identität in dem, was Don Leandro mir sagt. Ich hatte Lust, ihn zu umarmen, zu küssen; aber nicht nur, weil sie kamen und mir Essen brachten, und weil sie mir schon nicht mehr weglaufen würden, mir Schutz geben würden; der Umfang, die Dimension war größer, denn ich hatte durch ihn die Geschichte gefunden, war mit meiner eigenen Geschichte wieder zusammengetroffen mit der Tradition, mit dem Wesen von Nicaragua, ich traf meine eigene Schöpfungsgeschichte, meine Vorfahren, ich empfand mich als ganz konkrete, ununterbrochene Fortsetzung, fand die Quelle der Nahrung, die ich vorher nicht kannte, ich war von Sandino ernährt worden, hatte meine Nabelschnur aber noch nie konkret gesehen, und das geschah nun, das wurde lebendig, das entdeckte ich in diesem Moment. Ich umarmte Don Leandro mit einem Schauer von Freude und Bewegung, ich spürte, ich stand mit beiden Beinen auf der Erde, ich hing nicht in der Luft, und ich war nicht nur das Kind einer gut ausgedachten Theorie, sondern ich stand auf festem, konkretem Boden, das waren meine Wurzeln in der Erde, das hielt mich am Boden fest, an der Geschichte. Ich fühlte mich unschlagbar. Als wir uns verabschiedeten, gab ich ihm die Hand, und er gab mir die Hand, ich weiß noch, ich drückte seine Hand fest mit beiden Händen und sagte: »Ach, wir sehen uns sicher wieder.« Da antwortete er mir: »Ja, ich bin schon alt, aber denkt daran, hier sind meine Jungens ...«

Worterklärungen

Alma Mater (lat.)	Hochschule, Universität
AMNLAE (Asociación de Mujeres Nicaragüenses Luisa Amanda Espinoza)	Frauenorganisation Nicaraguas
compañera, compañero	Gefährtin, Gefährte
counterinsurgency	Anti-Guerrilla-Strategie
CST (Central Sandinista de Trabajadores)	sandinistischer Gewerkschaftsverband
CUUN (Centro Universitario Unido Nicaragüense)	nicaraguanische Studentenorganisation
FSLN (Frente Sandinista de Liberación Nacional	Sandinistische Front der Nationalen Befreiung
Guardia, Guardia National (GN)	Nationalgarde Somozas
macho	männlich
Patria libre o morir!	Freies Vaterland oder Tod! – Parole der Freiheitskämpfer
pinól	Getränk aus geröstetem Mais
PLI (Partido Liberal Independiente)	Unabhängige Liberale Partei Nicaraguas
posól	Getränk aus gekochtem Mais
tacho	Spitzname für den Diktator Somoza
tortilla	gebackener Maisfladen
vaho	Fleischeintopf
yuca	kartoffelähnliche Pflanze
zancudo	Moskito, Mücke

Chronologie

1967

Der Diktator Anastasio Somoza bietet den USA an, Truppen der Guardia Nacional nach Vietnam zu schicken.
Die *compañeros* Humberto Ortega, Carlos Guadamúz und Jacinto Baca werden gefangengenommen.
Die FSLN schickt ihre wichtigsten Kader in die Berge: unter anderem gehen: Carlos Fonseca, Oscar Turcios, Silvio Mayorga und Tomás Borge.
Es werden Präsidentschaftswahlen abgehalten.
Luciano Vilchez wird von der Guardia Nacional gefangengenommen.
1. Mai: Nach der Wahlfarce vom Februar erklärt sich Anastasio Somoza zum Präsidenten der Republik.
Es kommt zu mehreren studentischen Demonstrationen gegen Somoza.
III. Studentenkongreß »Für die Märtyrer der Befreiung« in der Universidad Nacional Autónoma de Nicaragua (Juli).
August: Guerrilla-Aktionen von Pancasán und Fila Grande. Im Kampf sterben unter anderem Silvio Mayorga und Rigoberto Cruz von der Nationalen Leitung, außerdem Pablo Ubeda, Francisco Moreno, Otto Casco, Fausto García, Oscar Danilo Rosales, Nicolás Sánchez, Carlos Reyna, Ernesto Fernández und Carlos Tinoco.
Die FSLN richten den Folterer Gonzalo Lacayo hin; beteiligt sind die *compañeros* Daniel Ortega, Edmundo Perez, Oscar Turcios, Hugo Medina und Gustavo Adolfo Vargas.
Studentenführer und Mitglied der Nationalen Leitung der FSLN Casimiro Sotelo und die *compañeros* Hugo Medina, Edmundo Pérez und Roberto Amaya werden im Stadtteil Monseñor Lezcano in Managua von der Guardia Nacional gefangengenommen, gefoltert und ermordet.

1968

Hungerstreik der politischen Gefangenen der FSLN.
Der *compañero* David Tejada wird gefangengenommen, gefoltert und von dem Henker Oscar Morales totgeschlagen. Dieses Verbrechen hat starke Protestbewegungen im ganzen Lande zur Folge.
Es finden Demonstrationen gegen den Besuch des US-Präsidenten Lyndon B. Johnson in Nicaragua statt.

1969

Die FSLN arbeitet an ihrem Grundsatzprogramm und den Statuten.
Die Nationale Leitung wird neu organisiert: Carlos Fonseca wird zum Generalsekretär ernannt.
Die politische Arbeit in den Bergen um Matagalpa und in den Städten Managua, León und Estelí wird verstärkt.
Februar - März: Es finden Guerrilla-Aktionen in Yaosca statt.
Der Sandinist Julio Buitrago, Mitglied der Nationalen Leitung, stirbt im Kampf gegen 400 Nationalgardisten, die von Artillerie und Luftwaffe unterstützt werden. Am Ort des Geschehens wird die Sandinistin Doris Tijerino gefangengenommen.
Juli: Es finden Demonstrationen statt, um die gefallenen *compañeros* zu ehren und das Leben der *compañera* Doris Tijerino zu retten.
In León werden neun Studenten beschuldigt, in die Häuser von Somozisten Molotow-Cocktails geworfen zu haben, unter ihnen die *compañeros* Edgard Munguía und Omar Cabezas.
Es finden Guerrilla-Aktionen im Angedenken des Todes von Casimiro Sotelo und anderer *compañeros* statt.
Entführung eines Flugzeugs der Fluggesellschaft LANICA. Es nehmen die *compañeros* Juan José Quezada und Pedro Arauz Palacios teil.
6. November: Mit offen sandinistischen Parolen wird die FER Sieger der Universitätswahlen, der Sandinist Edgard Munguía wird Präsident der CUUN.
Guerrilla-Aktionen in Alajuela/Costa Rica mit dem Ziel, den Kommandanten Carlos Fonseca aus dem Gefängnis zu befreien.
Die Aktion, an der die *compañeros* Humberto Ortega, Rufo Marín,

Germán Pomares, Julián Roque und andere teilnehmen, ist erfolglos. Humberto Ortega und Rufo Marín werden schwer verletzt gefangengenommen.
Guerrilla-Aktionen in Zinica, unter Führung der *compañeros* José Benito Escobar, Enrique Lorente und Victor Tirado.

1970

Nach mehrstündigem Kampf fallen in der Nähe des Ostmarktes in Managua die Sandinisten Leonel Rugama, Róger Núñez und Mauricio Hernández.
Die Nationalgarde besetzt die Universidad Centroamericana in Managua.
In den Bergen um Zinica, Cuá, Bocaycito, Cusuli, Cuslala und Yaosca beginnen Guerrilla-Aktionen.
Die Nationalgarde bringt in Wamblán/Jinotega 19 Mitglieder der Familie Moncada um. Diese Repression wird sich in anderen Orten der Departements Jinotega und Nueva Segovia wiederholen.
Eine Patrouille von 40 Nationalgardisten gerät in einen Hinterhalt der Sandinisten in Zinica/Zelaya. Die Aktion wird von Oscar Turcios geleitet.
Jean Paul Sartre und andere französische Persönlichkeiten fordern die Freilassung von Carlos Fonseca, der immer noch in Costa Rica gefangengehalten wird.
Im Kampf gegen die Diktatur sterben die Sandinisten Luísa Amanda Espinoza und Enrique Lorente.
Die Mütter politischer Gefangener, die sich im Hungerstreik befinden, beginnen ebenfalls einen Hungerstreik, gemeinsam mit Studenten.
Die FSLN organisiert Demonstrationen, um das Leben gefangener Sandinisten zu retten. Es finden die ersten Kirchenbesetzungen statt.
Generalstreik der Lehrer.
Ein Kommando der FSLN unter Leitung von Carlos Agüero, befreit die *compañeros* Carlos Fonseca, Humberto Ortega und Rufo Marín, die in Costa Rica in Haft sitzen.
Von 1970 bis in die ersten Monate des Jahres 1974 ist die Guerrilla ununterbrochen in den Bergen. Die *Frente* leistet Widerstand,

ohne einen einzigen Verlust in ihren Reihen und das trotz einer brutalen Einkreisungs- und Vernichtungsstrategie. Degegen sterben Dutzende von Helfern, ganze Landstriche werden entvölkert. In den Bergen sind als Führer unter anderem Victor Tirado, Henry Ruíz, Jacinto Hernández, René Tejada, José Valdivia, Francisco Rivera, Juan de Dios Muñoz und Carlos Agüero.

1971

Studentendemonstrationen gegen die Ausweisung verschiedener *compañeros* aus der UNAN, organisiert von der FER.
Demonstrationen und Protestaktionen der Studenten der Katholischen Universität UCA.
Die Nationalgarde stürmt die Kathedrale von Managua, die von Studenten besetzt ist.
Die politischen Gefangenen werden freigelassen.
Die Studenten verlassen die besetzten Kirchen.
Kirchenbesetzungen und Demonstrationen des gesamten Volkes, um dreizehn politische Gefangene aus dem Gefängnis zu befreien, unter ihnen die Sandinisten Doris Tijerino, Germán Pomares, Filemón Rivera und Catalina Flores.

1972

Hungerstreik der politischen Gefangenen;
Streik des Krankenhilfspersonals;
Militärmanöver unter Beteiligung nordamerikanischer Streitkräfte in Puerto Cabezas;
Große Bewegung zur Unterstützung der politischen Gefangenen;
23. Dezember: Ein schweres Erdbeben zerstört die Stadt Managua.

1973

Die *compañeros* Francisco Rivera, Juan de Dios Muñoz und René Vivas gehen in die Berge. In den Bergen sind schon die *compañeros* Victor Tirado, Henry Ruíz, José Valdivia und René Tejada.
Die Regierung erklärt den Notstand, setzt die Wochenarbeitszeit

von 48 auf 60 Stunden herauf, Somoza wählt sich zum Präsidenten des nationalen Notstandskomittees.
Streik von 5 000 Bauarbeitern, Landnahme von mehr als 1 000 Bauern in Chinandega.
In Nandaime werden Ricardo Morales Avilés und Oscar Turcios, Juan José Quezada und Jonathán González ermordet. Die *»Frente Interno«* (innere Front) wird der Führung der *compañeros* Pedro Araúz P., Tomás Borge, Bayardo Arce und Eduardo Contreras unterstellt.
Große Unterstützungsbewegung für die politischen Gefangenen der FSLN. Die Kathedrale von León und andere Kirchen werden besetzt.

1974

Eine bewaffnete Gruppe von Bauern entführt Grundbesitzer;
Landesweiter Streik des medizinischen Hilfspersonals;
In Mexico wird das erste Solidaritätskomittee gebildet;
27. Dezember: Aktion des Kommandos »Juan José Quezada« (Geiselnahme im Haus von Chema Castillo);
Somoza erklärt für Nicaragua das Kriegsrecht.

1975

Die FSLN intensiviert die Guerrilla in den Bergen unter der Führung von Henry Ruíz, Carlos Agüero, Jacinto Hernández, Víctor Tirado López, Edgard Munguía und Filemón Rivera. In Managua beginnt das Militärtribunal gegen Hunderte von Sandinisten.
In den Bergen ermordet die Nationalgarde *compañeros* unter der Anschuldigungn, mit der FSLN zusammenzuarbeiten. Unter anderen Ernesto Amador, Luis García, María Felicia de García und ihren sieben Monate alten Sohn; Lucío Martínez, Abelina Muñóz de Martínez, Andrés López, Miguel Angel Pozo, José Montenegro, Alfonso Florián, Teresa Zeledón und Domingo Dávila, Luciano und Mateo Paiz.
Solidaritätskampagne mit dem sandinistischen Kampf in Mexico, den Vereinigten Staaten, Costa Rica und Peru.

Guerrillakräfte der FSLN treffen auf immer größere Präsenz von US-Interventionstruppen in Form von Militärberatern, sowie auf kolumbianische, brasilianische und vietnamesische Offiziere.
6. Januar: Die FSLN stürmt unter Führung von Carlos Agüero das Antiguerrilla-Camp in Waslala.
9. Januar: In der Nähe von Waslala fällt René Tejada.
Kämpfe mit der Nationalgarde, die von verschiedenen Hubschraubern unterstützt wird, in Cubalí.
10. Januar: In Jinotepe fällt Mauricio Duarte.
12. Januar: Die Sandinistische Einheit »Víctor Flores« erobert im Kampf mit der Nationalgarde in Caño Negro einen Revolver 38 und ein 22er Gewehr.
19. Februar: Die Guerrilla-Einheit »Augustín Mendoza« kämpft mit der Nationalgarde in Cano Negro und richten einen bekannten Spitzel hin.
21. Februar: Politiker aus 15 Ländern gedenken des Jahrestages der Ermordung Sandinos im Teatro Nacional de Bellas Artes in Mexico.
25. Februar: Zeugen behaupten, Víctor Tirado López in Camoapa beim Auskundschaften von Gelände für Guerrilla-Aktionen erkannt zu haben.
30. April: Sieg des heldenhaften Volkes von Viet-Nam.
Mai: Bauern besetzen das Landgut »Los Arcos« (León) und fordern Land, das ihnen von der Bourgeoisie abgenommen worden ist.
Einheiten der FSLN erobern das Dorf Río Blanco, zwischen den Provinzen Matagalpa und Zelaya gelegen.
Der Norden des Landes wird von einer Dürre bedroht.
August: Die Nationalgarde durchsucht die Universität von León.
Kampf am Cerro de Copetudo. Das ist der erste Kampf der vierten Guerrilla-Front in den Bergen von Jalapa. Die Repression ist brutal: Hunderte von Soldaten, Hubschrauber, Flugzeuge und Panzer.
In Santa Rosa del Peñón versammelt die Nationalgarde die Bevölkerung auf dem Marktplatz und erschießt die Bauern, die der Kollaboration mit den Kämpfern der FSLN beschuldigt werden.
Eine Einheit der FSLN stürmt Radio Corporación und gibt eine Meldung durch, um die Vorfälle zu denunzieren.
2. August: Arlen Sitú Bermúdez, Mario Estrada, Gilberto Rostrán, Julia Herrera de Pomares, Mercedes Reyes, Juan und Leónidas

Espinoza und Hugo Arévalo fallen in einem Gefecht in Sauce, in der Provinz León.
9. September: Man spricht von Kämpfen in Kuskawás in der Provinz Matagalpa, wo vier Nationalgardisten fallen. Der *compañero* Jacinto Hernández fällt in Kuskawás.
13. Oktober: Im Cerro Grande in der Provinz Matagalpa fällt der *compañero* Filemón Rivera.

Dialog Dritte Welt

Im deutschsprachigen Raum ist in den vergangenen Jahren das Interesse an den Kulturen der Völker der Dritten Welt erheblich gewachsen. Auch das Bedürfnis nach Information und die Einsicht, daß wir die Menschen aus Asien, Afrika und Lateinamerika selbst zu Wort kommen lassen müssen, hat zugenommen. Dabei wird der Tatsache, daß in diesen Ländern eine Literatur geschrieben wird, die literarisch anspruchsvoll und spannend zugleich ist, auf unserem Buchmarkt noch längst nicht genügend Rechnung getragen.

Entsprechend ihrer verlegerischen Konzeption und ihrer langjährigen Tradition bei der Herausgabe von Literatur aus der Dritten Welt haben sich der Lamuv Verlag, der Peter Hammer Verlag und der Unionsverlag entschlossen, gemeinsame Sache zu machen. Unser Ziel ist es, im Laufe der nächsten fünf Jahre mit vierzig Titeln eine Bibliothek von Weltliteratur aus Afrika, Asien und Lateinamerika zusammenzustellen. Jedes Buch der Reihe, ob Roman, Sachbuch, Lyrik- oder Kurzgeschichtenanthologie soll ein realistisches Bild der sozialen und politischen Lage des Landes und seiner Menschen vermitteln. Und das Leseabenteuer, die literarischen Entdeckungsreisen in Kontinente und Kulturen sollen nicht mehr an hohen Ladenpreisen scheitern. Deshalb erscheinen alle Titel dieser Reihe als Taschenbücher. Die Zielsetzung, eine preiswerte, langfristig geplante und repräsentative Auswahl dieser Literatur einem breiten Leserkreis zugänglich zu machen, ist für die drei Verlage mit erheblichen Risiken und finanziellem Aufwand verbunden. Deshalb bitten wir um Ihre Mithilfe und bieten die Reihe zum Abonnement an. Die Abonnenten erhalten als Dank für ihr Engagement jährlich kostenlos eine Langspielplatte mit Musik aus jeweils einem der drei Kontinente.

Um die Bücher der Reihe DIALOG DRITTE WELT auf allen Ebenen der Bildungsarbeit besser handhabbar zu machen, erscheint parallel das Materialheft »Dialog Dritte Welt«. Es gibt Anregungen und Anleitungen für den Gebrauch der Bücher, beschäftigt sich mit den Hintergründen ihrer Handlung, gibt zusätzliche Information zu den Autoren. Den Abonnenten der Reihe wird es kostenlos mitgeliefert.

Eine Initiative der Verlage

Lamuv Verlag · Peter Hammer Verlag
Unionsverlag